PLANTAS

el hombre en su mundo

Herbert Lange
Dietmar Todt

PLANTAS

estructura, crecimiento, formas de vida

Círculo de Lectores

Título del original alemán, Pflanzen,
Aufbau, Wachstum, Lebensformen
Producción, Praesentverlag Heinz Peter,
Horst Bergmann
Redacción, Roland Gööck
Layout, Günter Radtke
Dibujos, Alfons y Renate Drews,
Betty Kothe-Marxmeier, RS-Werbung
Traducción, Luis Romano Haces

ISBN 84-226-0627-5
Depósito legal B. 41307-1974
Compuesto en Diethelm 9, impreso y encuadernado por
Printer, industria gráfica sa Tuset, 19 Barcelona
Printed in Spain

El mundo de las plantas es el biotopo del hombre

El mundo del hombre está lleno de fenómenos fascinantes, pero pocas cosas hay en él que despierten una admiración y atracción tan totales como esos seres vivos llamados «las plantas».

La actitud tan favorable del hombre hacia el mundo vegetal tiene diferentes causas. Unas descansan en el sentido estético del hombre y en su intuición de la singularidad de las plantas. Otras nacen, en cambio, de la extraordinaria importancia que tienen los organismos vegetales para el hombre y su existencia.

Las plantas se encargan de alimentarnos. Sin la fotosíntesis, su gran conquista, consistente en la transformación de materias inorgánicas en sustancias orgánicas con la ayuda de la luz solar, ni existiría el hombre ni podría haber tampoco animales.

Las plantas, por otra parte, no sólo se encargan de los grandes procesos elementales de la bioquímica; son también las ejecutoras de complicadas síntesis especiales, efectuadas a menudo como quien no quiere la cosa. Con sus trucos mágicos producen p. ej., compuestos, como las vitaminas y principios activos, que nos conservan la vida o que, como en el caso de las especias, nos la hacen más agradable.

Las plantas configuran nuestro medio. Hasta qué punto lo hacen se nos patentiza si imaginamos por un momento un mundo sin vegetales. Las zonas exentas de flora pueden parecernos a veces realmente grandiosas; pero a la larga no nos sentimos «en casa» en ellas, nos resultan desnudas y extrañas.

Estas consideraciones son muy valiosas. Nos ayudan a adquirir conciencia de la importancia que tienen las plantas, incluso dentro de las más modernas perspectivas científicas. Sin una flora intacta, entran en colisión los equilibrios biológicos de todos los biotopos de la Tierra, para sufrir enseguida un deterioro irreversible. Esta función equilibradora de las plantas se debe precisamente a la actividad del plasma vegetal. La multitud de funciones que efectúan las plantas a favor de su entorno se debe en parte considerable a su forma peculiar de vida: vinculadas al lugar en que, tal vez por casualidad, se han desarrollado. A diferencia de los animales, sólo la descendencia puede desplazarse hacia otros sitios.

El fenómeno vital más esencial de las plantas es su crecimiento. A diferencia de los animales, las plantas siguen creciendo aun después de haber comenzado a multiplicarse. Pueden hacerlo debido a que poseen tejidos especiales de crecimiento que permanecen jóvenes durante toda la vida.

Esto no quiere decir en manera alguna que la proliferación de las plantas sea desenfrenada. Complejos mecanismos regulan la velocidad y sentido de esta última, encargándose de que el crecimiento se reduzca allí donde lo exija el orden del sistema vegetal y que se incremente allí donde hace falta o bien donde se ofrezcan tal vez nuevos nichos vitales. De ese modo nos revelan las plantas una conducta de crecimiento que puede suministrarnos valiosas indicaciones para la supervivencia de nuestro mundo en desbordada proliferación. Desde hace tiempo se ha patentizado que nuestra civilización está dominada por índices de crecimiento y progreso que parecen seguir leyes propias —procurando a toda costa un aumento continuo.

El presente volumen «Plantas» tiene por meta mostrar al lector los numerosos campos en que los organismos vegetales contribuyen a soportar el mundo del hombre y de los que pueden tomarse modelos para una mejor configuración de nuestro propio mundo. Por esta razón describe las propiedades y funciones de las plantas, sin olvidar sus fundamentos fisiológicos; por la misma razón nos presenta los biotopos de la botánica, teniendo en cuenta la manera en que los mismos se convierten en el espacio vital del hombre y de los animales.

1 La Tierra, planeta azul vestido de verde

La vestidura vegetal de la Tierra semeja una alfombra tejida en muchos colores y diseños, con roturas en muchas partes. La ciencia distingue en ella seis importantes regiones o zonas vegetales. En el norte tenemos la holoártica que se extiende desde Norteamérica por todo el norte de Europa y Asia. Cerca del Ecuador están las zonas paleotropical, que se extiende a través de Africa y el sur de Asia, y la neotropical, que corresponde a América del Sur. Hay por último tres regiones menores y más pobres en especies: la antártica, la austral y la capense— esta última un diminuto rincón en el extremo del ángulo sudoccidental de Africa. Esta foto aérea nos muestra un paisaje de la selva pluviosa del Orinoco inferior.

En las zonas de clima húmedo y cálido el crecimiento de las plantas se desborda

Los animales —y tras ellos el hombre— conquistaron los espacios vitales de la Tierra, adueñándose de ellos. Esto ocurrió en todas partes —con una excepción: la zona de clima húmedo y caliente. Esta zona se constituye en torno al Ecuador y lo sigue desde el Asia (p. ej., la región indonésica) pasando por Africa (cuenca del Congo) hasta Sudamérica (cuenca del Amazonas). Su cuadro botánico más típico es el bosque pluvioso tropical, siempre verde.

No existe ninguna comunidad de vida —biocenosis diría el biólogo— que presente el dinamismo del crecimiento vegetal de modo más elocuente que la selva virgen. Donde ésta se extiende, cubre el suelo tan tupidamente que apenas queda lugar para el desarrollo de los organismos animales.

El armazón de esta arquitectura vegetal está formado por estables columnas: árboles de madera conocida y codiciada por su solidez; p. ej., el palisandro, el ébano, la teca y otros. Es impresionante el número de especies de árboles aquí existentes: puede haber varios cientos en un kilómetro cuadrado. Cierto es que por lo regular son de difícil identificación —tan cubiertos están de helechos y lianas, bromelias y orquidáceas. Un solo tronco-huésped puede servir de base a más de 30 fanerógamas distintas y aun muchas más de helechos, representados fácilmente por cientos de ejemplares.

Los biólogos dividen el bosque pluvioso en tres pisos. El inferior alcanza hasta unos 15 metros de altura. Está lleno de plantas foliáceas que se las arreglan con la escasa luz que hasta allá se cuela. No suele ser más del 0,1 por ciento de la luz del día, o sea mucho menos que la que reina en la maleza al pie de los más espesos bosques de hoja caduca de nuestras latitudes. La esporádica caída de algún gigante arbóreo se encarga de proporcionar una inundación de luz y de dar así a los ár-

En las zonas típicas del trópico, como en el centro del Africa Ecuatorial (izq.), los días son iguales. A las 7 sale el sol, casi sin crepúsculo, que hace «soltar vapor» a la selva pluvial. Hacia medio día empiezan a agolparse las nubes —densas y oscuras— para descargarse en la tarde en forma de fuertes aguaceros.

El calor y el agua hacen una jungla del bosque perenne pluvial. En el piso inferior de este biotopo (abajo) se descomponen hojas y ramas muertas, para dar vida, junto a muchas otras plantas amantes de la sombra, a estos imponentes helechos.

boles jóvenes la oportunidad de asomarse a regiones más elevadas. Al mismo tiempo suministran así alimento a otras generaciones de plantas en un ciclo velocísimo.

La humedad y las altas temperaturas favorecen la rápida descomposición de la leña y hojas, a la que contribuyen los hongos y microbios así como los gusanos e insectos. De ese modo, aunque la planta baja del bosque pluvial está siempre llena de ramaje en putrefacción, cada tronco tarda siempre relativamente poco tiempo, generalmente dos semanas, en convertirse en humus.

Ese abono es muy necesario. El suelo de la selva virgen es pobre en minerales, pues los han succionado las corrientes de humedad y de savia. Bien lo saben todos los que han querido hacer plantíos tras roturar trabajosamente la jungla. El piso medio del bosque pluvial se halla a una altura entre 15 y 35 m. En él se desenvuelve en su plenitud la vida vegetal. Forman su mayor parte las copas de distintas especies arbóreas. Presentan éstas formas esbeltas y ahusadas o también recargadas ramificaciones. No pocos árboles poseen más de una copa, produciéndose así una sorprendente variedad de formas.

Algunos gigantes rebasan la zona media y sus copas constituyen ese tercer piso que se observa únicamente en algunos puntos aislados.

En el bosque pluvial se aprovecha cualquier rincón que ofrezca posibilidades de vida

Las plantas no arbóreas de la jungla muestran dos tipos de tendencia. Una se endereza hacia la luz. La otra apunta hacia abajo, buscando el suelo.

Aquí cuelgan de las altas ramas, formando pintorescas colgaduras, bromeliáceas del género Tillandsia, similares a esponjosos líquenes, allá levantan raíces aéreas, p. ej. de filodendros, cortinas vivientes. Por un lado tienden las lianas de un piso a otro los airosos arcos de sus tallos en forma de cordeles, doblándose y retorciéndose de camino en busca siempre de algún apoyo. Vemos también cómo las epifitas orientan de tal modo sus hojas siguiendo un fototropismo que aprovecha cualquier luz disponible. Muchas plantas desarrollan hojas en forma de embudos, recipientes y cuencos que les permiten recoger y almacenar agua y sales alimenticias —como excrementos de aves o humus.

La mayoría de las especies de epifitas pertenecen a los helechos, o sea a grupos botánicos muy primitivos. Sus representantes más conocidos son helechos en forma de cornamenta de ciervo y de nidos. Al igual que las epifitas fanerógamas, especialmente las bromeliáceas (piñas) y orquídeas, se las puede cultivar bien en invernaderos caldeados.

Las epifitas adornan los «áticos» de la selva virgen, a veces con gran exuberancia. Izq.: Helechos, orquídeas, colgantes tillandsias y otras bromeliáceas de existencia epifítica. Dcha.: Flor de piña. Muchas plantas de la selva virgen se prestan a dar vida al interior de las casas: necesitan muy poca luz.

La vida en la selva virgen está determinada por una durísima lucha por la luz. Se diría que llevan la ventaja los gigantes arbóreos de 30 a 60 m de alto. Pero también los «enanos» de la jungla saben asegurarse su puesto al sol. Las lianas (abajo) aprovechan nichos de los troncos como peldaños en su escalada.

En la selva virgen las epifitas abundan sobremanera. Unos pocos cientos de metros cuadrados de ramaje pueden constituir el biotopo de varios cientos de distintas orquidáceas. Hay entre ellas soberbios ejemplares de grandes flores como la Lelia y la Cathleia. El encanto que emanan estas orquídeas se acentúa por su sensibilidad ante las menores oscilaciones de la humedad: en ciertas especies, p. ej., en la orquídea «palomita», basta una fugaz sequedad del aire para provocar la caída de la hoja, al paso que una tormenta de agua algo fresca puede hacer al mismo tiempo que se abran las flores.

La adaptación de las epifitas a una existencia alejada del suelo puede ir muy lejos. Muchas han perdido totalmente la capacidad de desarrollarse en un suelo normal, por lo que sus semillas tienen que ir a parar a determinados puntos de las ramas. Esto se logra a través de mecanismos propios de lanzamiento, del aprovechamiento del viento o de la colaboración de animales (hormigas, aves), aparte de la producción de un inmenso número de semillas.

Una parte considerable de las plantas no arborescentes tiene que llegar penosamente desde el suelo hasta las «balconeras» y «jardines» de los áticos de la selva. Tal ocurre con las lianas, constituidas por plantas de familias muy diferentes. Algunas trepan o rodean hasta lo más alto. Otras, p. ej., las palmas de rotang, trepan y saltan a la vez y otras como las barbas de Arón (filodendro, Monstera, etc.) trepan hacia la luz apoyadas en raíces adherentes.

Mientras la mayoría de las epifitas y bejucos no dañan seriamente a sus plantas de sostén, el grupo de las higueras estranguladoras se ha especializado en la sistemática estrangulación de sus soportes. Sus raíces aéreas ciñen los troncos con redes a prueba de desgarro.

En las regiones montañosas del trópico escasean las especies vegetales, pero abundan las formas extraordinarias

En todas las partes del globo las zonas de vegetación de los trópicos están determinadas por su altitud respectiva. El bosque pluvial siempre verde sólo se encuentra en las regiones bajas y húmedas, únicas que ofrecen las temperaturas requeridas para su densísima proliferación vegetal. Donde se levantan colinas o montañas, van desapareciendo al alejarse del nivel del mar más y más plantas tropicales típicas, sobre todo las lianas. Esto se inicia ya a alturas de 100 metros. Sin embargo, las regiones montañosas del trópico alcanzan en Nueva Guinea 5000 metros, llegando a los 6000 en Africa y Sudamérica.

Las laderas tropicales son por lo general muy empinadas. Por eso escasean tanto en ellas los pantanos. La moderada temperatura inhibe la actividad de los microorganismos destructores del humus, acumulado a menudo en forma de espesas capas sobre el suelo que alimentan numerosas especies de árboles tropicales típicos presentes allí con hojas más pequeñas. A su lado crecen también parientes de nuestras encinas y castaños. La formación botánica de esta sociedad mixta se denomina bosque tropical de altura.

Entre los 1000 y 2500 metros se alcanza el nivel de las nubes, que en los trópicos equivale a una niebla pertinaz. Favorece ésta el desarrollo de otra formación botánica: el bosque nebuloso, constituido en su mayor parte por árboles nudosos de

Con la altura y debido al descenso del termómetro, cambia el cuadro botánico de los bosques tropicales (arriba). Se reduce la variedad de especies; desaparecen sobre todo las lianas, orquidáceas y espatifloras. Las especies vivaces permanecen y se extienden.

Los bosques de montaña de Australia son el lugar de origen de los eucaliptos (izq.: flor capsular). Hay gran número de especies, entre ellas diminutos arbustos y árboles colosales; algunas crecen en las zonas costeras y otras en las zonas secas.

Entre las más extrañas asociaciones vegetales del planeta están los cirios lanígeros y las lobeliáceas, plantas compuestas, parientes de nuestras campanuláceas. Pueblan las laderas abrigadas de regiones tropicales alpinas de Africa y Sudamérica (dcha.: los Andes).

poca estatura, bien recubiertos de epifitas en su mayoría. Pero en vano se buscaría entre ellas las epifitas fanerógamas amantes del clima de baño turco. Abundan en su lugar helechos, licopodios y formas de musgo.

Por encima de las regiones de la niebla disminuye rápidamente la humedad del aire. Esto hace cambiar a su vez la vestidura vegetal. Y aparecen las coníferas. Los líquenes sustituyen al delicado musgo. Por último, las zonas arbóreas se transforman en paisajes de arbustos. Muchas de esas regiones disponen de una flora exclusiva de ericáceas, parientes de nuestros brezos, madroños y rododendros. Junto al Kilimanjaro, estos arbustos alcanzan fácilmente la estatura de un hombre. El escalón alpino de los trópicos húmedos puede adquirir un aspecto impresionante. Dado su inhóspito clima, no crecen allí árboles ni arbustos. En su lugar pueden alcanzar gran desarrollo plantas con tallo de flores compuestas. En los Andes están las espeletias, con su gran falo, en el Kenia los senecios y en Nueva Guinea especies de Anaphalis. A su lado pueden apuntar hacia el cielo los cirios vellosos de altramuces y lobelias. A menudo se revisten como de fieltro; se supone que buscan protección contra los cambios de irradiación y temperatura.

Los cambios cotidianos de esta última son considerables en esas regiones. De noche oscila entre 0 °C y valores negativos y de día asciende con frecuencia a 14 °C. Basta que una nube ofusque un momento el sol para que la temperatura descienda varios grados.

Las zonas altas de los trópicos, sobre todo a unos 1000 m, han adquirido hoy día gran valor en la horticultura, al haberse descubierto que muchas especies frutales de nuestras latitudes, p. ej., las fresas, manzanas y peras, pueden florecer y fructificar allí durante todo el año. En las tierras bajas calientes no llegan a florecer debido a la escasa duración (doce horas) de la luz del sol. Es evidente que la frescura de las regiones altas es capaz de compensar la escasa duración del día.

Praderas, árboles y espinos caracterizan alternadamente el paisaje de la sabana

La multitud de formaciones de la flora tropical no queda agotada con la vegetación costera y los pantanos bajos, los bosques pluviales, nebulosos y de altura y los jardines ecuatoriales alpinos. Además de esos tipos de flora determinados principalmente por la altitud, hay otros cuya particularidad obedece a una distribución cronológica irregular de las lluvias, cuya frecuencia suele depender principalmente de la estación. Se dan a menudo acusados cambios estacionales de sequía y lluvias. En el Africa Central hay grandes zonas con precipitaciones apreciables sólo de marzo a junio y de septiembre a noviembre. Los aborígenes hablan de las grandes y pequeñas lluvias de primavera y otoño, respectivamente. Se las puede observar también en un ordenamiento muy similar en partes de Sudamérica (Venezuela), Asia y Australia.

Las formaciones vegetales más importantes de las regiones tropicales afectadas por estaciones secas son: bosque semiperennifolio, bosque de hoja caduca, arbustos espinosos, sabana y pradera. Existen interesantes transiciones entre los bosques tropicales siempre verdes y semiperennifolios y los bosques de hoja caduca. Pueden estar representadas en todos ellos numerosas especies vegetales que presentan, sin embargo, en las distintas regiones esquemas de florecimiento, crecimiento y descanso totalmente diferentes. Donde las precipitaciones pluviales son abundantes, los árboles bajos y arbustos están siempre revestidos de hoja. Pero la dejan caer si se presentan períodos prolongados de sequía, evitando así mayores pérdidas de agua. Al mismo tiempo, así en el caso del baobab, desarrollan depósitos de agua en el tronco o en las raíces.

Los árboles tropicales de hoja caduca «dormitan» apenas en la estación seca; su estado no se asemeja o bien se parece muy poco a ese letargo invernal de los árboles desnudos en nuestras latitudes. En su mayoría empiezan ya a brotar y abrirse los botones de sus flores mucho antes de que se inicie la estación de las lluvias.

Los árboles tropicales no forman anillos anuales. Sin embargo, todas las maderas sometidas a la alternancia de estaciones pluviales y secas presentan ciertos diseños anulares en el corte de su tronco. Su disposición atestigua a menudo la considerable irregularidad de los períodos de lluvia. Esas irregularidades pueden traer problemas —sobre todo en aquellos lugares en que el hombre aprovecha las especies ve-

Amplias regiones subtropicales se hallan ocupadas por las sabanas, variadísimas combinaciones de pradera y matorral. Dan albergue a animales de gran tamaño que se ocultan o vagan en ellas durante el día. Al atardecer se congregan en los abrevaderos (arriba: Sabana de Tsavo, Kenia).

Las acacias falsas o blancas son los árboles típicos de la sabana. Los largos meses de sequía periódica las fuerzan a extender mucho su raigambre. Cada acacia tiene entonces su «coto subterráneo», tanto mayor cuanta menos humedad le puede ofrecer el suelo.

Cuando los incendios o la intensa pacedura de especies salvajes o del ganado afectan seriamente la pradera de la sabana, salen ganando los matorrales. Proliferan los duros arbustos espinosos y no pocas veces las plantas suculentas. Izq.: Aloes en flor, plantas de Africa.

getales en dependencia de una puntual iniciación de las precipitaciones.

Los terrenos de las regiones tropicales de sequía periódica permiten un cultivo relativamente fácil. Mediante la roturación por fuego se han convertido y siguen convirtiéndose, p. ej., en Africa, grandes extensiones en tierra de cultivo. De los bosques de hoja caduca que había en un principio han quedado (además de regiones dedicadas al cultivo agrícola intensivo o a plantaciones) las extensas sabanas, zonas de arbustos espinosos y amplias praderas. Las sabanas principalmente dan la impresión de inmensos parques.

Grandes extensiones de territorios subtropicales son desiertos o semidesiertos

Reina un clima desértico (árido) en todos los lugares en que las temperaturas diurnas superan los 30 °C y las precipitaciones anuales son inferiores a los 300 mm. En esas condiciones se reduce el volumen del revestimiento vegetal. Como ello trae consigo la disminución de la humedad del suelo, terminan formándose desiertos tórridos.

Los desiertos y semidesiertos se han originado sobre todo en la proximidad de los trópicos; siguiendo el de Cáncer (25° latitud norte) se extienden los de Sáhara, los del Asia Oriental (Arabia Saudí) que más al norte dan lugar a los territorios áridos del Asia Central y en América del Norte los situados en Sonora y al sur de Arizona. A lo largo del Trópico de Capricornio (25° latitud sur) están el desierto de Larrea (Argentina), el Namib (Africa del Suroeste) y el de Australia, que ocupa el centro de este continente, llegando al oeste hasta muy cerca de las costas que enmarcan el océano Indico.

Las especies vegetales que pueblan los semidesiertos y se atreven a establecer avanzadas en los desiertos proceden de las floras correspondientes a las zonas áridas. Presentan también grandes diferencias regionales. Sin embargo ofrecen siempre coincidencias características en cuanto a formas de crecimiento y desarrollo de órganos. Estas coincidencias son generalmente el resultado de procesos paulatinos de adaptación, desarrollados en el transcurso de generaciones. Del total de individuos y especies sólo han podido sobrevivir en el clima árido los que fueron capaces de lograr dianas acertadas y a la vez selectivas en el «juego de dados de la mutación de los genes». Las mutaciones selectivas consistieron siempre en este caso en perfeccionamientos de la capacidad de absorber, almacenar y administrar el elemento agua por parte de la planta.

Muchos desiertos tienen gestación climática. Otros, como grandes partes del Sáhara se desarrollan —aun en nuestros días— porque el hombre destruye el recubrimiento vegetal. Arriba: Paisaje junto al mar Muerto.

En los regueros erosionados, las raíces de las plantas penetran muy hondo. Donde falta el agua subterránea se extienden horizontalmente. Las hojas son entonces pequeñas y coriáceas (arriba dcha.: desierto australiano) o de forma suculenta (dcha.: «piedras vivientes», Sudáfrica).

Quien quiera aprovechar bien el agua tendrá que empezar por procurársela. Como la escasa lluvia que reciben las zonas áridas suele caer en forma de fugaces chaparrones y además rara vez se almacena en el suelo —se filtra en cambio al subsuelo o resbala por la superficie— hay que absorber esa agua huidiza con la mayor rapidez posible. Se encargan de ello unas raíces increíblemente extendidas y ramificadas. Casi todas las plantas desérticas vivaces tienden sus raíces a una profundidad entre los 20 y 50 cm. La formación, considerada antes sistemática, de raíces profundas o incluso de tallos radiculares como los de la palmera datilera, sólo tiene lugar cuando hay o son probables aguas subterráneas, como en los oasis del norte de Africa.

Para no perder de nuevo esa agua obtenida con tanto esfuerzo bajo la succión de las tórridas temperaturas —no es raro registrar en los desiertos más de 50 °C a la sombra— se emplea toda una serie de mecanismos protectores: reducción del tamaño de las hojas, disminución del número de estomas capaces de dejar escapar vapor de agua, las cutículas externas se convierten a la vez en verdaderas corazas. También se concentran los jugos celulares, desarrollando intensas «fuerzas de antisucción. De esto saben mucho los tamariscos de Asia y Africa, las creosotas de América y ciertas especies de acacias del desierto australiano.

Por último, toda una serie de especialistas han convertido los tejidos de la raíz, tallo o las hojas en eficacísimos almacenes de agua. Nos referimos a las plantas suculentas. Las hay en Africa en forma de euforbiáceas y pitas, y en América: cactos y ágaves.

Es curiosa la total ausencia de plantas «grasas», suculentas con depósitos tisulares de agua, en Australia.

La plantas de hoja perenne se propagan allí donde los inviernos traen lluvia

El árbol de cultivo típico del área mediterránea es el olivo. Da vida a plantaciones de envergadura considerable —sólo así se garantiza su polinización anemófila. Esa polinización y el abastecimiento de agua exigen una distancia de 7 a 8 metros entre árbol y árbol.

La peculiaridad de su clima le ha concedido al Mediterráneo una vegetación propia y típica. Esta se da también con exclusividad en la región costera de California donde concurren condiciones climáticas muy similares.

Los inviernos secos y benignos favorecen la propagación de árboles de hoja perenne. Los veranos largos y escasos en lluvia exigen de esos árboles la facultad de resistir sequías. Los árboles de hoja dura son especialistas que poseen ambas propiedades; en su mayoría tienen hojas pequeñas, a menudo en forma de aguja, sólidas, opacas o incluso blandas y muy vellosas. Al primer grupo pertenecen la encina, el acebo, el alcornoque, el olivo y el algarrobo. Se unen a ellos diferentes coníferas mediterráneas, incluyendo el cedro, rey de las coníferas.

Bosques de ese tipo orlaban inicialmente todas las costas del Mare Nostrum. A lo largo de milenios de «colonización» humana fueron erradicados. Los aguaceros barrieron después el humus del suelo, lo que alteró decisivamente la vegetación. El bosque cedió su lugar al monte bajo, compuesto de arbustos de hoja dura o incluso a la garriga, constituida por arbustos raquíticos.

La vegetación de monte bajo, más o menos clareada o incluso bien tupida, no se compone exclusivamente de arbustos y semiarbustos siempre verdes como las ericáceas, cítridos, el madroño y los enebros. También forman parte de ella, por ejemplo, distintas retamas de hoja caduca. Numerosas plantas espinosas como el acebo y la liana Smilax además de matorrales de hojas duras y puntiagudas, que hacen del monte bajo un conjunto de bastiones impenetrables.

Entre las características inseparables del monte bajo y la *garriga* se halla también su fuerte aroma. Denso y penetrante, reina sobre esta vegetación bien inundada de sol. Procede de plantas cistrosas, labiadas y mirtos, artemisias y otras muchas. Varias especies mediterráneas, sobre todo el díctamo, desprenden bajo la fuerte luz so-

lar nubes de aroma tan densas que hacen reverberar el aire al ascender. Se componen de aceites esenciales producidos por las glándulas de esas plantas. Se dice que se ha logrado varias veces prender fuego con una mecha esas corrientes ascendentes de perfume.

Cuando ese suelo tan pobre en humus se vuelve más llano y por lo mismo aún más seco, los montes bajos y *garrigas* cada vez más claros dan lugar a eriales pedregosos. Su aridez es ya tan grande que la vegetación florece y se aviva generalmente poco tiempo. Existen en ellos numerosas plantas herbáceas que llegan a vivir varios años gracias a sus tuberosidades y bulbos. Peligro adicional de la aridez de esta vegetación es el fuego. Durante el estío se incendia espontáneamente el monte bajo, impidiendo así la formación del bosque. Cuando caen las primeras lluvias primaverales, reaccionan con brotes repentinos, cubriendo a veces de un día para otro extensas superficies de un verde vivo y un variado esplendor floral.

Sobre suelos semillanos y escasos de humus, de sustrato rocoso en general y ambiente seco, crecen los matorrales vivaces que constituyen la garriga. Ocasionada por la mala administración forestal de los humanos, ocupa grandes extensiones.

Los rojizos troncos de los alcornoques reponen en seguida, mediante el crecimiento suberoso del cambium, la capa de corcho arrancada, de tal modo que cada 9 ó 10 años puede cosecharse una nueva capa del mismo. Crece principalmente en el Mediterráneo Occidental.

2

La vestidura vegetal, adorno del paisaje

Debido a la desigual densidad del agua y la tierra, también las zonas de vegetación están distribuidas desigualmente sobre el globo. Así, el cambio estacional de invierno y verano sólo se acusa con toda nitidez en el hemisferio norte. Y ese cambio y la transformación del revestimiento vegetal que trae consigo nos permite apreciar hasta qué punto el tipo de vegetación configura nuestro espacio vital. La diversidad del terreno experimenta aún más modificaciones mediante su diferente expresión al compás de los cambios climáticos. Foto: Biotopo de los pastos alpestres en los Dolomitas.

La alternancia de crecimiento y descanso es esencial en las plantas

La caída de la hoja constituye en la zona templada una adaptación al frío invernal. Mientras en el trópico los árboles sólo dejan caer la hoja de algunas ramas o bien únicamente ante un transtorno del equilibrio hídrico, en las especies

Los procesos vitales de las plantas, más aún que los de los animales, dependen de los factores climáticos del medio. Cuando oscilan las condiciones climáticas, se alteran también las actividades de la planta, pudiendo establecerse dos formas diferentes de expresión al respecto.

Por un lado pueden conservarse unos mismos procesos vitales y efectuarse sin embargo con diferente velocidad e intensidad. Esto atañe p. ej., a los procesos metabólicos básicos, a la respiración, obtención de energía e intercambios metabólicos más importantes.

Por el otro, determinados procesos pueden sustituir a otros. Esto concierne, p. ej., a las actividades del crecimiento y a la nueva formación de órganos tales como las hojas, flores y raíces. Esta nueva formación no la efectúa la planta al acaso, sino en una secuencia muy determinada. Como una de esas secuencias suele desembocar en el proceso de partida, se produce una alternación periódica de las actividades vitales.

Se creyó durante mucho tiempo que los cambios periódicos en la vida vegetal eran simplemente un efecto inmediato de modificaciones cronológicas (cada día o año, etc.) de factores externos. Hoy día sabemos con certeza que no es así. Grandes experimentos en serie han probado, p. ej., que aunque se mantengan achicorias sometidas a condiciones totalmente invariables, sus flores brotan con un ritmo periódico y que las alubias, bajo condiciones invariables, levantan y bajan las hojas a intervalos de doce horas —del mismo modo que lo hacen dentro de la sucesión natural del día y la noche. El «reloj interno», mecanismo de mando de estas oscilaciones, no es pues algo exclusivo de los animales dotados de sistema nervioso. Su tictac suena también dentro de las plantas y en cada una de sus células.

arbóreas de la zona templada la caída de la hoja se produce también cuando esos árboles están en un invernadero a seguro del frío. El amarillear otoñal de la hoja, provocado por las primeras heladas, proviene del acortamiento de los días.

El último secreto del «reloj interno» está aún por descubrir. Pero se investigan a fondo sus manifestaciones. Muchas de ellas tienen un valor práctico inmediato en el cultivo de las plantas. Se ha visto, p. ej., que los cambios naturales del invierno y verano, del día y la noche, producen importantes coordinaciones en la vida vegetal. La sucesión del día y la noche ayuda a regularizar la marcha de los «relojes» de las distintas células, grupos de células y órganos de una planta, sirviendo así al bien de cada individuo. Los cambios estacionales contribuyen a «poner en hora» y a correlacionar entre sí los «relojes» de las diferentes plantas y a su través sus respectivas formas de actividad. Sirven sobre todo a la propagación de las especies vegetales, p. ej., mediante la sincronización del florecimiento de las plantas de una misma especie, aumentando así enormemente sus probabilidades de multiplicación y difusión.

Las más de las plantas están además capacitadas para prever la alternación estacional de los factores externos. Saben evaluar a ese fin las informaciones que les proporciona el aumento de luz diurna de la primavera y el acortamiento de los días en el otoño. Como las indicaciones de la duración del día son más seguras que las curvas de temperatura, los organismos, al cabo de millones de años de evolución, se han ajustado a la observación de la duración de la luz del día para efectuar sus cambios estacionales.

Algunos de ellos se ajustan muy exactamente a este último dato. Muchas plantas de la zona templada no inician la floración hasta que la noche dura menos de once horas. Se halla entre estas plantas la lechuga. Como en los trópicos la noche dura doce horas, jamás florece allí a pesar de las óptimas temperaturas estivales con lo que resulta estéril.

Las especies vegetales de las regiones septentrionales aprovechan los fugaces veranos

De las seis zonas vegetales de la Tierra es la holoártica la de mayor extensión territorial: une Europa, el norte de Asia y América del Norte. Como grandes alfombras vegetales tiende por arriba de la región mediterráneo-subtropical las estepas de Rusia y el Asia Central y las praderas de los Estados Unidos. Sigue más al norte la zona de bosques de hoja caduca que, sobre todo en Asia y América deja lugar al más extenso de los cinturones vegetales: la región continental (boreal) de bosques de coníferas. Se extiende, interrumpida únicamente por lagos y pantanos de la época glacial, desde Escandinavia a Siberia, siguiendo después por Alaska y el Canadá. Su biotopo típico es el oscuro bosque de abetos.

Si se quiere ponderar bien su grandiosa monotonía es necesario recorrer la autopista este-oeste del Canadá o atravesar la taigá entera siguiendo el Transiberiano. Durante los interminables días que dura el viaje, apenas cambia el paisaje y el arbolado sigue siendo constantemente el mismo, de modo ininterrumpido.

Pero ya puede uno hacerse una idea tomando el exprés «Flecha del Norte», de Estocolmo a Kíruna. Sólo al cabo de 24 horas de viaje, cuando se ha transpuesto el círculo polar, comienzan lentamente a clarear los bosques, quedan atrás los esbeltos abetos polares y se inicia la tundra subártica.

También la tundra tiende su alfombra en torno al globo entero. Su flora, compuesta de arbustos y abedules enanos, ericáceas, cariofiláceas, saxífragas, gramíneas y carrizos, musgos y líquenes, pese a su estructura unitaria, tiene sin embargo una riqueza de matices tan exclusiva que —según multitud de testimonios— hasta los naturalistas más imparciales sucumben del todo a su encanto. Ello tiene sus razones:

La tundra se forma precisamente donde los veranos son tan cortos y tan escasas las semanas libres de hielo y nieve que el arbolado no puede darse allí. Los árboles, incluso las coníferas, necesitan una activación vegetal anual de más de tres meses para poder crecer y propagarse. Por otra parte los daña la gran resequedad ocasionada por la helada durante los largos inviernos.

Erwin Bünning conduce una de sus famosas excursiones por Laponia, desde Abisko a Narvik (arriba). Partiendo de los abedules, frontera forestal junto a los lagos, el camino atraviesa zonas de brezales y arbustos, raquíticas briofitas y los biotopos de líquenes alpinos.

En los lugares húmedos se extienden movidas superficies de erióforos (izq). Permiten conjeturar formaciones de turba, altas y bajas. Los erióforos (lino silvestre), no son gramineas. Junto con los fleos, también propios de este biotopo, pertenecen a la familia de los carrizos.

Las ericáceas adornan biotopos inhóspitos. Las vemos al por mayor en la tundra subártica, al igual que más arriba del límite del arbolado en los trópicos, subtrópicos, latitudes templadas, garrigas mediterráneas y zonas áridas del Cabo (Sudáfrica). Dcha.: Erica tetralix.

En cambio las plantas bajas reciben en el invierno la protección de la espesa nieve y en cuanto se deshiela la capa superior del suelo pueden despertar a una nueva vida. Y en cuanto las despiertan los baños de sol —entre mayo y junio—, rompe en ellas una vida sin freno durante tres meses: verdean, florecen y fructifican sin pausa. Su metabolismo galopante produce marginalmente toda una paleta de colores. No se reducen estos a las flores: plantas que en nuestras latitudes permanecen ignoradas junto al camino, se convierten allí en polícromos ejemplares. Pero no se trata sólo de colores «chillones». Lo más notable es una pluralidad casi inimaginable de diferentes matices rojos, amarillos, blancos y verdes. El color azul lo monopolizan allí el cielo y las superficies de agua.

Toda esta variación de colores se extiende hasta el horizonte, o bien cambia de metro en metro —ya sea por efecto de pedruscos diseminados o por ojos de «hielo muerto», o bien a causa de colinas «calvas» redondeadas que cortan o dan variedad a la perspectiva.

La tundra de la Laponia Sueca es particularmente variada en las cercanías de las marismas de Tornio, junto a la frontera con la Laponia Finlandesa (foto superior). Confluyen allí el clima continental y el atlántico (corriente del Golfo). Se añaden grandes diferencias de altitud en poco terreno. De este modo maduran en sus taludes bajo el sol de medianoche multitud de sabrosas bayas (Rubus parecidos a nuestras zarzamoras, arándanas, vaccinias, etc.) y en los pequeños valles abrigados hay algunos abedules dispersos. No es raro encontrar setas cuyos micelios viven en simbiosis con los abedules. Y sin embargo, no lejos de tales paraísos puede uno tropezar ya con cantos rodados glaciales escasamente cubiertos de líquenes y prados de musgo.

En todo el mundo, el límite del arbolado establece la frontera más acusada entre las zonas de vegetación

El límite del arbolado en la montaña media suele ser de origen humano (abajo). Los árboles de fronda constituyen la última avanzada: los inviernos suaves favorecen un hongo pernicioso para las coníferas. Para la soldanela (abajo, dcha.) el borde de la nieve es el biotopo ideal.

Como es sabido, la altitud de un terreno influye en sus condiciones climáticas. Su aumento suele traducirse en disminución de las temperaturas, aumento de las precipitaciones y de la fuerza de los vientos, intensificación de la irradiación solar y, por último, prolongación de la duración de la capa de nieve. Para el mundo de las plantas, eso se traduce en una serie de importantes consecuencias. Cada factor climático suele tener para ellas una importancia trascendental.

Vemos que la mayoría de los organismos vegetales se hallan adaptados a una gama relativamente reducida en condiciones vitales óptimas. Más allá de los límites de esa gama, sucumben fácilmente ante otras especies competidoras, cuyas exigencias vitales son distintas. Un cambio acusado de esas gamas provoca en un espacio pequeño cambios notables de paisaje y vegetación. Al mismo tiempo, el cuadro botánico del revestimiento vegetal presenta una distribución en zonas que corren a lo largo de las laderas siguiendo líneas de una misma altitud (isohipsias). La zona más acusada es aquella donde termina (o comienza) el arbolado. En los Alpes Centrales viene a estar a los 2000 m, en el Guadarrama a 2200 m y en Sierra Nevada ya a 2500 m.

Por encima de los límites del arbolado alpino se extiende la zona de tronco curvo que, compuesta predominantemente de ca-

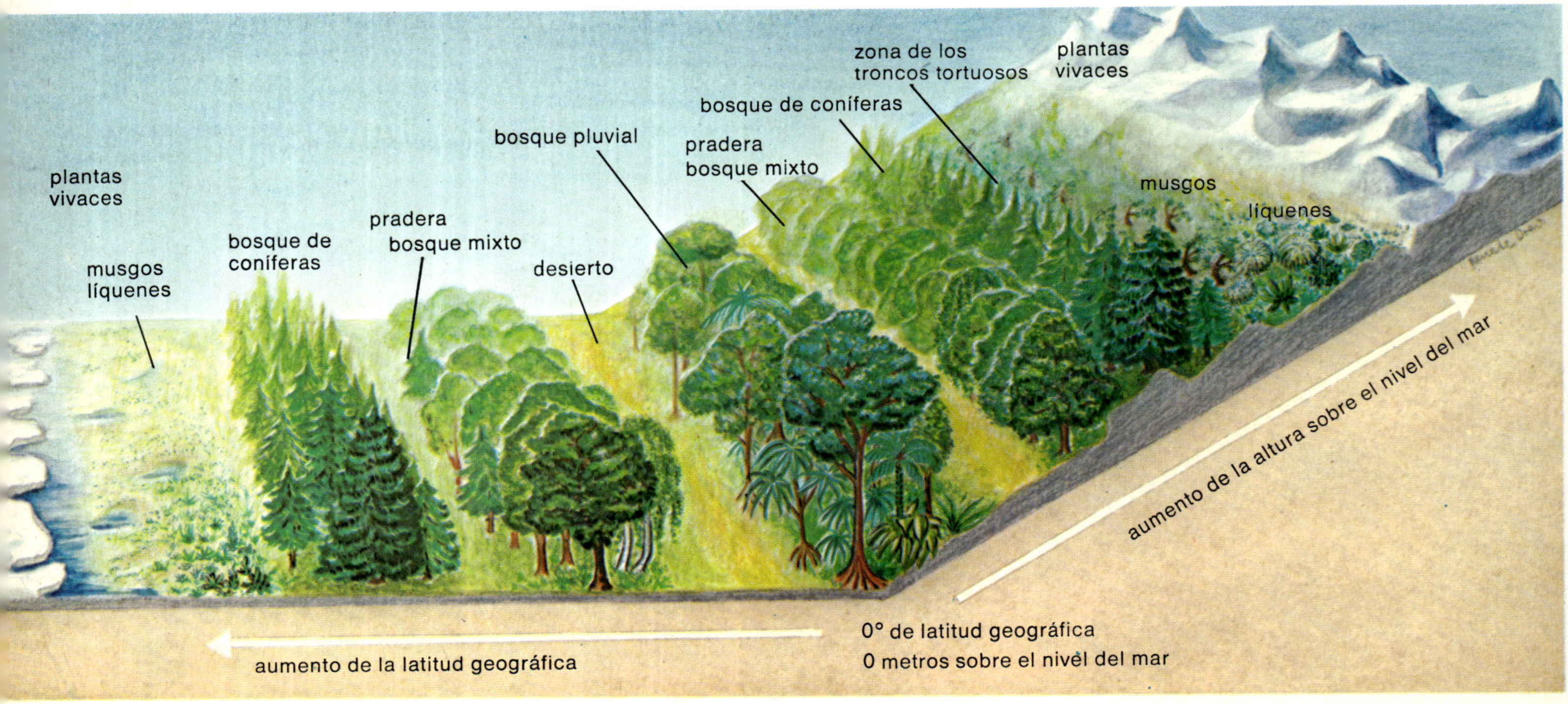

rrascos y alisos enanos, da lugar poco a poco a la región de arbustos enanos, entre los que abundan principalmente las ericáceas: al lado de los brezos están los arándanos azules y encarnados, así como las rosas de los Alpes, que tienden en las alturas en la primavera su radiante guirnalda roja.

La zona de los arbustos enanos es relevada finalmente por los prados mixtos, de poca altura, en las que prosperan las más distintas plantas de montaña. Están entre ellas las gencianas, así como liliáceas, umbelíferas campanillas, caprifoliáceas y saxífragas.

Para el amante de la montaña, al igual que para el botánico, son un encanto las «remarcaciones» de los (distintos) conjuntos botánicos. Se las puede apreciar, p. ej., al borde del glaciar: la campanilla de los Alpes o en escarpados salientes de la roca; el edelweiss. En las altas vegas nevadas, donde la primavera no se inicia hasta fines del verano, asoman a veces la soldanela alpina y el ranúnculo de los glaciares por debajo de la nieve sin fundir.

Muchísimo les cuesta a las plantas establecerse en las laderas de cascajo y cantos sueltos, pero las hay especializadas en estos dificilísimos habitáculos. Mediante raíces muy largas y ramificadas penetran hasta alcanzar la capa de tierra. Desde el cuello de la raíz envían numerosos tallos alargados que atraviesan la capa de guijarros hasta asomar a la luz. Si los corrimientos las cubren, estiran sus tallos o forman otros nuevos y vuelven a salir a la luz.

La vida se desarrolla siempre dentro de condiciones externas muy determinadas. Cualquier especie de organismo se ha adaptado en el curso de la evolución a un margen idóneo concreto entre los límites extremos de las condiciones etiológicas. Entre las condiciones del medio están factores no biológicos, como la temperatura, humedad, luz y salinidad, así como otros de orden biológico: organismos rivales, agentes patógenos, organismos simbióticos. Ello origina en la Tierra las zonas de vegetación, tanto en el sentido de altitud como en el de latitud geográfica, representados idealmente en el grabado de la izq.

El límite del arbolado es la línea de batalla de los árboles. Vientos fríos y constantes matan los brotes del lado del viento —las ramas sólo crecen del lado de «sotavento» (dcha.). También suele ser asimétrico el crecimiento en grosor; hay troncos delgados que tienen a veces muchos años.

Todavía está cubierto de bosque el 28 % de Europa Central. Forma su núcleo el bosque mixto de hoja caduca

El valor de un bosque no se mide únicamente en metros cúbicos de madera. Ya hace tiempo que los alemanes equiparan sus altos bosques con las agujas de sus ilustres catedrales. En nuestro «siglo del automóvil», cobra primer plano su valor como lugares de recreo. Dcha.: Uno de esos viejos hayedos.

Entre el norte de Europa y la región del sur de Europa y el Mesoriente se extiende la zona de vegetación de los bosques de hoja caduca. Alcanza su mayor anchura en Europa Central y disminuye en cuña hacia el este. Su árbol más característico es, al oeste, el haya común y, al este, el hojaranzo, pariente del abedul. Hacia los Urales los sustituye el roble, aunque todavía se hallan parientes del haya común (Fagus silvatica) hasta el otro lado de Asia (Fagus sinensis y Fagus japonica) así como en Norteamérica (Fagus grandiflora). Los típicos bosques de follaje, cuando crecen sin intervención extraña, forman una capa (sotabosque) de arbustos y herbáceas. En los bosques cultivados suelen existir únicamente estas últimas. Son principalmente plantas de activación primaveral como anémonas, campanillas de mayo y sellos de Salomón. Son plantas que han sabido acaparar en sus órganos subterráneos de almacenamiento suficientes sustancias de reserva para el próximo brote, antes de que los árboles echen hoja. Existen asimismo otras, como el álsine y la hiedra, que reponen sus despensas al final del otoño. Son pocas las plantas que soportan la sombra veraniega del bosque. Están entre ellas los helechos, la violeta, el trébol ácido y el ásaro. Cuando sólo llega al suelo menos del uno por ciento de la luz del día, únicamente se encuentran los carpóforos de los hongos.

Una explotación forestal interesada sobre todo en aprovechar la madera ha transformado gran parte de los bosques de follaje mixto de Europa Central en monocultivos de pinos o abetos. Es sin embargo esperanzador que la reforestación concede prioridad hoy día al cultivo mixto. El último argumento en pro de esta nueva orientación lo ha proporcionado el huracán del 13 de noviembre de 1972 —«la mayor calamidad de la historia forestal en Alemania»— que en pocas horas destruyó más de 15 millones de m³ de madera, en su inmensa mayoría monocultivos de pinos, casi desprovistos de sotobosque. Los cultivos mixtos no sólo son más resistentes a la tormenta, sino también a los parásitos al multiplicar los nichos ecológicos concurrentes. Facilitan así el resurgimiento de ese biotopo natural tan sano que llamamos «bosque».

El bosque de montaña del centro de Alemania, cuando conserva su carácter original (arriba, Selva Negra), atesora en un mínimo espacio: sambucos, hayas, olmos, arces, hojaranzos, tilos, cerezos silvestres, abetos blancos, etc.

Los bosques bajos jóvenes suelen abundar en alfombrado vegetal, a cargo a veces de aliáceas (dcha.). Posteriormente este biotopo se ve invadido por lianas del tipo de las clemátidas (hierba de los lazarosos), cubriéndose finalmente de tupido sotobosque.

Campos y praderas son el adorno más socorrido de las regiones de clima templado

La margarita común crece de preferencia en praderas ricas en mantillo, sobre todo en sus fases de formación más secas. A fines de junio adornan con profusión sus blancas corolas y amarillas cabezuelas la estepa de Rusia y el Asia Central. Para el agricultor constituyen una odiosa hierba mala de escaso valor alimenticio.

Esta «vista de hormiga» de una pradera veraniega (abajo) permite apreciar una gran riqueza de especies de gramíneas. No son menos encantadoras las campanillas del digital rojo a «vista de abejorro». El digital (extremo inferior) es una planta típica de los descampados.

Hace 20 000 años gran parte de Europa (Central) estaba cubierta por masas de hielo. Desde Escandinavia se habían extendido por encima del Báltico hasta el pie de los montes centrales de Alemania. Al mismo tiempo, los glaciares de los Alpes se arrastraron hacia el norte. Bajo la presión de esa doble apisonadora, los bosques de Europa Central se vieron obligados a retirarse hacia el oeste y el sureste. No era la primera vez que esto ocurría. En milenios anteriores, otros tres períodos glaciares previos habían provocado asimismo en Europa una extensa «hibernación».

Hace sólo unos 10 000 años que comenzaron a fundirse esas masas de hielo al calentarse progresivamente el clima europeo, quedando así detrás el último período glacial; pero no sus consecuencias: al fundirse el hielo, dejó tras sí un pelado terreno murénico. La nueva colonización vegetal se inició lentamente. Se extendió primero una tundra y avanzaron al tiempo cautelosamente los abedules al oeste y noroeste y los pinos al este y al suroeste. La vegetación era similar a la que hallamos hoy día en Laponia Occidental. Hacia el año 8000 a JC. el clima se hizo aún más benigno. Al mismo tiempo se produjo una propagación masiva de los avellanos: el período de los abedules y pinos había dejado lugar al de esos simpáticos arbustos. Hacia el año 3000 a JC. y tras un nuevo calentamiento del clima, llegó el período de los robledales mixtos: robles, olmos, fresnos, tilos, arces y también pinos y alisos, se mezclaron en medio de los avellanos.

El continuo aumento de especies agudizó la mutua competencia. Los rodenos sobrevivieron sólo en arenales pobres, los abedules en las tierras arcillosas secas y los alisos en los terrenos bajos pantanosos. Hacia el año 1000 a JC. volvió a darse un cambio esencial del revestimiento vegetal.

Tomaron la iniciativa el abeto blanco y el haya común —al este del Elba el hojaranzo— e hicieron batir retirada a las demás poblaciones masivas de otras especies arbóreas. Hasta en las laderas de las montañas, el robledal original mixto (y en algunas partes también el pinar) se vio invadido de hayas, convirtiéndose en un bosque mixto de hayas, abetos y pinos.

Donde las hayas echan pie y extienden el denso techo de sus copas, se hallan en desventaja la mayoría de los demás árboles de hoja caduca: sus semillas ya no reciben la luz suficiente para madurar. Los gérmenes del abedul, p. ej., necesitan una intensidad lumínica por lo menos del doce por ciento de la luz del día; en cambio a los del haya les basta ese dos por ciento de luz que se cuela en la sombra del bosque.

Pero aun antes de que las hayas comenzaran a imponerse, había seleccionado el hombre áreas secas y claras del bosque para establecer sus colonias. Partiendo de ellas fue roturando, hacia la edad del bronce, grandes superficies de bosque para su aprovechamiento agrícola y dedicó a la ganadería otras zonas boscosas. Con estas intervenciones fue desapareciendo paulatinamente la uniformidad de los terrenos forestales. Extensas regiones de suelo seco se convirtieron en brezales; otras menores y más feraces desarrollaron un tipo especial de terrenos cubiertos de gramíneas: los campos y prados.

La flora de los campos y pastizales, a más de diferentes, mélicas y fleas, incluye no pocas veces algunas especies herbáceas, p. ej., compuestas y romazas. Hay dos mecanismos, sin embargo, que ocasionan un predominio permanente de las plantas monocotiledóneas: por un lado el pacido y por otro la siega. A la larga sólo los soportan aquellas plantas a las que el continuo corte no deja desprovistas de sus tejidos constitutivos esenciales. Tal ocurre con las gramíneas, cuyas hojas parten de vainas protegidas, desde las que se renuevan.

Los prados de Europa Central, al igual que los verdes campos de Europa Occidental, sobre todo en Gran Bretaña e Irlanda, si dejaran de ser segados y pacidos, volverían a llenarse de jaramagos y arbustos, convirtiéndose finalmente en bosques.

Entretanto van dejando en muchas partes de ser rentables los prados. En la Selva Negra, algunos campesinos de montaña han dejado de aprovecharlos. Comoquiera que las superficies de campo que quedan aquí y allá entre los bosques dan variedad al paisaje, se está pensando ya hoy día en el modo de conservarlos.

Esas transformaciones no se refieren, naturalmente, a los pastizales alpinos y similares. Con pocas excepciones han tenido un origen natural. Adornan las altas plataformas alpinas y de las montañas medianas por encima del límite del arbolado y por debajo de las nieves perpetuas.

Cuando en el clima y en el suelo predomina la sequedad, pueden formarse estepas y matorrales

El clima continental se caracteriza por grandes diferencias entre las temperaturas estivales y de invierno y por bastante sequía durante los meses veraniegos. Un clima continental (boreal) es generalmente enemigo del arbolado y favorece a la vez la formación de asociaciones de plantas en las que crecen gramíneas y plantas vivaces resistentes a la sequedad, y retamas enanas que junto con herbáceas anuales forman un tupido revestimiento vegetal.

Este tipo de asociación de plantas se denomina estepa. Las estepas más extensas comienzan en la orilla norte del mar Negro y en las mesetas del Asia Menor y se extienden hasta el oeste de China, recubriendo de través el Asia Central. También son estepas las grandes praderas de Norteamérica. Tienen su contrapartida en las pampas, los llanos y las altas punas del subcontinente andino.

En el centro de Rusia, la región de las estepas presenta más o menos el siguiente proceso anual: después de la fusión de la

La estepa de Eurasia no es una simple pradera. En su feraz tierra negra crecen multitud de vistosas flores. Abajo: Epilobios. Hacia el norte, la estepa se transforma gradualmente en taigá. En pocas ocasiones se interpone alguna zona de bosque de hoja caduca.

A diferencia de las pampas de América del Sur (arriba) y de la estepa de Rusia y el Asia Central, los brezales centroeuropeos (abajo), suelen ser obra del hombre. Tras haber talado los

bosques, queda el suelo tan «lavado», que se compone únicamente de arena, bajo la cual una impenetrable capa rocosa pone las aguas del subsuelo fuera del alcance de las raíces.

nieve, cuando ascienden las temperaturas, el suelo acostumbra estar bien empapado de agua. Se desarrolla entonces una rica flora primaveral. A fines de abrii aparecen las flores lila de la anémona de las estepas. A principios de mayo, se añaden las grandes estrellas doradas del adonis primaveral y las inflorescencias azul pálidas de los jacintos. A mediados de mayo la estepa enverdece; entre las gramíneas que brotan florecen entonces guisantes, iris y anémonas. A principios de junio, el mar de gramíneas luce su más abigarrado esplendor. Multitud de nomeolvides, amarillos citisos y de flores entre amarillas y doradas de distintas especies de ranúnculos adornan junto a las inflorescencias en forma de pluma de la grama todo el paisaje hasta mucho más allá del horizonte. Al comenzar el verano ondulan al viento las inflorescencias de la grama, salpicadas por azules ramilletes de la salvia campestre y los carimbas amarillos del salsifí. A fines de junio la estepa se tiñe de blanco: es un mar de flores, trébol de monte, margaritas y filipéndulas, formando un espléndido contraste con campanillas, flores de viuda y rojas lenguas de víbora. A mediados de julio empiezan a secarse las plantas y comienza a cerrarse de nuevo el ciclo vital. Todavía florecen algunas especializadas, que sacan vigor para el desarrollo y maduración del germen a base de consumir las hojas. A partir de agosto, la estepa duerme en un seco sueño del estiaje.

Son típicos de la amplia estepa los mecanismos de propagación de sus habitantes vegetales. Es realmente impresionante ver cómo salvan el espacio los corredores. Los emplean el eringe, el seselio, las falcarias y otras especies. Los corredores se forman cuando se desgaja un tallo con semillas y todo y es arrastrado por la estepa a manera de proyectil eólico; las semillas se van desperdigando. A veces estos tallos se enganchan entre sí formando bolas hasta de un metro y recorren la estepa dando grandes saltos a impulsos del viento más o menos potente.

Los suelos de calidad poco común suelen estar reservados a plantas muy especializadas. Algunas de éstas sirven incluso como zahoríes

Los suelos arenosos muy movibles se fijan mediante el élimo y la amófila (abajo). Se provoca así la formación de dunas y como estas plantas son capaces de sobresalir siempre a su través, las dunas crecen constantemente en altura. En la consolidación de nuevas tierras desempeña un papel primordial la salicornia (centro), pues al alcanzar sus

Un importante factor del medio de una planta es el suelo en que está arraigada. De él extrae la mayor parte del agua que necesita; más aún: de sus reservas obtiene las sustancias minerales precisas. El suelo, visto de cerca, es un material digno de estudio. Se nos presenta como la capa superior y más expuesta a los elementos de la corteza terrestre e incluye un contenido determinado de sustancias minerales y, sobre todo, orgánicas. Esta capa está infestada de bacterias, cianofitas, micelios y entramadas raíces. En él viven también lombrices de tierra, larvas de insectos, nematelmintos, roedores y muchos animales mayores que hacen galerías en él, habitándolo y modificando la tierra.

Los suelos pueden presentar diferencias notables y muy diversas; pero todas las tierras vegetales buenas presentan una serie de propiedades comunes, importantes principalmente para el crecimiento de las plantas: son capaces de almacenar grandes cantidades de agua y de alimentos vegetales y de «entregárselos» a las raíces cuando éstas los necesitan. Los suelos buenos retienen sales de nitrógeno, fósforo, potasio y magnesio a prueba de inundaciones. Al mismo tiempo acumulan cantidades no muy grandes, aunque sí suficientes, de importantes elementos vestigiales como hierro, cinc, cobre, manganeso, boro y molibdeno.

Las reservas de agua y alimentos son, junto al clima, el factor ambiental más importante para decidir qué especies vegetales han de poblar naturalmente determinado terreno. Cierto es que no está aún bien esclarecido el modo en que los diferentes factores del suelo influyen en la vida de las plantas. Se espera lograrlo mediante nuevas series de experimentos en materia alimentaria.

A pesar de estas limitaciones de nuestros conocimientos, sabemos de seguro desde *espesas matas el nivel medio de la marea alta, favorecen nuevas sedimentaciones. El rododendro hirsuto (ext. inferior) crece en suelos calizos y batidos por la intemperie, mientras que el rododendro errugíneo sólo se da en terrenos arcaicos ácidos y exentos de caliza. Las rocas cretáceas de la costa del Báltico (dcha.: Möhn) sustentan hayedos afines a ese suelo.*

hace mucho tiempo que la existencia de plantas muy determinadas puede dar indicios infalibles de ciertas cualidades del suelo. Se hallan entre éstas la reacción ácida o básica (alcalina) del mismo, la presencia de determinados minerales, su contenido de sal o su riqueza en combinaciones nitrogenadas. La delicada violeta calamina, p. ej., crece únicamente en suelos que contienen cinc. La galega alpina, la acedera alpina y el *buen Enrique* son prueba de abundancia de nitrógeno en el suelo.

En los suelos ácidos prosperan los brezos cuyas raíces mantienen simbiosis con hongos —éstos sólo pueden mantenerse en un suelo ácido. Otros indicios de acidez son el leucobrio, el helecho común, el licopodio y la campanilla de mayo.

En cambio, no pocas plantas requieren un suelo neutral o ligeramente alcalino. Se forma éste principalmente sobre piedra caliza. Entre aquéllas están la hepática, el cipripedio, las aguileñas y el edelweiss de las cimas.

Siempre que las plantas crecen en algún sitio en que hay deficiencias en las propiedades requeridas del suelo, aparecen anormalidades carenciales (p. ej., putrefacciones en corazón, raquitismo).

En los taludes y linderos crecen plantas de gran rendimiento. Muchas son mejores que su fama

Los bordes de carreteras y autopistas son lugares de máxima contaminación. Su flora sufre los efectos de la sal contra hielos, polvo de cal, compuestos de plomo y escapes de autos. Los altramuces rescatan a la vida botánica el suelo de los taludes.

Nuestra civilización y sobre todo la creciente densidad del tráfico plantean grandes problemas al mundo vegetal. Las calles de las ciudades y las autopistas se riegan con sal (contra la nieve) en los países fríos; los escapes de los automóviles despiden considerable cantidad de tóxicas combinaciones de plomo en el aire y los suelos próximos. Muchas plantas «vecinas» no soportan esas taras. Bien lo indica la muerte del arbolado urbano y los estragos apreciables en la vegetación del borde de las carreteras. Muchos laboratorios se dedican hoy día a buscar o cultivar plantas resistentes a la sal o a desarrollar medios de protección de la flora contra los venenos químicos. Estos experimentos son esperanzadores. Según se ha comprobado recientemente, los árboles de ciudad pueden hacerse mucho más resistentes contra la sal mediante la adición de ciertas sustancias minerales; algunos establecimientos urbanos de horticultura inyectan ya soluciones de las mismas al suelo de sus cultivos.

La ortiga (arriba) es típica de los vertederos, orillas de caminos, bosques húmedos y bajos. Es un indicio de humedad y abundancia de nitrógeno en el suelo. La ortiga proporciona fibra, sus hojas se usan como antirreumático, té diurético y verdura.

Cuando se abren nuevas carreteras, al mover la tierra, suelen quedar al aire superficies considerables de suelo poco feraz. Para consolidarlas pronto y eficazmente, el hombre procede a sembrar «pioneros» adecuados. Tenemos, p. ej., a los altramuces. Tienen la buena propiedad de fijar en el suelo en forma de sales el nitrógeno del aire con la ayuda de bacterias residentes en tuberosidades especiales de sus raíces. De esa manera mejoran la calidad del suelo en favor de un ulterior recubrimiento vegetal que termina por estabilizar definitivamente el maltratado suelo de los terraplenes.

En nuestras zonas pobladas hay siempre superficies en las que el hombre destruye la cubierta vegetal sin preocuparse de reponerla. Esas superficies ofrecen entonces a las plantas salvajes una base más o menos libre de competencia. Suelen aparecer en una secuencia estereotipada. Las primeras en hacerlo son generalmente la «escoria» de las plantas, las «malas hierbas» (los biólogos las denominan ruderales). Están entre ellas las ortigas, los epilobios y armuelles. Debido a su asociación a la roturación por fuego obra del hombre, estas plantas ruderales se han hecho hoy día cosmopolitas; prosperan principalmente en los climas de latitudes templadas.

Cuando dejamos de la mano una temporada nuestros campos y jardines —tras una invasión previa a cargo de las «malas hierbas»— sufren finalmente la conquista de las asociaciones de gramíneas y arbustos. Gracias a nuestra intervención —arando, segando y no en último lugar, abonando— sólo determinadas «malas hierbas» pueden mantenerse al lado de las plantas cultivadas. Pero también emprendemos campañas contra ellas, p. ej., con herbicidas especiales que no afectan a los cereales y en cambio, estimulan en los agrostemas y amapolas, cardos y aquileas un crecimiento artificial y desorbitado que acaba con ellos.

Sin embargo, este tipo de medidas tiene sus inconvenientes desde el punto de vista biológico. Precisamente las plantas ruderales esconden un tesoro especial, consistente en su información genética —en lo peculiar de su idiotipo. Podríamos necesitar un día imperiosamente ese tesoro. Posiblemente la combinación de propiedades de las plantas ruderales con las de nuestras plantas de cultivo pueda producir una valiosa evolución en estas últimas. Comoquiera que muchas malas hierbas constituyen las especies de partida de nuestras plantas cultivadas, pudiera alcanzarse esta meta mediante cruzamientos acertados. Se lograría con ello hacer las cultivadas mucho más resistentes. También sería posible lograr nuevas plantas cultivables a partir de las malas hierbas.

En los setos de los bosques y al lado de las cunetas, la zarzamora medra en suelos ricos en minerales pero sin calcio. Gracias a sus espinas, se presta bien para trepar y extenderse. Sólo se debe recoger su fruta cuando esté lejos de carreteras importantes y libres de pulverización.

3

El agua, vital como espacio y como elemento

El agua es el biotopo vegetal por antonomasia. Es en ella donde, hace más de 3.000 millones de años, surgió la primera vida. Durante enormes períodos de tiempo apenas evolucionaron las formas orgánicas. Finalmente, hace 400 millones de años, cuando hubieron aparecido las clorofíceas, se formaron las primeras plantas terrestres en la zona intermedia de la tierra y el agua. Este cambio, del biotopo tan uniforme que es el agua al accidentado clima terrestre y del medio líquido sustentador a un medio en que el organismo tiene que soportar todo su peso, tuvo hondas repercusiones en la forma y estructura de las plantas.

La zona de transición entre la tierra y el agua es el más antiguo escenario de la lucha por el espacio vital

Las zonas marginales de las aguas de nuestro planeta constituyen biotopos interesantísimos. Son el lugar de transición de las plantas acuáticas a plantas terrestres y también la región en que las antiguas conquistadoras de la tierra «alquilan» terrenos en el líquido elemento. La composición y el dinamismo de las asociaciones fitológicas allí existentes son determinados por la temperatura, contenido en sal y minerales, espesor y riqueza en oxígeno, velocidad de flujo y estructura del suelo del biotopo y, no en último lugar, por el grado de incidencia de luz. En términos muy generales: las zonas marginales del mar son más ricas en especies vegetales en la parte que mira al agua, las de las aguas interiores lo son, por el contrario, en la parte que mira a tierra.

Las orillas de agua parada o de flujo lento se pueblan de plantas terrestres bien adaptadas a este biotopo, que favorecen la sedimentación de esas aguas. Arriba: papiros en Africa. Izq.: Al extremo de estolones subacuáticos brotan verticales los vástagos.

Las orillas del mar de las regiones tropicales suelen presentar grandes superficies de aguas salobres. Se adentran éstas muchísimo en los deltas de los grandes ríos (Amazonas, Congo) o se forman al resguardo de los bancos de coral. Las costas de este tipo están orladas por manglares. Raíces de apoyo y respiratorias permiten a estas especializadísimas formaciones adaptarse a los cambios de altura de las mareas así como a superar la pobreza de oxígeno de los suelos cenagosos. Lo consiguen del modo siguiente: al igual que otras raíces, invierten el geotropismo positivo de sus puntas en cuanto el suelo resulta demasiado poco oxigenado. A este fin se alzan a intervalos regulares sobre el suelo de fango. En otros árboles resultarían de este modo raíces retorcidas. En cambio los mangles han convertido esos vástagos en raíces respiratorias. Las raíces de apoyo de los mangles se forman de otro modo.

Cuando en los climas templados las olas llegan a la orilla planas y rotas permiten que arraiguen allí herbáceas como la zostera y la salicornia. Los árboles no han sabido asegurarse este biotopo.

Cuando el romper de las olas azota permanentemente la costa, las plantas marinas —algas y sargazos— se imponen a las terrestres. Si las costas son rocosas, hallan y aprovechan nichos y regueros para arraigar allí protegidas de los golpes de mar. Existen incluso especies de algas que se bastan con las salpicaduras de las olas y algunas pueden resistir algún tiempo secas. En cambio, hay otras que necesitan ser bañadas continuamente por el agua del mar.

La fuerza de la corriente que fluye en las orillas de los ríos y lagos constituye también un factor decisivo en la composición de las asociaciones botánicas. El ranúnculo acuático y otras plantas flotantes son capaces de hacer frente a turbulencias incluso considerables. A este fin, y en los lugares en que fluyen corrientes, desarrollan hojas plumadas con escasa superficie de roce y sólo por encima de la superficie del agua despliegan totalmente sus hojas características.

En las orillas de las aguas interiores estancadas suele haber siempre muchas especies de plantas terrestres. En ellas y ya parcialmente dentro del agua hallamos mimbres y fleas, siguen después los cinturones de juncos con tifas, esparganios y sagitarias, cuyos rizomas permanecen siempre sumergidos. Seguidamente vienen las plantas de hojas flotantes, como los nenúfares y ninfeas y por último las potamogetoníceas, que viven sumergidas en el agua.

Como los residuos vegetales de estas zonas marginales tienden a transformarse en turba, el talud de la orilla tiende a aumentar de altura y la zona marginal se va desplazando hacia el centro de la laguna, iniciándose así el saneamiento. Tal suele ser el destino de casi todos los lagos y charcos de agua dulce. Las marismas corrientes y pantanos altos y bajos constituyen un tipo especial de terreno de transición. Están poblados principalmente de plantas de tierra firme. A su lado se hallan también algas monocelulares y pluricelulares, primeros habitantes del biotopo «agua».

El agua de las fuentes enriquece mucho el valor nutricio de los prados acuáticos (arriba). Abundan en ellos gramíneas, fleas y Caltha palustris. Al morir estas plantas y turbificarse, se forman pantanales que acaban por convertirse en bosquecillos de alisos.

En un clima de abundantes precipitaciones, llegan a enseñorearse de la superficie pantanosa los asimiladores esfagnos. Estas muscíneas esponjosas retienen gran cantidad de agua. Al crecer sin cesar esta capa de musgo, se asfixia la vegetación original, incluyendo los bosques, y se transforma en turba. Con el tiempo, los pantanos altos, pobres en sales nutricias, se levantan con respecto de sus alrededores (abajo).

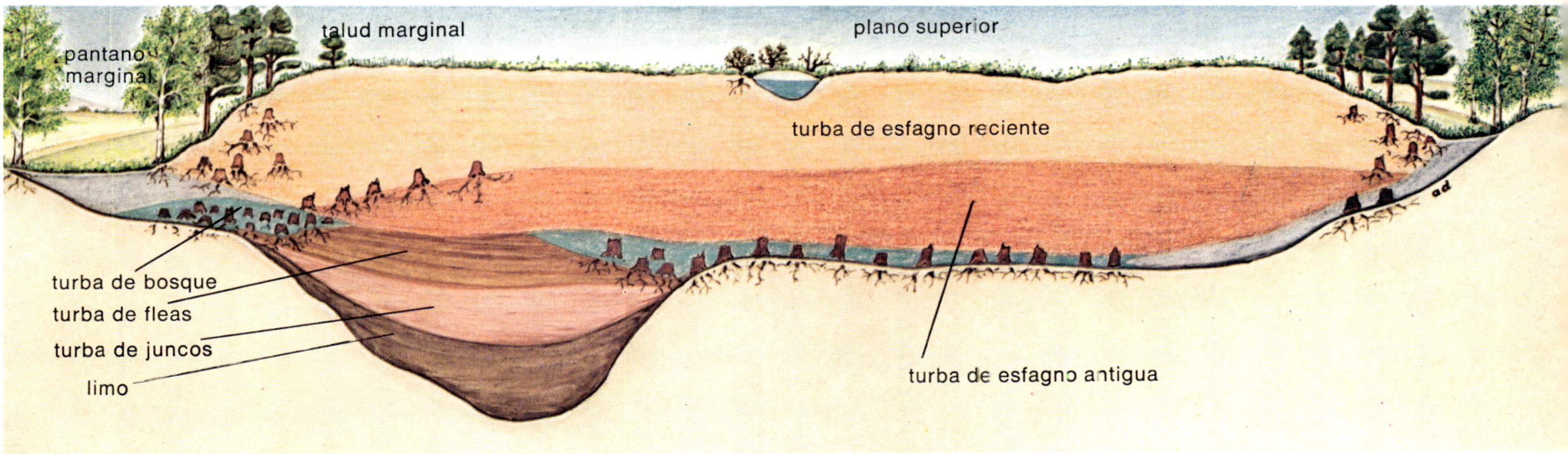

Miríadas de minúsculos organismos de plancton viven en las capas superiores de los mares

En las profundas y libres aguas de los mares y lagos flota y se agita, a merced de las circunstancias bioclimáticas, una «sopa» más o menos densa de diminutos organismos vegetales. Se denomina fitoplancton y se compone de un sinnúmero de distintos microrganismos.

Algunos son perceptibles a duras penas a simple vista, pero hace falta el microscopio para apreciar su forma y organización. Existen unos filamentos pluricelulares ramificados o simples, pero en su mayoría se trata de un hervidero de seres unicelulares de distintas formas. Unos parecen triángulos adornados de preciosos esquemas alveolares, o semejan barquillas cortas o largas, esbeltas o macizas con surcos y bordes dispuestos simétricamente. Otros recuerdan redondos tambores con visera, octógonos de simetría bilateral o gorras con largos listones. Hay otros que poseen flagelos movibles. Pero en vano se buscará entre estas protofitas la forma ideal de la esfera. ¿Por qué?

El plancton vegetal necesita luz. Si quiere sobrevivir ha de mantenerse a este fin en las capas superiores del agua. Su plasma apenas es más pesado que el agua, pero ello basta para que descienda por su propio peso en cuanto le faltan fuerzas impulsoras. Y sólo el uno por ciento de esos seres viene a tener flagelos u otros órganos locomotores capaces de permitirles buscar o conservar los lugares más favorables. Todos los demás tienen que recurrir a otros medios. Lo hacen mediante el desarrollo de esos apéndices y cantos, es decir, aumentando su superficie. Ello basta para que las más insignificantes turbulencias del agua eleven a esos diminutos organismos. Cuanto más alejados de la forma esférica, mayores serán sus probabilidades de «ascenso».

El plasma de las células, debido a sus propiedades proteicas, adoptaría automáticamente la forma esférica si no se lo impidiesen las rígidas paredes externas. Las de la mayoría de las formas unicelulares, al igual que las de las plantas superiores, se componen de celulosa. Otras protofitas poseen membranas cartilaginosas y otras más se rodean de cápsulas cristalinas. Tal ocurre con las diatomeas, cuya «cajita» está formada por silicato. Para que tales cápsulas no resulten muy pesadas están

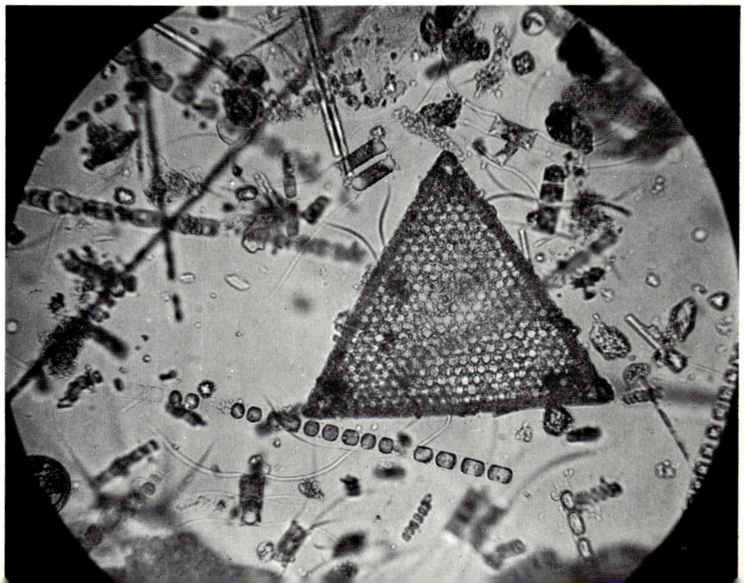

Sólo con redes de malla finísima (arriba) puede capturarse el fitoplancton. Muestra de una captura vista al microscopio (izq.) El fitoplancton constituye el comienzo de la cadena alimentaria de las aguas, base de la vida marina.

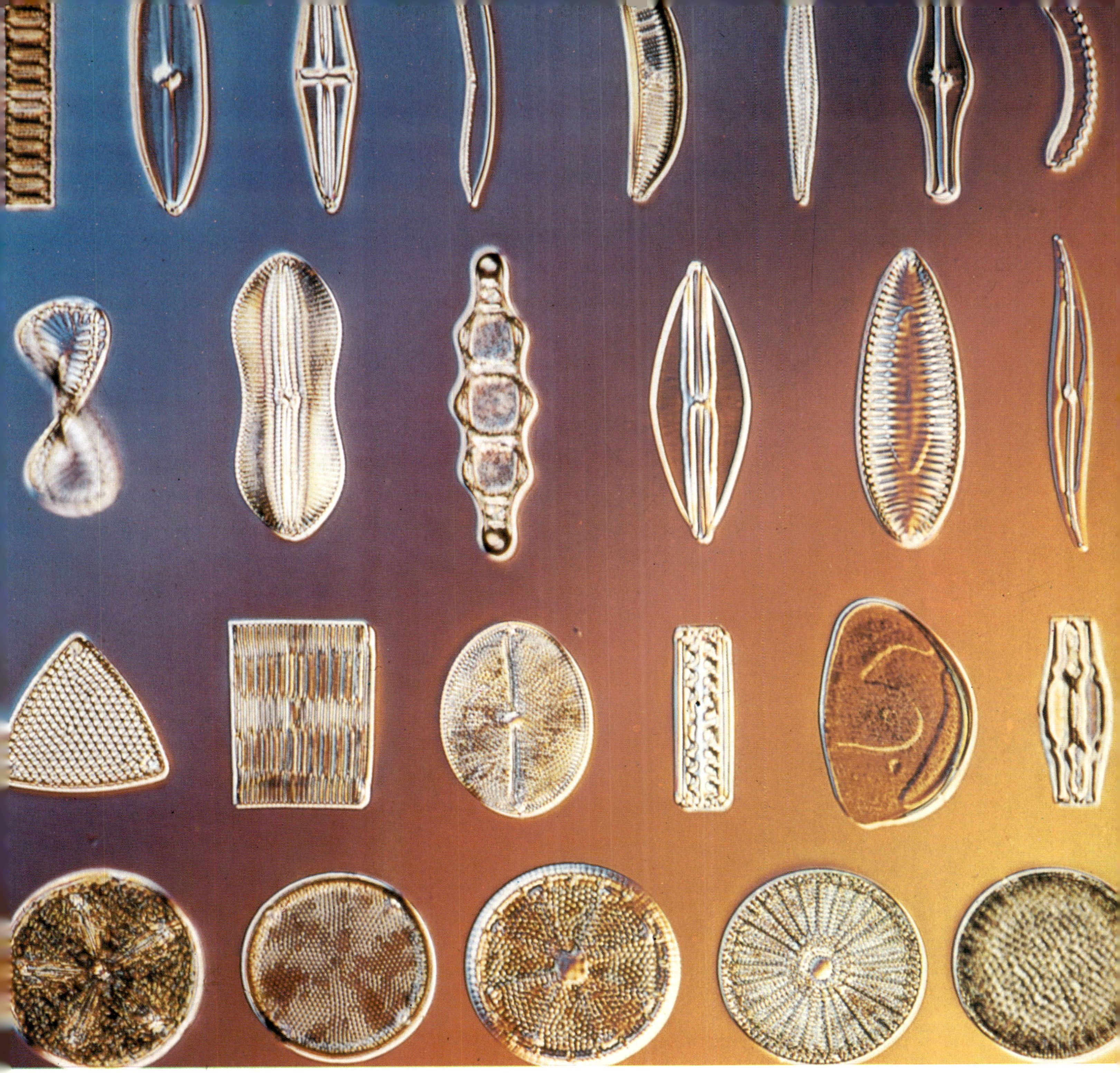

Las diatomeas constituyen el principal componente del fitoplancton oceánico. Estas feofíceas unicelulares se han revestido de una coraza de silicatos que da lugar a gran variedad de formas celulares. Si esa pared silícica estuviese totalmente cerrada, impediría la multiplicación celular. Por esa razón, la coraza se compone de dos «conchas» que encajan entre sí como lo hace una tapa con su caja respectiva. Comoquiera que después de cada división celular se repone una de esas valvas, disminuye el tamaño de la célula. Al llegar a un mínimo, la cápsula se sustituye por una mayor.

«acabadas» en finísimo trabajo de filigrana.

Las paredes celulares rígidas presentan inconvenientes en el momento de multiplicarse y separarse las células hijas. Las protofitas resuelven ese problema de modos muy diferentes. Algunas, curiosamente las que tienen cubierta cartilaginosa, han hecho de la necesidad virtud: las células hijas permanecen en la «casa paterna». Así se forman colonias celulares. Otras desarrollan paredes desmontables. Las cápsulas cristalinas de las diatomeas tienen la forma de «cajas con tapa». Tras la división celular retiene cada célula hija una de las dos «tapas», que complementa a continuación produciendo la parte faltante.

El plancton vegetal desempeña un papel importante en las biocenosis de los océanos y otras aguas. Viven en él los microorganismos (pláncter) animales así como animales de mayor tamaño. Constituye el punto de partida inferior de toda la cadena alimentaria marina. Algunos elementos del plancton son venenosos el dinoflagelado gimnodinio puede matar moluscos e incluso vertebrados. Cuando aparece en gran número, produce daños considerables en la pesca.

La transición de los seres unicelulares a los pluricelulares tuvo lugar en el agua — y según nos indican las algas, con carácter múltiple

Los biólogos sitúan las algas al principio del sistema vegetal. Las consideran como un tronco organísmico del que evolucionaron, por un lado, las plantas superiores y por el otro (a través de los flagelados) se desarrollaron también los animales.

¿En qué se distinguen las plantas de los animales? Las plantas, mediante la fotosíntesis, pueden crear sustancias homólogas energéticas; los animales, a su vez, dependen de esas sustancias. Las células vegetales están revestidas generalmente de paredes celulares rígidas; en cambio, las de los animales, están «desnudas». Las plantas están casi siempre fijas a un lugar; los animales se desplazan.

Tras el concepto genérico de «algas» se esconden gran riqueza de formas y gran número de especies, resultado ambos de una larga historia.

En la anfibolita del Africa del Sur se han descubierto hace poco huellas de organismos unicelulares. Su organización es similar a la que conocemos en las actuales cianofíceas. Como contienen también residuos químicos de clorofila, se las considera como plantas fosilizadas, es decir, como algas ancestrales. La determinación de la edad de esa anfibolita revela que esas algas vivieron hace 3100 a 3200 millones de años. Pero las huellas fósiles de algas son raras. Por ello la investigación de su historia evolutiva ha de empezar por el estudio de las especies vivientes.

Las algas son organismos con verdaderas células; es decir: poseen además de plastidios (lugares de la fotosíntesis), mitocondrios (lugares de la respiración celular) y otras organelas («órganos» celulares), un núcleo perfectamente formado.

El estudio de las algas nos impele a suponer que la protofita es la forma organizada más primitiva de los seres vivos. Sólo muy posteriormente se produjo la formación de agrupaciones celulares más o menos libres. Contactos más íntimos dentro de esas agrupaciones supusieron los primeros pasos hacia asociaciones celulares en las que unas células se encargaron de la multiplicación y propagación y otras lo hicieron de la alimentación. Esta división funcional sólo fue posible cuando las protofitas coordinaron su actividad. Los contactos se perfeccionaron a ese fin, reforzando los puentes entre los protoplasmas. El resultado fue un organismo pluricelular.

Las algas pluricelulares se componen de una serie de tejidos y órganos frecuentemente diferentes. Comparados con los de los sistemas orgánicos de las plantas terrestres, nos parecen en realidad muy primitivos. Pero las algas pueden permitirse tal simplicidad. No dependen de tejidos locomotores ya que el agua las rodea por doquier con sus sales nutricias. Como el agua las sostiene también, salen sobrando desde luego los tejidos esqueletales. Las algas pueden efectuar además la fotosíntesis en toda la extensión de sus tejidos, dado que ninguna formación tisular voluminosa impide el acceso de la luz, ni siquiera a células muy interiores.

Los grupos de algas más importantes, aparte de las algas flageladas, son las diatomeas, las algas-candelero y, sobre todo, las clorofitas, feofitas y rodofitas. Se diferencian todas entre sí por pigmentos característicos.

La acedera de mar (dcha.) sólo semeja una rama con hojas si se la ve superficialmente. Pertenece a las rodofitas. Esa formación del talo que tanto recuerda el follaje de las plantas superiores, se debe a la soldadura de un sistema ramificado de filamentos celulares.

Las algas pueden dividirse de acuerdo con las sustancias que contienen, o según el tipo de pigmento de sus plastidios o del grado de organización de su talo, formando así un esquema sinóptico. A partir de la organización de base unicelular, se han originado en los diferentes grupos formas filamentosas e incluso talos tisulados (similares a hojas). La evolución ha tenido un curso muy diverso en los distintos grupos, llegando en las clorofitas hasta las plantas terrestres.

Esta muestra de un herbario no sólo presenta el alga roja Rhodomela, sino también ejemplares jóvenes de Laminaria saccharina —en forma de epifitas—, una feofícea que puede llegar a alcanzar cuatro metros de longitud. El epifitismo es muy frecuente en las algas.

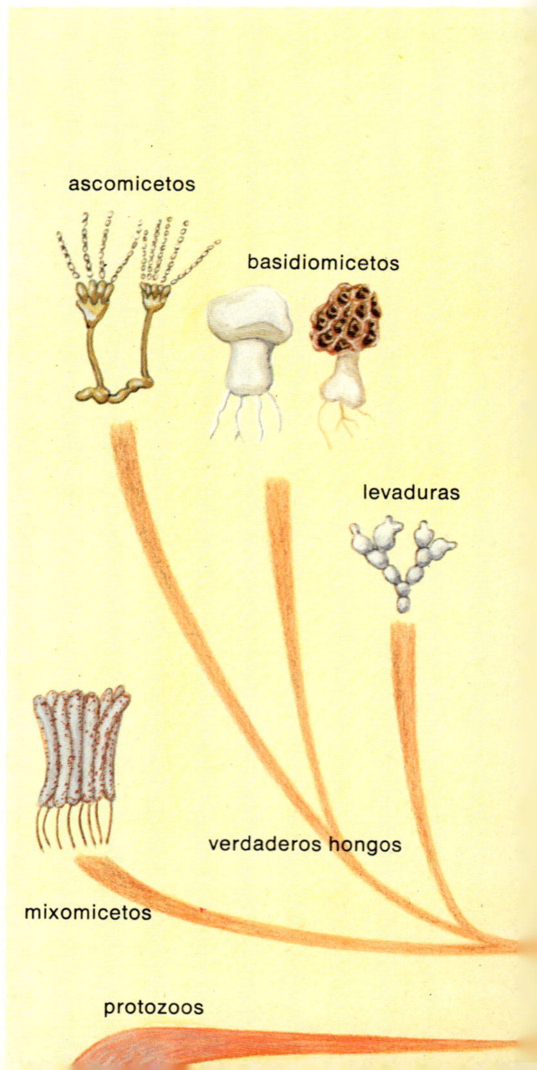

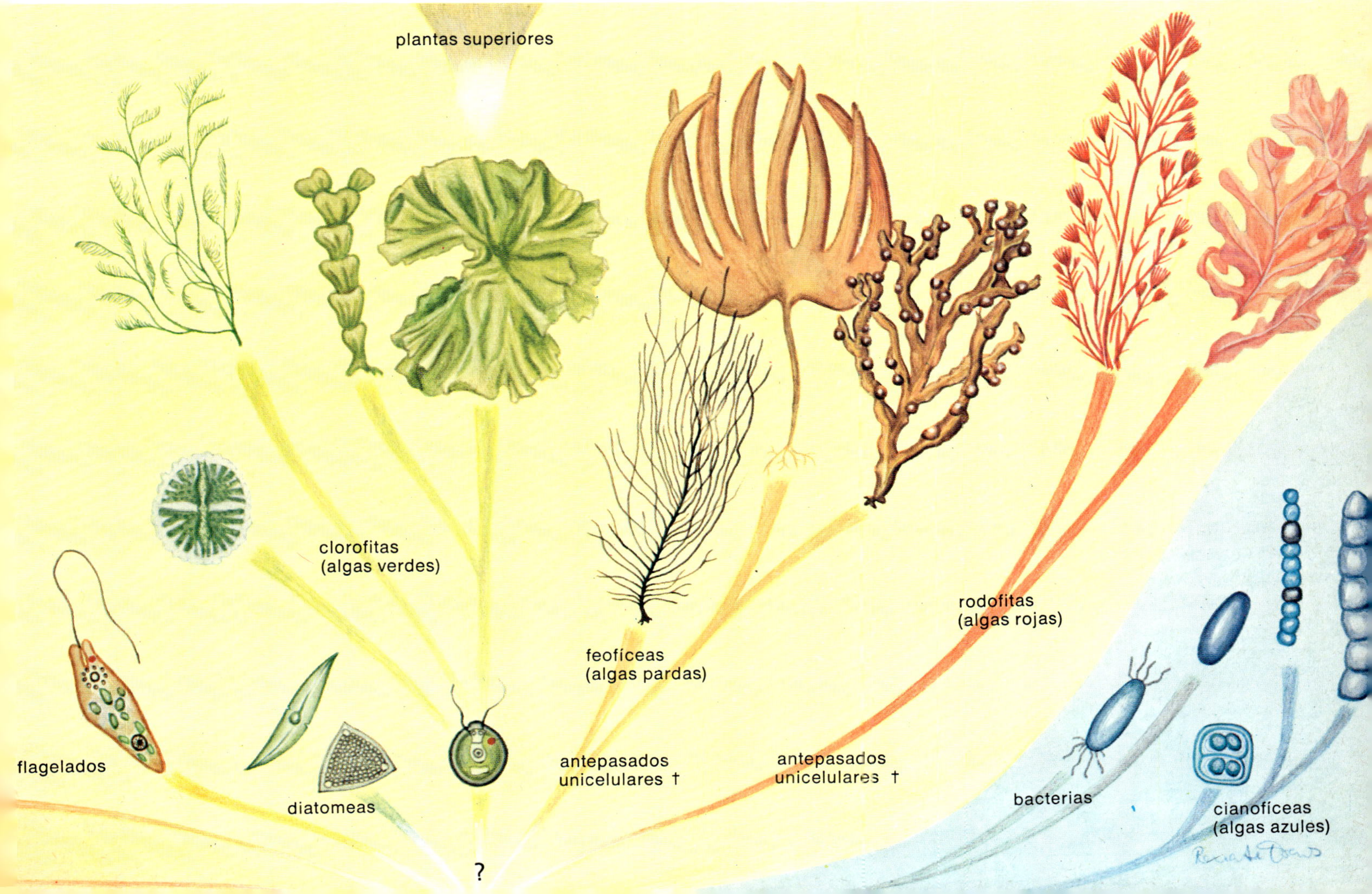
plantas superiores
clorofitas
(algas verdes)
flagelados
diatomeas
?
antepasados
unicelulares †
feofíceas
(algas pardas)
antepasados
unicelulares †
rodofitas
(algas rojas)
bacterias
cianofíceas
(algas azules)

También el fondo del mar se cubre densamente de algas siempre que la luz llegue hasta él y las corrientes lo permitan

Si una persona camina durante la bajamar viva junto a una costa marina de gran movimiento de mareas —p. ej., en Galicia— puede observar a menudo enormes campos de espeso crecimiento vegetal: masas de algas diversas cubren todos los puntos de rocas y acantilados donde pueden buenamente echar pie. Cuando uno nada con mar tranquila a lo largo de la misma costa, puede contemplar a través del anteojo verdaderos bosques de esos grupos de plantas que oscilan siguiendo el vaivén del agua. La arena limita claramente las zonas pobladas.

Estas observaciones harían suponer que los infinitos abismos del fondo del mar estarían asimismo densamente poblados de plantas, como las superficies húmedas y de similar temperatura de la tierra. Es una impresión engañosa. Cuando se explora el fondo del mar, se comprueba que el revestimiento de algas empieza a disminuir en cuanto se alcanzan pequeñas profundidades.

La vida vegetal idónea sólo se desarrolla a profundidades no mayores de 20 m. A los 40 m de profundidad, la vegetación es ya muy escasa. Unicamente plantas especializadísimas son capaces de vivir a mayores profundidades. Son del tipo de las rodofitas que se bastan con muy poca luz.

Las rodofitas disponen de un tipo especial de clorofila (predomina la clorofila a, no hay b y poca c) y sobre todo de otros pigmentos, entre ellos la ficoeritrina, compuesto rojo de intenso brillo fluorescente a la luz. Gracias a este arsenal pueden utilizar para la fotosíntesis los escasos rayos de luz de onda corta (verdiazules) que se filtran por debajo de los 50 metros. Y no forman allí como las demás algas la glucosa típica de las plantas, sino otro carbohidrato parecido más bien al glucógeno de los animales. Sus paredes celulares se componen interiormente de celulosa y exteriormente de una capa, espesa y a menudo muy hinchada, de pectina, sustancia similar a los carbohidratos, existente también en otras plantas y utilizada industrialmente en la preparación de gelatinas. Distintas rodofitas se han convertido en materia prima del medio de cultivo agar-agar.

Por encima de las formaciones de rodofitas y a una profundidad hasta de 22 metros, se extienden las feofitas. Se hallan entre ellas las algas más gigantescas. Algunas laminarias pueden producir tallos de varios metros de longitud. La mayor de las algas, la Macrocystis, alcanza longitudes de 60 m y un peso de 100 kg. Muchas de ellas están provistas de vesículas natatorias que sostienen verticalmente a estas plantas dentro del agua. Las corbelas y sargazos están sembrados de tales flotadores. El color de las feofitas se debe a su tipo de clorofila (a, ausencia de b, algo de c, ausencia de d) así como a carotinas y a las parduscas xantofilas. Estas últimas eclipsan los demás pigmen-

En la zona apenas cubierta por la marea alta se produce, junto a otras clorofitas, la lechuga de mar. La forman dos simples capas superficiales de células y se halla sólidamente adherida a la roca. Unicamente las células del borde se destinan a la reproducción.

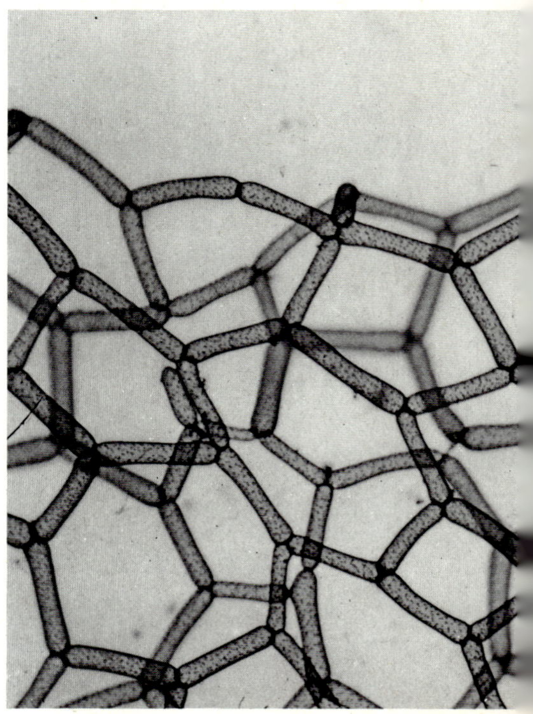

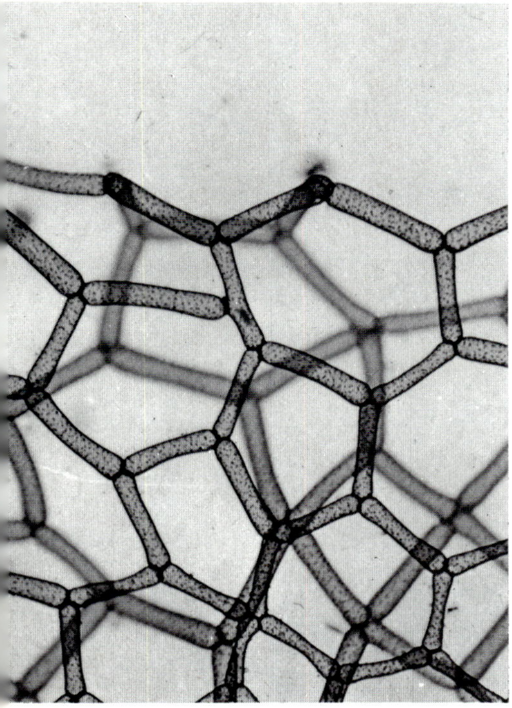

En el agua dulce dan lugar las clorofitas, al lado de formas filamentosas que se aglomeran constituyendo gruesas «borlas», a muchas formas unicelulares y colonias de células de figura a veces agraciada. Las células de la Hidrodictia (izq.) se disponen en forma de red.

Durante la bajamar, el mar deja al descubierto en acantilados y playas rocosas gigantescos bosques de algas, en su mayoría feofíceas de tamaño muy considerable. Se pegan a las rocas con fuertes órganos adhesivos, resistiendo así el embate de las mareas.

tos. Las feofitas producen una serie de interesantes sustancias, p. ej., la manita (un alcohol emparentado con los azúcares). Son productos de partida en la obtención de ciertas sales y del yodo. En el Extremo Oriente forman parte de la alimentación humana.

Por último las capas superiores del mar están pobladas de clorofitas. Poseen generalmente grandes cloroplastos de un verde limpio (clorofila a, poca b, ausencia de c y de d). Entre las clorofitas están la lechuga de mar y los filamentosos arbolillos de la Chladophora. La mayoría de las clorofitas no viven adheridas a los acantilados de las costas bravas sino que flotan a la deriva, en mar abierto, mezcladas entre el plancton.

El plancton marino no se compone exclusivamente de cianofitas, sino también de flageladas y diatomeas. Todas ellas habitan las capas superiores del agua (pág. 42), en que los índices lumínicos permiten su fotosíntesis. Como para esta función necesitan también gases (CO_2), se las halla sobre todo en los mares fríos. Esas zonas del mar tienen agua verde. En cambio los océanos cálidos de aguas poco batidas y de color azul profundo son sumamente pobres en algas en sus capas superiores.

4

Un vistazo atrás de millones de años

La pluralidad de formas del actual mundo botánico parece infinitamente grande. Y sin embargo constituye únicamente una minúscula parte del total de especies desarrolladas a lo largo de la evolución biológica. La mayoría de las especies vegetales no pudieron resistir la larga y dura lucha competitiva; se extinguieron y dejaron paso a otras.
La flora de los primeros tiempos dio forma a paisajes que evolucionaron con ella. Determinaron su aspecto plantas que hoy nos parecen extrañísimas. Sólo entenderemos el día de hoy si conocemos el de ayer y el de anteayer. Foto: Paisaje del carbónico; museo de minería de Bochum.

La historia de la evolución de las especies vegetales sigue planteando enigmas

Los bosques petrificados del Sáhara, de Arizona y de la R. D. Alemana constituyen los fósiles vegetales más conocidos. Al infiltrarse con soluciones minerales hasta las más recónditas y pequeñas cavidades, quedaron sustituidas éstas por piedra, de un color diferente.

La investigación del pasado de nuestro mundo vegetal es mucho más difícil que la elucidación de la historia de nuestros animales. La razón de ello estriba principalmente en que los organismos vegetales rara vez dejan huellas susceptibles de evaluación. Los animales se conservan fosilizados o en forma de vaciados cuando tuvieron caparazones o esqueletos duros y quedaron aislados del aire. Ambas cosas faltan totalmente en el caso de las plantas. A excepción de la parte leñosa (y ésta era aún relativamente blanda en las primeras épocas) se componían de hojas, escamas y tallos tiernos, susceptibles de fácil y rápida destrucción mecánica. Por otra parte, no se sumergían en el agua sin más ni más como los restos de animales. Solamente cuando quedaron aprisionadas, p. ej., al caerles encima varios árboles gigantescos, se dieron casos de exclusión del oxígeno. Añadamos que los mismos animales que viven normalmente lejos del agua, a veces, yendo de camino, se atascan en algún cenagal y los cubre el limo o la arena. De este modo pudieron conservarse. Es evidente que los organismos vegetales de la superficie seca no tuvieron estas oportunidades.

Ello hace más valiosos los escasos fósiles y huellas de plantas que se nos han conservado. Se hallan sobre todo en esquistos y areniscas directamente adyacentes a las capas de carbón.

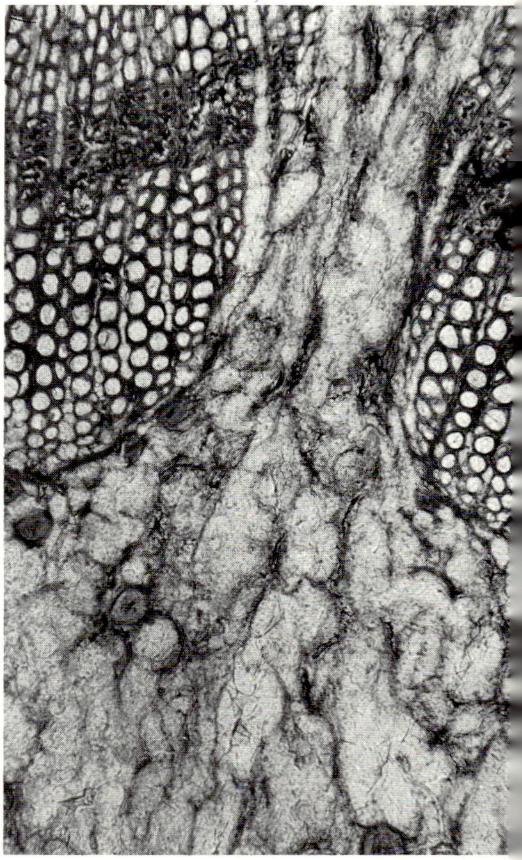

En secciones delgadísimas del fósil (arriba) puede estudiarse a veces hasta la microanatomía de las plantas petrificadas. Cuando las paredes celulares fueron infiltradas por minerales antes de la carbonización de los tejidos, se nos ha conservado su disposición.

Dos tercios de las especies botánicas vivientes pertenecen a las fanerógamas. Si examinamos la prehistoria geológica, observamos que el cuadro actual del mundo botánico es el resultado de una prolongadísima evolución. Grandes grupos se han extinguido, otros en cambio son muy recientes. Algunos han sobrevivido desde épocas remotas, constituyendo así «fósiles vivientes».

Por lo general sólo nos queda del tejido vegetal una película de carbón; a menudo un sedimento de grano fino se ha encargado de vaciar escrupulosamente todos los detalles de la superficie. En el estudio de las estructuras vegetales primitivas tienen un valor inapreciable los fósiles propiamente dichos. Cuando el proceso de fosilización ha sido lento, pueden apreciarse hasta las estructuras celulares de los tejidos vegetales. Como se sabe, durante la fosilización penetran soluciones minerales hasta en los menores resquicios de las paredes celulares y las «reproducen en piedra». Con esta «infiltración» suelen conservarse además restos pardos o negruzcos de la pared celular en sí. En secciones microscópicas delgadas, la estructura anatómica de estos tejidos «impregnados de piedra» puede reconocerse con precisión sorprendente para su evaluación científica.

Han llegado a nuestros días como verdaderos fósiles algunos restos de troncos de formas arbóreas. Proceden de bosques petrificados en el Sáhara, la Patagonia y Arizona. También se hallaron en el corazón de Europa (República Democrática Alemana).

Los paleobotánicos, o sea los biólogos que investigan la evolución histórica de las plantas, no se conforman con analizar los restos de hojas y troncos del pasado; escudriñan también frutas, semillas, esporas y polen fósiles. El polen y las esporas sobre todo les dan claves importantes acerca de la vida vegetal prehistórica (análisis del polen). Ello tiene tres motivos: por un lado esos elementos vegetales, gracias a sus sólidas cubiertas, suelen conservarse en perfectas condiciones. Por otro lado, sus diseños y la textura de sus tejidos, su disposición son tan característicos que se los puede diferenciar y clasificar por especies de un modo fácil y seguro. En un tiempo se produjeron en tales cantidades que, también por esta razón, donde se originaron un día han dejado huellas y restos mucho más abundantes y más seguros de identificar que las demás partes de las plantas.

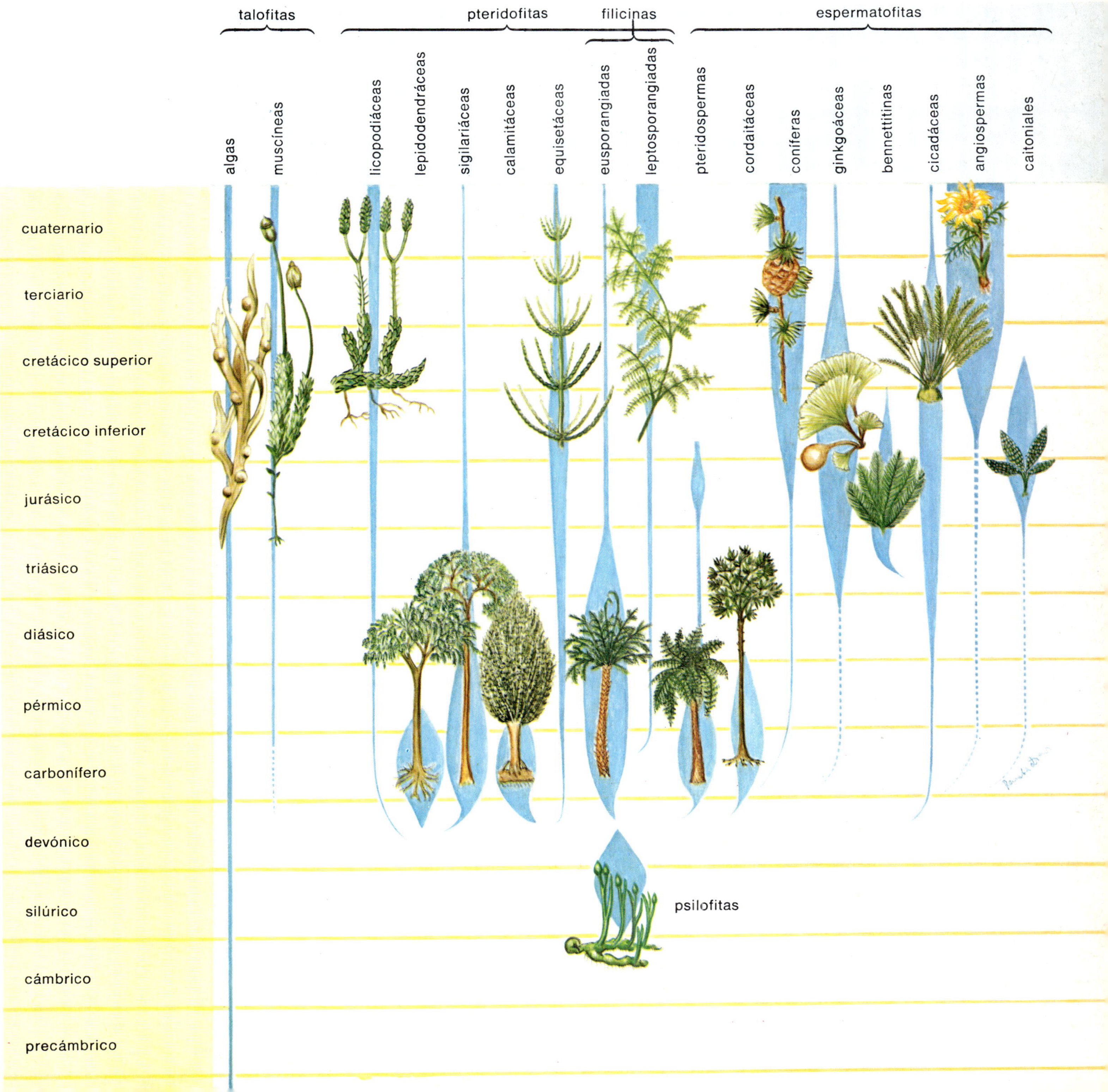

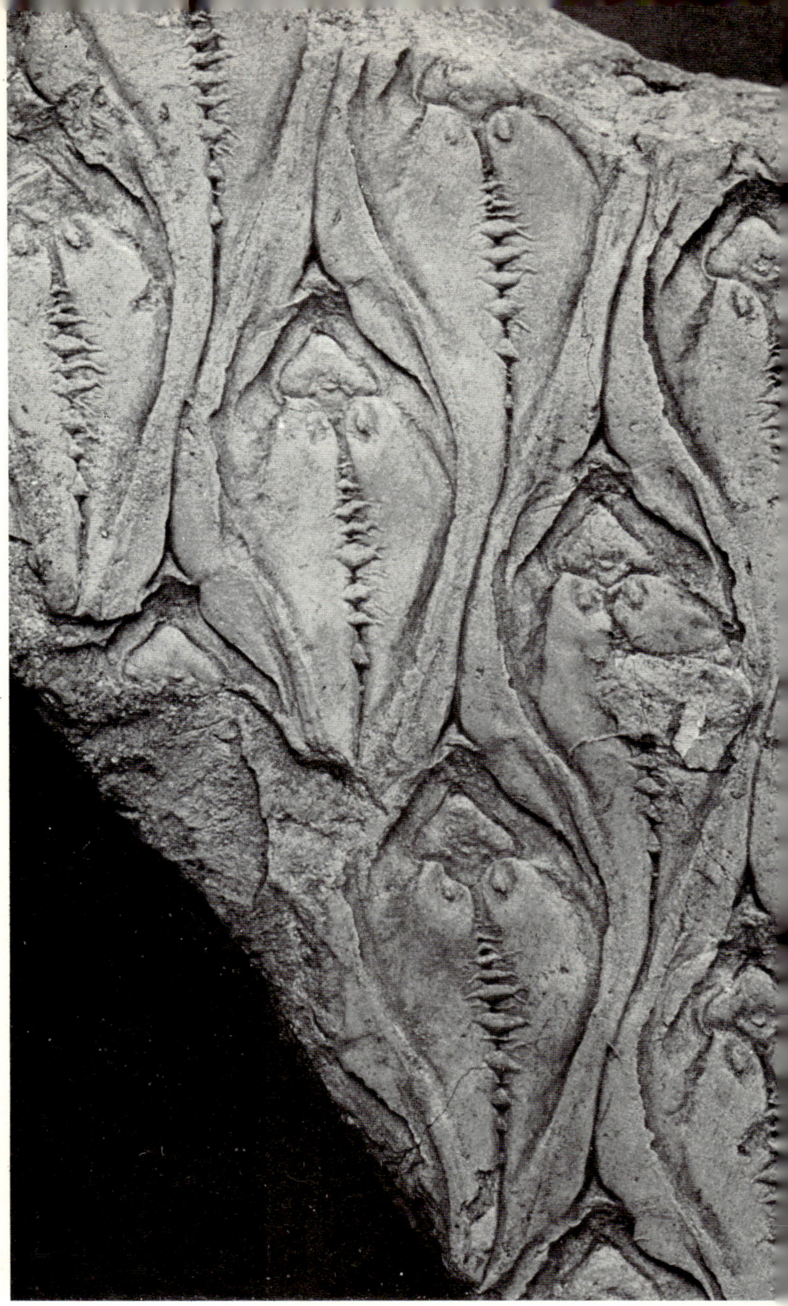

En ciertas épocas geológicas hubo tal florecimiento vegetal que todavía nos aprovechamos de él

Aunque tienen el aspecto de trozos de tallos petrificados, estos fósiles (izq.) son sólo impresiones de cavidades medulares, hasta de 30 cm. de diámetro, de calamitas, plantas equisetiformes del tamaño de árboles. Por los finos surcos, huellas de los fascículos liberianos, puede apreciarse su distribución dentro del tallo, que constituía en sí un cilindro de un diámetro tres veces mayor que la cavidad medular.

El continente europeo sufrió cambios extremos de clima a lo largo de los millones de años de su historia. «Sólo» hace 10 000 años que terminó el último período glacial. En otras épocas, p. ej., hace entre 270 y 320 millones de años, reinaron temperaturas tropicales unidas a una gran humedad. Precisamente en ese período (carbonífero) la vida vegetal vio su primer apogeo en medio de una proliferación fabulosa.

Se extendieron los bosques pantanosos, llenos de árboles y plantas de extraño aspecto. Alcanzaban grandes alturas, pero enseguida se venían abajo. Es evidente que no «habían aprendido» a resistir vientos fuertes. Furiosas tormentas segaron materialmente esos bosques sobre aguas pantanosas casi sin oxígeno y exentas todavía de agentes putrefactivos y formadores de humus. Y no se desintegraron sino que, bajo la presión de la siguiente capa de árboles caídos y en medio de algunas inundaciones de arena y cieno, se transformaron en turba y carbón (véase pág. 176). Así se originaron los hacinamientos vegetales que dieron lugar a los yacimientos de hulla.

La asociación vegetal de los bosques pantanosos carboníferos se componía principalmente de licopodiáceas, equisetos y helechos. Entre los primeros estaban principalmente los lepidodendros y sigilarios, cuya apariencia se ha reconstruido a partir de ejemplares fósiles:

Con diámetros de tronco de más de dos metros, alcanzaron los lepidodendros alturas de 30 m. Su tronco no tenía ramas en la parte inferior, pero presentaba siempre una copa muy ahorquillada, provista de hojas largas y estrechas. Estas brotaban de grandes brácteas que, al caer las hojas, conferían al tronco un dibujo tan típico que basta un trocito de diseño para identificar aquella especie (foto superior).

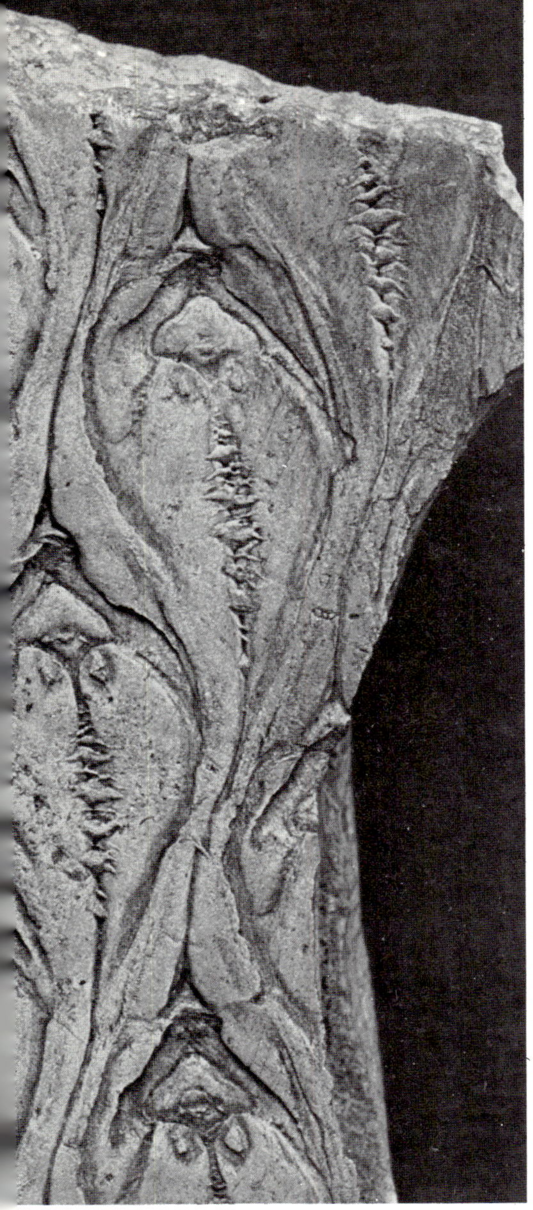

Esta ornamentación a base de pequeñas «carátulas» es la impresión del tronco de un lepidodendro. Las carátulas son cicatrices suberosas que dejaban en el tronco las hojas al desprenderse. La «frente» está formada por la cicatriz dejada por el fascículo conductor.

Otro tanto puede decirse de los sigilarios. También sus hojas eran herbiformes, estrechas y hasta de 1 m de largas. Formaban, como nuestras palmeras, una roseta de hojas al extremo del tronco que, a diferencia de los lepidodendros, no solía estar ramificado. Los sigilarios presentaban la interesante particularidad de sus flores sentadas (caulifloras). Se da sobre todo en árboles tropicales, como el del cacao, cuyas flores se insertan directamente en el tronco, con ausencia de pedúnculos. Los sigilarios no poseían flores todavía, sino únicamente esporangios.

De las equisetíneas sólo quedan hoy día representantes no arboriformes. En el carbonífero sus especies alcanzaban alturas de 20 y más metros. Su eje principal se extendía en la tierra en forma de rizoma del que brotaban los troncos verticales, muy ramificados. Semejaban mucho la regular estructura de nuestros equisetos.

Donde dejaron claros los licopodios y equisetos, prosperaron los helechos. Sus especies daban incluso a menudo la tonalidad. Aparecían en numerosas formas. Al lado de helechos de aspecto herbáceo, los había trepadores e incluso como árboles. Su aspecto recordaría a los helechos gigantes de nuestros trópicos. Algunos de ellos estaban ya muy evolucionados, producían semillas y su estructura leñosa se parecía a la de las coníferas de hoy día.

Los ejemplares más evolucionados de la flora carbonífera fueron las cordaitáceas. Poseían troncos esbeltos y lisos (sin *estrías*) con una copa de hojas largas y estrechas y alcanzaban alturas de 30 m.

Este fósil se parece a la impresión que dejaría un helecho de hoy sobre cera negra. El verdadero material vegetal se ha conservado en forma de finísima película de carbón. El sedimento petrificado ha conservado la impresión de las más delicadas estructuras.

Las huellas de vida dejadas en la tierra y la piedra nos ayudan a ilustrar la historia de la evolución de los organismos y a revivir sus aventuras

Al desprenderse rocas susceptibles de contener fósiles (dcha. abajo) se nos revelan vistas fascinadoras de remotas épocas de nuestro planeta. Si se tiene suerte, se hallan figuras tan delicadas como estos frondes de helechos y rosetas de equisetos (dcha.), conservados con todo detalle.

Hace unos 350 millones de años, al final del silúrico superior, la corteza terrestre fue sacudida por tremendos cambios tectónicos. En muchas partes se levantó la tierra. Se formaron nuevos plegamientos montañosos. Mares interiores se vaciaron en los océanos. En aquella época de «roturación» que presentó a las plantas problemas vitales continuos y cambiantes, se inició definitivamente una de las transformaciones biológicas más trascendentales: la conquista del biotopo «tierra firme».

Durante millones de años habían habitado los mares primigenios los organismos vegetales sin experimentar cambios dignos de mención. Y en aquel «momento» de 50 millones de años, de las sencillas algas y sargazos surgieron árboles imponentes. Los primeros «adelantados» en tierra firme fueron algas capaces de desarrollar vasos simples que abastecían de agua los «brazos» tendidos desde el líquido elemento. El siguiente paso lo dieron las psilofitas (reconocidas hoy día como auténticas plantas terrestres). Todavía no tenían hojas y las «anclas» con que se fijaban al suelo no eran aún raíces capaces de absorber sustancias. Pero reptaron y reptaron, extendiendo siempre nuevos apéndices, hacia lugares cada vez más lejanos al agua. A la vez, enderezaron hacia el sol esbeltos brotes coronados por esporangios. La rinia, primera planta terrestre, alcanzó alturas de unos 20 cm sobre el suelo. Pero sus hermanas del género de las duisbergias se alzaron hasta 2 m.

Subsisten todavía representantes de esas plantas primitivas en los helechos desnudos del género Psilotum. Cierto es que sus brotes están ya rodeados de diminutas escamillas foliáceas, «lisas» todavía.

Aún dentro del devónico, hace unos 330 millones de años, surgieron de las psilofitas los demás numerosos grupos botánicos que más tarde, en el carbonífero (véase pág. 52), cubrieran la tierra en colosal proliferación —sobre todo los licopodios, equisetos y helechos. Más o menos al mismo tiempo se originaron por distintas vías las primeras muscíneas.

La marcha triunfal que llevó a las plantas terrestres a invadir sin cesar nuevos biotopos, creando así las condiciones para la difusión del reino animal, estuvo acompañada de una importante transformación: el continuo perfeccionamiento de sus «relaciones ambientales» a través de una mejora simultánea de su estructura y funciones. Como no se limitó a una optimación de los tejidos (no visibles) de transporte, fijación y almacenamiento, sino que influyó una especialización de las superficies, esa mejora casi siempre fue fácil de apreciar «desde afuera».

Precisamente la configuración de las superficies, unida a la diferenciación de las raíces, ramificación del brote de las hojas y, finalmente, de las flores, condujo a esa diversidad de formas que tanto admiramos en las plantas actuales.

La primera planta terrestre se componía exclusivamente de telomas (tallos), de los que por arracimamiento, aplanamiento y soldadura, se originó la hoja (b) y por una nueva soldadura, el eje de brotación (d) de las plantas superiores (a) y (c): formación de los esporangios de los helechos.

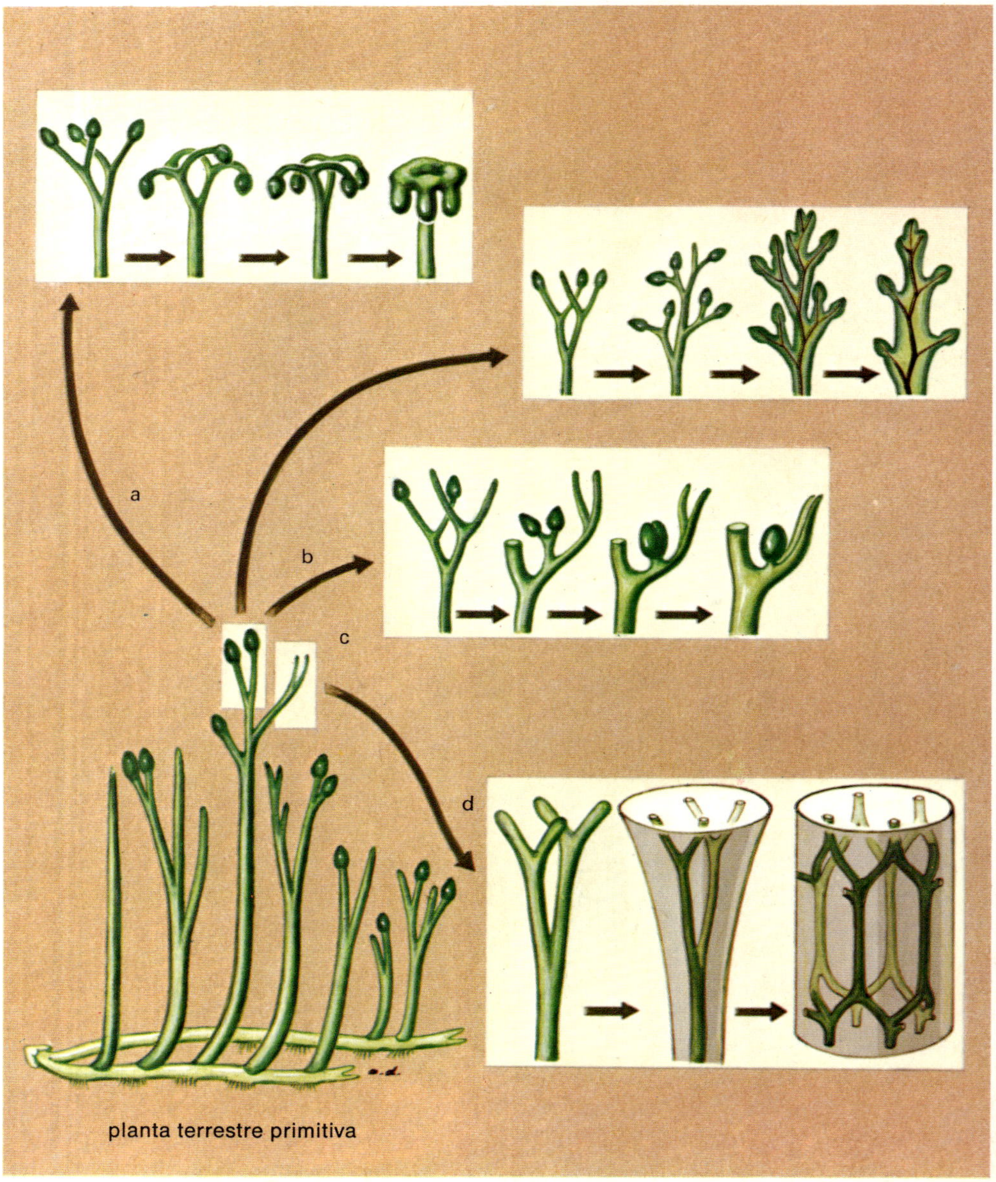

Ciertas especies de plantas han sobrevivido el correr de millones de años

Recordaban mucho al actual equiseto (arriba) muchas de las plantas primitivas más desarrolladas, que hace unos 400 millones de años conquistaron los continentes. Durante millones de años toda la vegetación se compuso únicamente de plantas de tan simple estructura.

En nuestros lignitos hallamos restos de un grupo botánico emparentado con las secoyas. Durante mucho tiempo sólo se le conoció en forma fósil. Pero en 1944 un funcionario forestal chino descubrió en su bosque coníferas que no pudo identificar, ni siquiera acudiendo a los manuales de clasificación más completos. Por lo mismo, intentó describirlas. Sus informes causaron expectación entre los científicos. En seguida se puso en marcha un grupo de expertos, a fin de resolver el enigma. Resultó que se trataba de unas coníferas que, al igual que nuestros alerces, dejan caer la pinaza en invierno, verdaderas representantes de un grupo botánico, el de las metasecoyas, que se suponía extinguido hace muchísimo tiempo.

En la flora de nuestras latitudes proliferan algunas «reliquias vivientes» aún mucho más antiguas. Están entre ellas los equisetos, reducidos hoy al «nivel del musgo» al que se parecen más que a una criptógama. Y sin embargo poseen un eje de brotación, pequeñas hojillas uninerviadas y auténticas raíces, pero no producen semillas. En las axilas de sus hojillas pediceladas, acumuladas principalmente en el extremo de algún brote lateral, se producen las esporas, sus cuerpos reproductores, dotados de la mitad de cromosomas que tienen los equisetos. Pueden éstos formar macrosporas y microsporas, que germinan en forma de diminutos protalos. En el protalo de la microspora se presentan órganos sexuales masculinos que forman espermatofitas de libre movimiento. En el protalo de la macrospora crecen órganos

Puede considerarse la famosa welwitschia del desierto costero nebuloso del Africa del Sur y Angola (abajo) como representante único de una antigua línea evolutiva de las gimnospermas. Tiene sólo dos hojas, de varios metros de longitud, que crecen continuamente en su base.

El ginkgo es el único superviviente de una familia muy difundida hace largo tiempo. Sus hojas parecen tener limbo y, sin embargo, el ginkgo está más emparentado con las coníferas de nuestros días. Originario de China, se ha difundido por todo el mundo.

femeninos que desarrollan óvulos. Para la fecundación de éstos se requiere el transporte activo de las espermatofitas hasta los órganos femeninos, o sea hasta el otro protalo. Esto sólo es posible cuando el agua moja ambos protalos: he aquí una reliquia de los tiempos más primitivos.

Con la fecundación del óvulo se reúnen los juegos de cromosomas de ambos gametos, surgiendo así una planta (diploide) que vuelve a tener los juegos dobles de cromosomas. Y crece y llega a su madurez sexual, volviendo a formarse las micro y macrosporas, con sus juegos sencillos de cromosomas (haploides).

Los biólogos denominan cambio de generación a la alternancia entre las fases existenciales con juego de cromosomas doble y sencillo. El triunfal avance de las plantas terrestres se halla sólidamente vinculado a ese cambio «ectópico» de la principal fase existencial de los organismos de vivir con el juego sencillo a vivir con el juego doble. Esto tiene su sentido: habiendo ese doble juego de cromosomas, las mutaciones desventajosas en potencia para la vida de la planta, no son tan catastróficas como con el juego sencillo.

Las actuales plantas fanerógamas y sobre todo nuestras plantas utilitarias, no sólo son diploides sino, en su mayoría, poliploides: disponen de un múltiplo del juego sencillo y normal de cromosomas, lo que las hace sumamente resistentes contra deterioros del genotipo e incluso contra los fallos transmitidos por sus antepasados. Estos aspectos positivos han aumentado el valor del poliploidismo en el cultivo de las plantas. Por esa razón se convierte hoy día artificialmente en poliploides por medio de la colquicina a muchas plantas útiles.

Las muscíneas no han llegado todavía a esa fase avanzada de la evolución. Disponen sólo del juego de cromosomas sencillo. Tras la fecundación del óvulo por parte de un espermatozoide, que tiene que proceder de otra plantita de musgo, suele convertirse aquél en un esporangio pedicelado. Sólo el sáculo y el pedicelo son diploides, pues al formarse las esporas vuelve a tener lugar la división «carioquinética» de los juegos de cromosomas. Ello hace hasta ahora del musgo un extraño del reino vegetal. La mayoría de estos «fósiles vivientes» dotados de características tan primitivas pueblan actualmente sobre todo zonas arrinconadas, sustraídas a una competición aguda de las especies o que ofrecen condiciones de vida poco atractivas para la mayoría de las demás plantas.

El paso a las fanerógamas se llevó a cabo poco a poco. La etapa decisiva fueron las gimnospermas

La propagación de la especie a través de las semillas supone una formidable adaptación de las plantas a la vida en tierra. Algunos helechos experimentaron ya con semillas a fines del carbonífero, pero las primeras plantas que las desarrollaron totalmente han sido las gimnospermas (semillas desnudas). Poseen todavía flores sencillas y dispuestas generalmente en conos. Las flores masculinas y femeninas se hallan separadas entre sí. Los óvulos están descubiertos y accesibles en los carpelos de las escamas de los conos. En cambio en las angiospermas (semillas cubiertas) los ovarios se hallan escondidos dentro del pericarpio, constituido por la fusión de los carpelos.

El esclarecimiento de la evolución filogenética de las gimnospermas a angiospermas constituye uno de los problemas más importantes de la investigación botánica. De acuerdo con los descubrimientos hechos hasta ahora, la evolución de las angiospermas debe haberse iniciado hace unos 180 millones de años, entre el triásico y el jurásico. Desgraciadamente quedan pocos fósiles de esa época y ello proyecta cierta inseguridad en la clarificación de la evolución de las angiospermas. Los biólogos se esfuerzan en contribuir a la solución de este problema mediante experimentos comparativos en plantas actuales (incluyendo fósiles):

Se ha revelado muy elocuente en este punto un grupo de angiospermas actuales, el de las magnólidas, al que, además de la magnolia, pertenecen plantas como los nenúfares, ranúnculos y la amapola. Las plantas de este grupo representan por así decirlo el nudo gordiano de la evolución filogenética de las angiospermas. En ellas se encuentran la mayoría de características que hablan de un cercano parentesco con grupos de gimnospermas o de sus primeros grupos sucesores en la línea evolutiva.

Un estudio comparativo a partir de las magnólidas permite representar un árbol genealógico de las angiospermas que muestra las distintas directrices evolutivas y las líneas de desarrollo de las gimnospermas a las angiospermas. Este árbol genealógico puede decirnos algo acerca de los parentescos existentes entre ambos grupos. Debe partir de los caracteres estructurales —del eje de brotación, de las hojas y flores—, decir algo también acerca de las sustancias de composición y, sobre todo, tener en cuenta las relaciones ambientales de las plantas con su biotopo y su difusión geográfica.

Este tipo de consideraciones podrían clarificar la cuestión de por qué no se han hallado hasta ahora fósiles de las primeras angiospermas: las magnolias de hoy día son plantas típicas de las montañas tropicales y subtropicales. Como los montes son siempre zonas de erosión y los fósiles sólo sufren petrificación en la piedra sedimentaria, las flores de montaña no tuvieron gran probabilidad de resistir en su lugar el tiempo suficiente como para conservarse en forma de fósil.

La cuestión de cuál de los «novedosos inventos» de las angiospermas pudo permitir su comprobada victoria histórica sobre las gimnospermas sigue siendo tarea de experimentos comparativos. ¿Está la clave en la fecundación mediante insectos o en la subsiguiente involución de la generación preembrional dentro de la flor, al permitir así una propagación más rápida? ¿Fue decisiva la formación de una parte leñosa y cribiforme más funcional en los fascículos conductores, al permitir un mejor transporte en masa dentro de la planta? ¿O triunfaron las angiospermas por la combinación de todas estas innovaciones?

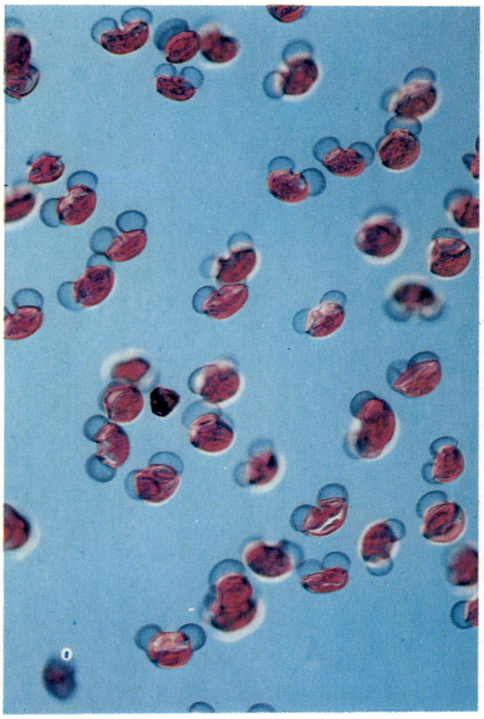

Los amarillos «racimos» que brotan en primavera en el pino silvestre (izq.) son androceos. Cada uno de sus estambres laminares lanza al aire miles de granos de polen. Estos granos (arriba) están dotados de sacos aéreos que los hacen más ligeros, para volar mejor.

Antes de que le broten nuevas hojas aciculares con la primavera, el alerce abre sus conos, amarillos y de delicado matiz rosa. Los conos amarillos dejan caer el polen, los rosados albergan los ovarios, cada uno con su óvulo. Al florecer, las brácteas se separan más entre sí, de manera que el polen pueda caer directamente en los ovarios. Posteriormente aumenta el tamaño de aquéllas. Aglutinadas por la resina, se cierran con gran dureza unas sobre otras y no vuelven a separarse hasta el momento de la maduración de las semillas —lo hacen al alargarse el eje del cono femenino. El viento, arrebatando las semillas, se encarga de diseminarlas.

Las angiospermas tienen flores espléndidas. Pertenecen a ellas más de la mitad de las especies botánicas que existen actualmente

La estructura de las flores de algunas angiospermas presenta todavía indicios que denuncian gimnospermas en su pasado (abajo y derecha): flores dispuestas individualmente al final del tallo; gran número de verticilos dispuestos en torno a un tálamo floral cónico; el número de carpelos no es aún definido.

Los naturalistas han intentado siempre descubrir correlaciones dentro de la diversidad del reino vegetal. Lo consiguió ya con éxito Teofrasto (370-287 a. JC.), discípulo de Aristóteles. Describió en 15 libros la historia de las plantas y las causas de su crecimiento.

Pero la brecha decisiva fue obra de Linneo (1707-1778). Su «Sistema natural de las plantas y animales» se basó en las características comprobables científicamente en los organismos; diferenció las cosas que eran diferentes de acuerdo con criterios sólidos y compendió las coincidencias en puntos importantes. Otorgó Linneo prioridad al «esquema básico de las flores» para la diferenciación e identificación de las plantas. De ese modo pudo clasificarse prácticamente sobre todo el campo casi infinito de las fanerógamas (considerado hoy día más exactamente como una sección de las espermafitas=plantas con semillas).

La clasificación llevó al descubrimiento de nuevas correlaciones. Reveló, p. ej., relaciones de parentesco, es decir filogenéticas, así como otras características comunes, v. gr., en el metabolismo. Pudo predecirse, p. ej., que las angiospermas cuyas flores siguieron el esquema K (5) [C (5) A 5] G 2, pertenecerían a las solanáceas y por lo tanto serían ricas en alcaloides. En esta fórmula floral K significa sépalos, C pétalos, A estambres y G carpelos; los paréntesis su grado de soldadura. En el «Sistema natural» recibió cada planta dos nombres que la caracterizaban sin equívocos. El primero designaba su género, p. ej., Solanum (solanácea) y el segundo su especie. De este modo, la patata se llama Solanum tuberosum, el tomate Solanum lycopersicum, la dulcamara Solanum dulcamara. El término «especie» no puede definirse hoy ya en el reino vegetal con la misma precisión con que fue concebido inicialmente y que se emplea aún en el reino animal: como designación colectiva de los organismos que pueden tener entre sí descendientes fecundos. En el reino vegetal, frecuentemente pueden cruzarse y proliferar también plantas de distintas especies. El moderno cultivo de plantas se sirve frecuente y hábilmente de esa circunstancia.

Comparado con el sinnúmero de especies del reino animal, el de las especies vegetales es más fácil de dominar: actualmente viven unas 400 000, es decir un tercio escaso de las especies del reino animal.

En el umbral del reino vegetal existen unas 5000 especies que poseen una o muy pocas células, en las que lo más notable es que no poseen núcleo. Se denominan procariontáceas. Están entre ellas las cianofíceas y las bacterias. Las células de todas las demás plantas se hallan dotadas al menos de un núcleo (cariontáceas). Se dividen en agrupaciones uni o pluricelulares, que carecen de tejidos propiamente dichos y en organizaciones que forman verdaderos tejidos y cuyas células están unidas entre sí en cualquier dirección por puentes plasmáticos. Se cuentan en ellas las algas con unas 20 000 especies vivas, los mixomicetos (500 especies), los hongos (unas 100 000 especies vivas) y los líquenes, seres simbióticos integrados por hongos y algas (15 000 especies).

Las plantas que forman verdaderos tejidos pueden dividirse en pteridofitas y espermafitas. Las pteridofitas están representadas hoy por unas 25 000 especies de musgos y unas 10 000 de helechos, las espermafitas, por 750 gimnospermas y unas 250 000 angiospermas. Son gimnospermas algunos «fósiles vivientes» como las cicadáceas (Cycas), el gingko y la Welwitschia, así como todas las coníferas (rodeno, abeto, pino, alerce, cedro, secoyas, cipreses, enebros, encinas y araucarias). En las angiospermas hallamos, diferenciadas por el número de cotiledones con que inician su existencia de semillas, las monocotiledóneas y las dicotiledóneas.

Estos dos grupos de espermafitas son hoy día las configuradoras principales de nuestro paisaje y abarcan el total de especies botánicas con las que el hombre se halla íntimamente relacionado y sin las que apenas podría existir. Unas 70 000 clases forman en la actualidad la clase de las monocotiledóneas y unas 180 000 la de las dicotiledóneas.

Las magnolias son sumamente primitivas. También presentan características rudimentarias, del tipo usual en las plantas gimnospermas, flores angiospermas como el Trollius (arriba), o el nenúfar que habita los estanques (dcha.).

La muy difundida pulsátila (derecha), también gimnosperma, muestra las características usuales entre estas plantas. Entre ellas es notable la no diferenciación entre pétalos y sépalos.

5

La célula: unidad de organización acreditada

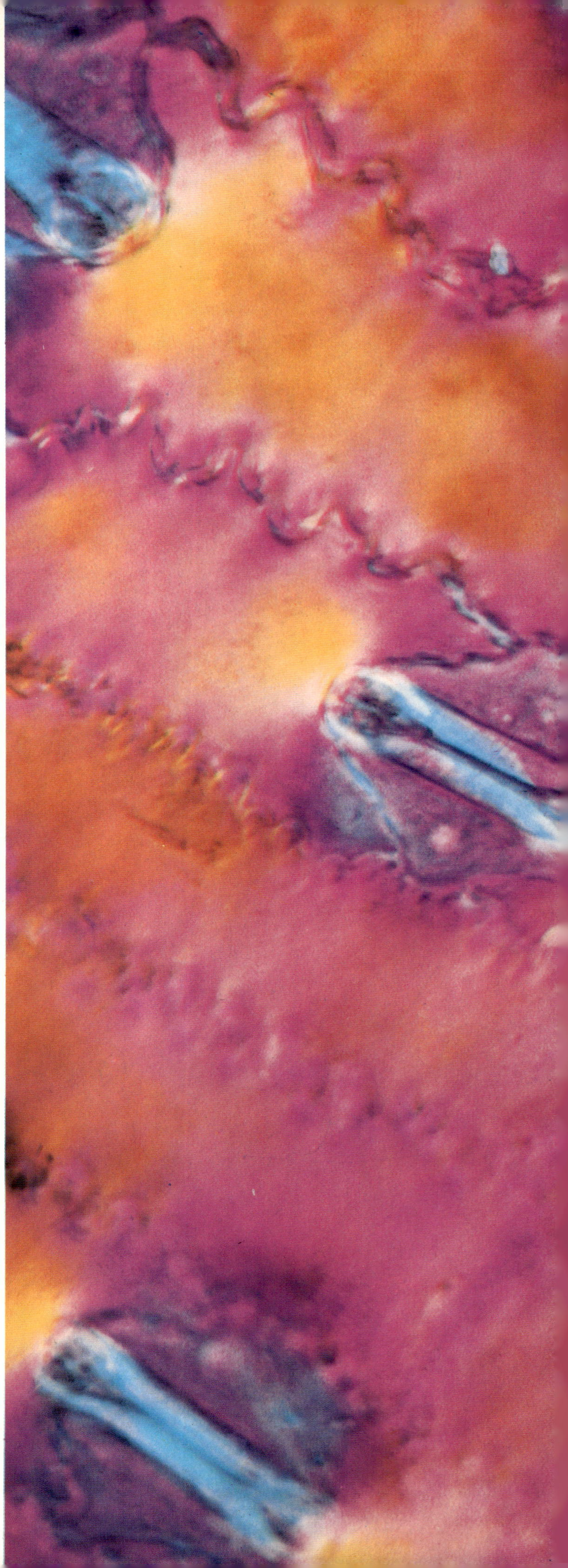

Todas las propiedades y funciones de las plantas se asientan en las células que las componen. Formando complicadas organizaciones celulares en las plantas superiores, efectúan sus funciones comunes orgánicas siguiendo el principio de la división del trabajo. De este modo, las funciones especiales están vinculadas a estructuras especiales. Esta foto de mil aumentos de una hoja de maíz vista con luz polarizada nos revela algo de la microestructura de las organizaciones celulares. Distribuidos entre las células mesenquimáticas alargadas de la epidermis de la hoja aparecen los estomas, guardianes del interior de la hoja.

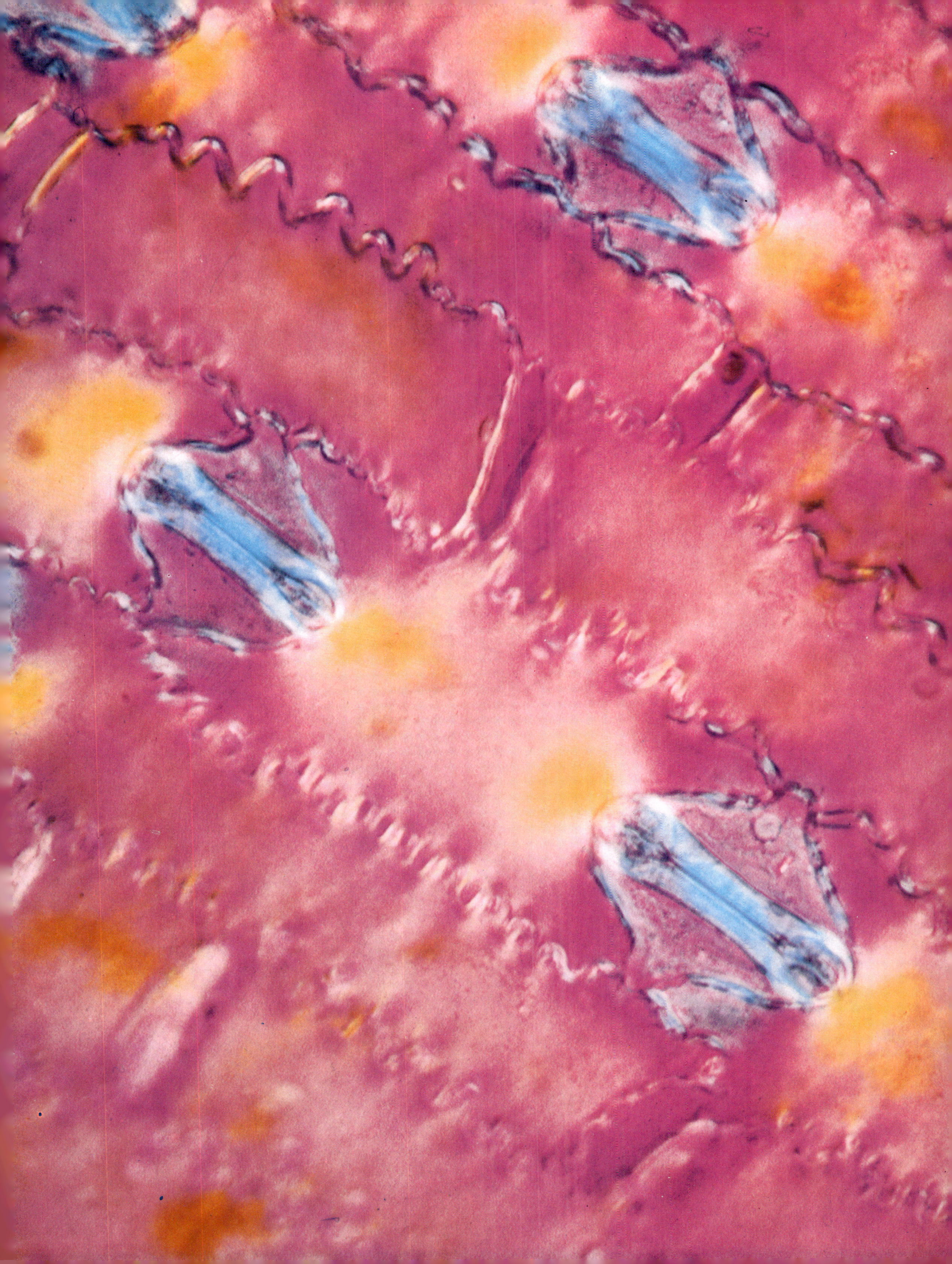

La arquitectura interna de la célula vegetal, constituida por numerosas y complicadas organelas, cambia continuamente de forma

Ya en 1665, el investigador inglés Robert Hooke, al mirar por uno de sus «tubos maravillosos», descubrió las células vegetales. Pero la importancia de este descubrimiento no cobró fuerza hasta 174 años más tarde, debido a la teoría de la «celularidad de todas las cosas vivas», fundada por los científicos alemanes Schwann y Schleiden: la célula es la estructura organizadora de todos los seres vivos.

Estos y otros descubrimientos y conocimientos referentes a la microestructura de los organismos presupusieron forzosamente la invención y construcción del microscopio. Mucho ha cambiado desde entonces la técnica de este instrumento. Con sus sofisticados sistemas de lentes han podido traducirse en diferencias visibles ciertas propiedades «ópticas» de las estructuras celulares imperceptibles a nuestros ojos. Son ejemplos de esto los métodos de contraste fásico y la microscopía con polarización de la luz. Hemos aprendido asimismo a fijar las diferentes estructuras celulares compuestas de distintas sustancias, coloreándolas selectivamente y separándolas así del borroso gris del conjunto.

Entre las más importantes innovaciones en este campo tenemos el método fluorescente. Ciertos grupos de sustancias, p. ej., los ácidos nucleicos, entre los que está el ADN, portador de la información genética, pueden asociarse específicamente a un colorante determinado. Se eligen por lo general colorantes que al ser iluminados irradien a su vez luz, concretamente de una longitud de onda de poca energía (fluorescencia). Con estas y otras exploraciones se ha comprobado claramente que en el contenido celular no rige un desorden caótico sino un orden exquisito y perfecto.

Estos conocimientos se han ahondado básicamente en la década de los 40 con el desarrollo del microscopio electrónico. Ante los científicos que trabajan con este instrumento se ha desplegado un mundo de maravillas estructurales. Además de ver las bien conocidas organelas, pudieron apreciar también su microestructura. Por doquier aparecieron cámaras y nichos cuyo significado daba a entender que teniéndolas en cuenta, podían distribuirse más fácilmente los diferentes puntos de reacción correspondientes a la multitud de actividades químicas de la célula. Procesos metabólicos de suyo incompatibles se efectúan así sin interferencias.

Células de la piel escamosa de la cebolla (izq.), fotografiadas con diferentes medios ópticos y tratamiento previo distinto. De arriba abajo: simple microscopio; id. contraste fásico; preparación coloreada; técnica fotográfica fluorescente.

Los componentes más importantes de la célula son, vistos al microscopio electrónico (dcha): los cloroplastos (8) en el centro, rodeados de una membrana. Sáculos planos membránicos, cerrados en sí mismos, condensan los cloroplastos en forma de ámbitos plasmáticos. Contienen gránulos de almidón. En los sáculos membránicos tienen lugar, bajo el efecto de la luz, las reacciones de la fotosíntesis que producen sustancias energéticas. Estas van a parar entonces al plasma de los cloroplastos donde con la ayuda del CO_2 se elabora el precioso azúcar así como el almidón concentrado en forma de azúcares encadenados.

La desintegración de los azúcares que proporciona a su vez la energía y las sustancias base para la construcción de otros importantes componentes celulares, tiene lugar en su mayor parte en los mitocondrios (2). Entre esos componentes están en primer lugar las moléculas de proteína y entre éstas, a su vez, las de las enzimas que rigen las reacciones químicas, sintetizados mediante los ribosomas a partir de los aminoácidos. Los ribosomas suelen acumularse cerca del retículo endoplásmico (7), sistema de laminillas que atraviesa todo el plasma celular. Además de estas organelas hay otras muchas, todas con alguna función constructiva o destructiva, o bien de transporte de las muchas sustancias vitales que hallamos en la célula vegetal.

Esta fotografía microscópica es la instantánea correspondiente a un proceso dinámico. En todas partes está ocurriendo algo, cambia, se sintetiza o desintegra algo. Incluso las estructuras visibles están sometidas a un perpetuo cambio de forma. La inmovilidad, en cambio, es un sinónimo de la muerte celular.

Esta foto de una célula vegetal tomada con microscopio electrónico revela una distribución diferenciadísima del protoplasma en espacios de almacenamiento y reacción. Los mitocondrios y cloroplastos mismos, visibles ya con el microscopio común, presentan aquí nuevas subdivisiones. Todos los espacios están rodeados de membranas. Algunas, como las del retículo endoplasmático, muestran distinto grado de expresión de acuerdo con el estado de la célula. Están sometidas también a un acusado cambio de forma.

1 Vacuola; espacio de almacenamiento de líquido
2 Mitocondrios; centros de transformación de alimentos
3 Tonoplasto; membrana que separa el plasma de la vacuola
4 Plasmalema; membrana entre el protoplasma y la pared
5 Dictiosomas; montones de sáculos membránicos celular
6 Vesículas de Golgi; vesículas estranguladas de los dictiosomas
7 Retículo endoplasmático con ribosomas
8 Cloroplastos; plasma y depósito de sáculos membránicos
9 Granos de almidón en el interior de los cloroplastos

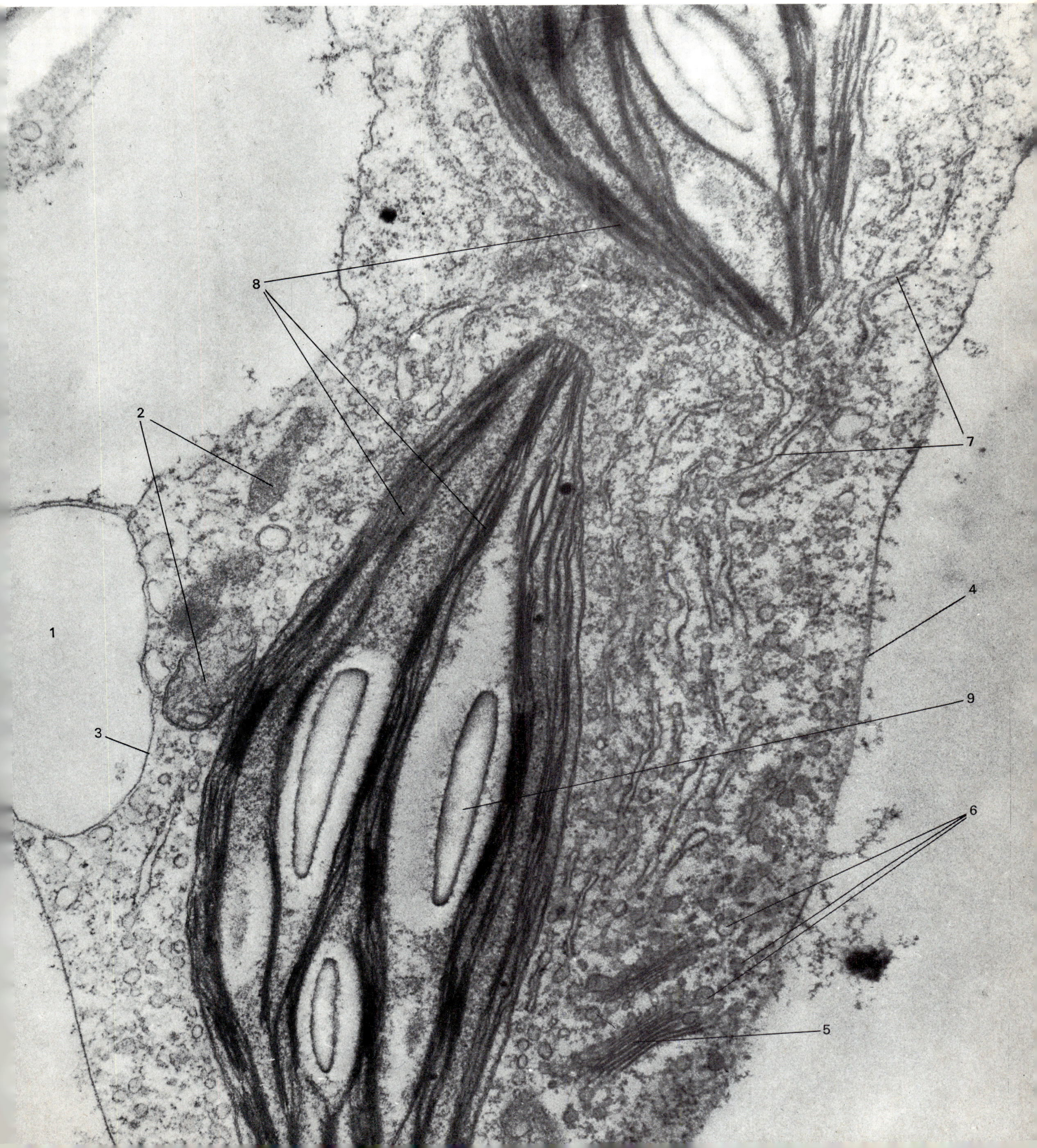

La cadena de los procesos biológicos se inicia en la fotosíntesis con la formación de almidón mediante la luz

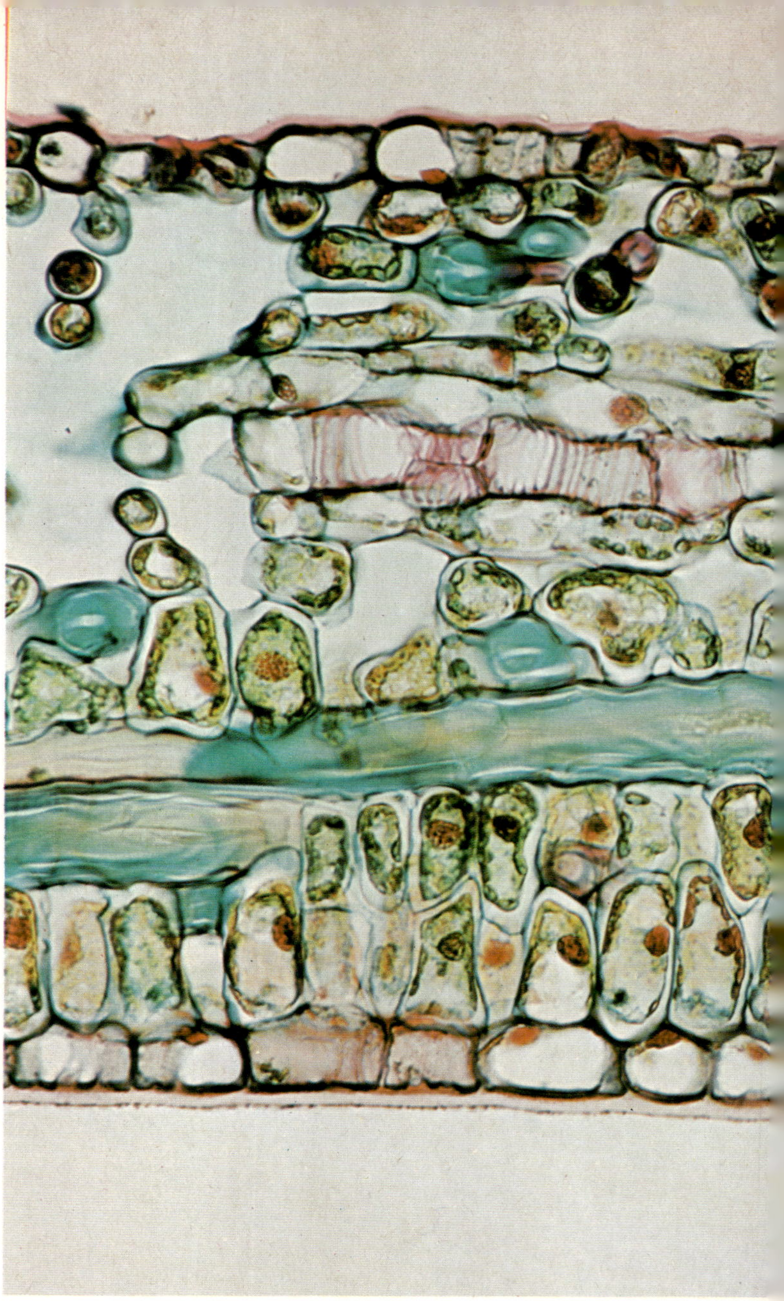

En el protoplasma de las células de las hojas nos deja apreciar el microscopio (microfoto dcha.) numerosas estructuras verdes en forma de alubias. Son los cloroplastos (portadores de clorofila). Gracias a ésta se convierten en la sede de la fotosíntesis, o sea de la elaboración de azúcar a base del CO_2 del aire y del agua que contiene la planta, bajo el efecto de la luz. ¿En qué consiste la fotosíntesis? Cuando la luz solar incide en las moléculas de clorofila, éstas absorben la banda roja y azul de la luz. (Reflejan la banda verde y esto hace aparecer verde la clorofila.) Una molécula de clorofila que ha absorbido un fotón queda cargada de energía. En ese estado activado cede uno de sus átomos de hidrógeno a una molécula portadora (perdiendo así su alto «escalón» energético). Entonces sustrae a una molécula de agua el átomo de H que había perdido con lo que cierra de nuevo la «laguna» producida en su estructura molecular. Simultáneamente queda libre oxígeno, porque del agua (H_2O) de la que ha tomado el hidrógeno (H_2), sólo puede quedar oxígeno (O). A continuación, la molécula de clorofila absorbe un nuevo fotón y empieza de nuevo el proceso de producción.
La energía excedente resultante de esta reacción sirve principalmente para sintetizar el ATP (ácido adenosintrifosfórico), la sustancia almacenadora de energía más importante dentro del metabolismo celular. A esta primera fase de la fotosíntesis, la reacción a la luz, se añade una serie de complicados procesos químicos, la llamada reacción en la sombra. Las moléculas del CO_2 «respirando» por la planta se fijan a una molécula acceptora almacenada en el cloroplasto; la combinación resultante se descompone en presacáridos. Parte de estos presacáridos sirve a la renovación de las moléculas acceptoras, pero la mayor parte termina por convertirse en glucosa tomando hidrógeno activado (por la reacción de la luz) y consumiendo ATP.

Las células de las hojas, sobre todo las lagunosas (de disposición irregular) y las del parénquima en empalizada (verticales), contienen numerosos gránulos verdes, los cloroplastos. A través de las cámaras subestomáticas, las células «verdes» activas de la hoja, establecen por los estomas de la epidermis contacto con la atmósfera, y realizan el intercambio de gases.

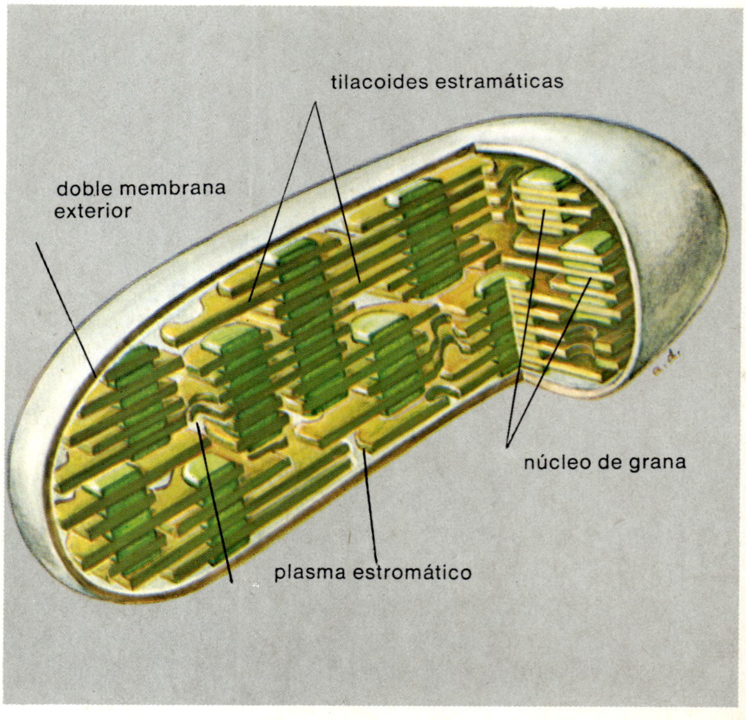

Este esquema simplificado muestra la ordenada distribución del cloroplasto en espacios interiores, a base de vesículas membranosas planas (tilacoides). En las membranas de los tilacoides se hallan incorporadas ordenadamente las moléculas de clorofila. Es aquí donde tiene lugar la reacción con los fotones. En el estroma tiene lugar la síntesis del azúcar.

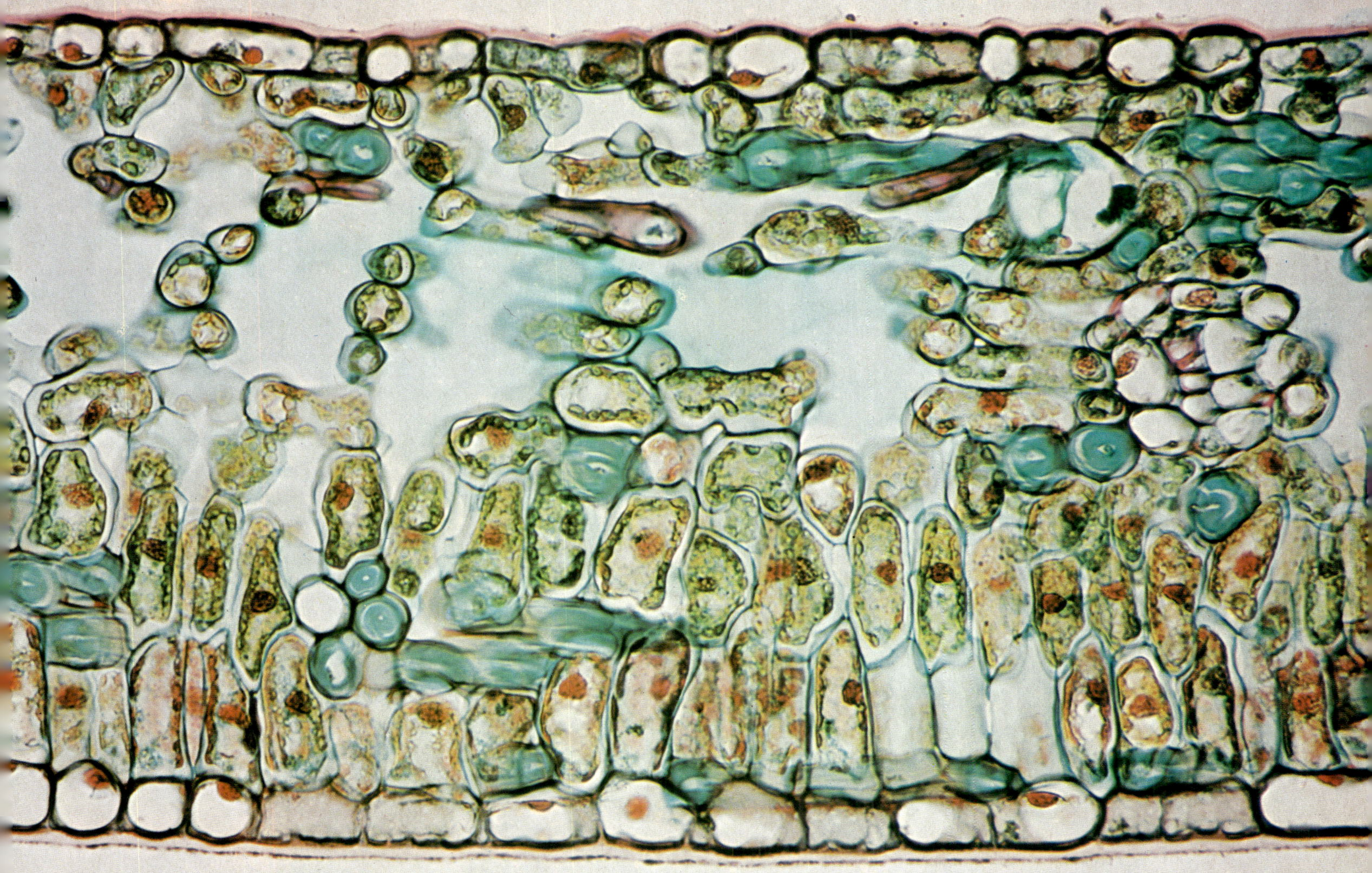

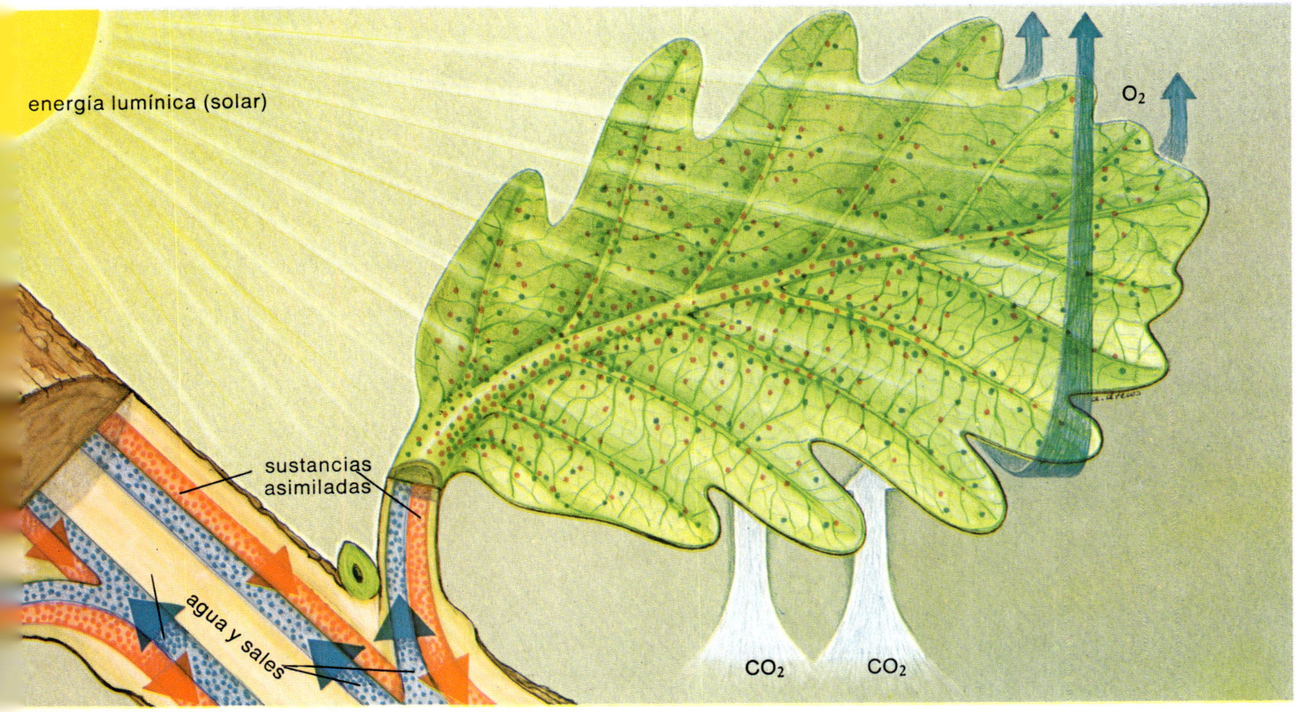

En el curso de la fotosíntesis se originan, a partir de materias inorgánicas e inertes, combinaciones orgánicas y energéticas. La energía acumulada en ellas procede de la luz solar. Si bien el proceso básico —transformación del agua y dióxido de carbono en azúcar y oxígeno— es conocido ya desde hace mucho, no ocurre todavía lo mismo con ciertas fases del proceso total.

Síntesis y desintegración de las sustancias vitales se complementan y determinan el metabolismo

Año tras año las plantas de nuestro planeta sintetizan, partiendo de unos 310 000 millones de toneladas de agua y 750 000 millones de toneladas de anhídrido carbónico (dióxido de carbono), unos 510 000 millones de toneladas de azúcar, liberando unos 550 000 millones de toneladas de oxígeno. El anhídrido carbónico del aire se agotaría en seguida a este paso si no se repusiese también continuamente. Esta reposición está a cargo de la respiración de animales y plantas, en la que vuelven a producirse anhídrido carbónico y agua a partir de azúcar y oxígeno.

Según la ciencia actual, no cambia en la práctica la proporción de anhídrido carbónico y oxígeno del aire. De ello se sigue que la respiración y la fotosíntesis tienen que encargarse de reponer el equilibrio natural de estas sustancias. La producción de las mismas es tan grande que el total de los bienes industriales producidos por el hombre (p. ej., unos 4000 millones de toneladas de acero al año) resulta insignificante comparado con ellas.

¿Qué ocurre en los organismos con las partículas de dióxido de carbono? Cuando una de ellas llega al interior de una hoja, la aprisionan los cloroplastos que, mediante la fotosíntesis y junto con otras partículas de dióxido de carbono, la convierten en azúcar. Le quedan también otras posibilidades. O bien la respiración vegetal vuelve a liberarla enseguida o bien entra a formar otras combinaciones químicas más complejas, como cuando una planta la hace entrar en moléculas de almidón, proteína o incluso de grasa. Como componente de una planta, la molécula de CO_2 puede ir a parar al estómago de un animal, a una célula de un hongo o de una bacteria. Hay que considerar normalmente que en el curso de su existencia será ingerida varias veces más. O sea que el cambio de un organismo a otro equivale para la molécula de CO_2 la probabilidad de «conocer» varias clases de sustancias.

La circulación del oxígeno sigue un curso inverso de la del anhídrido carbónico. El oxígeno se «consume», es decir, se fija químicamente, al quemarse azúcar durante la respiración. La fotosíntesis vuelve a desprenderlo. Una vez aprisionado, el oxígeno suele recorrer los organismos en poquísimo tiempo. A diferencia del carbono, vuelve a ser eliminado en combinación con otras sustancias.

También el nitrógeno, el más abundante gas del aire, tiene su circulación. Forma parte del organismo como componente integral de los aminoácidos, base de las proteínas. Cierto es que el nitrógeno atmosférico es inaccesible a las plantas, salvo ciertas excepciones. La gran masa del nitrógeno «circulante» aparece dentro de combinaciones químicas. Sólo las cianofíceas y algunas bacterias pueden tomar directamente este elemento, fijándolo en forma orgánica o de sal. Al vivir estas bacterias en simbiosis con algunas plantas, les ceden el nitrógeno combinado. Con ello compensan éstas las pérdidas de nitrógeno sufridas por su circulación.

También las sales nutricias recorren los organismos en forma de circulación. Incluso es posible seguir los ciclos de elementos determinados. Por ejemplo, el azufre procedente de los sulfatos del suelo se transmite principalmente en forma sulfúrica y como proteína. Unicamente con la

Todas las sustancias que intervienen en la producción de los seres vivos se hallan sometidas a circulación. Son particularmente notables la del nitrógeno (izq.), del carbono (dcha.) y la del oxígeno. Los ciclos del carbono y del oxígeno se hallan vinculados entre sí por la fotosíntesis y la respiración.

El carbono fósil (carbón, petróleo) vuelve a circular gracias a los motores de combustión y a la calefacción. También los aceites esenciales y aromas de las plantas (dcha. inferior: glándula aromática), tras su desintegración bacterial subterránea, ponen a circular el carbono que contienen.

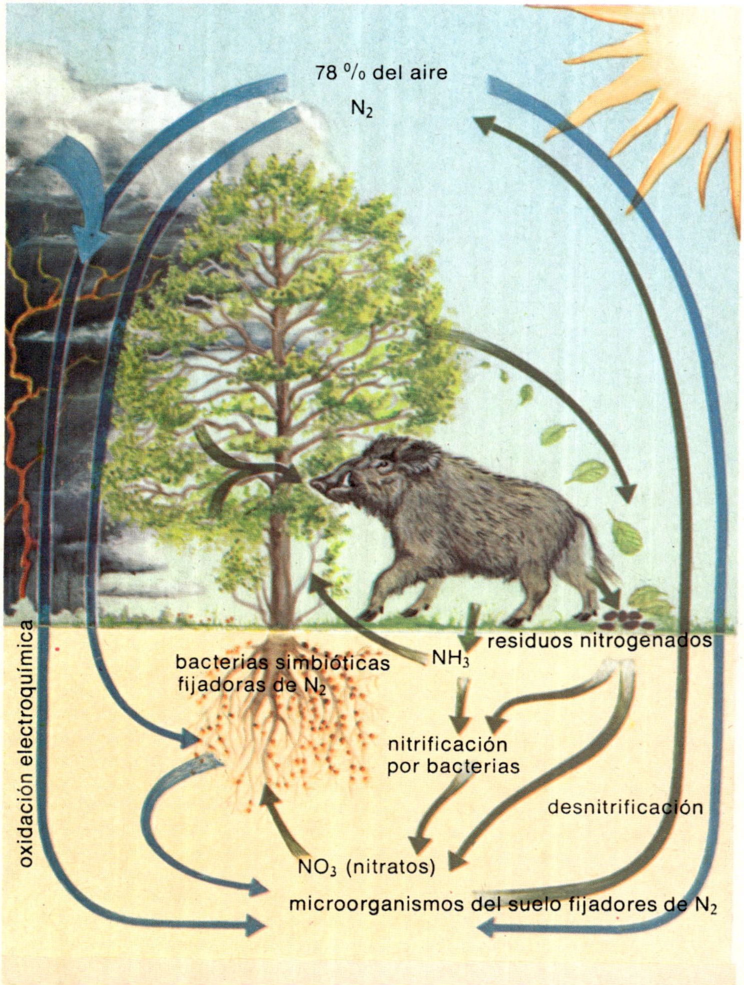

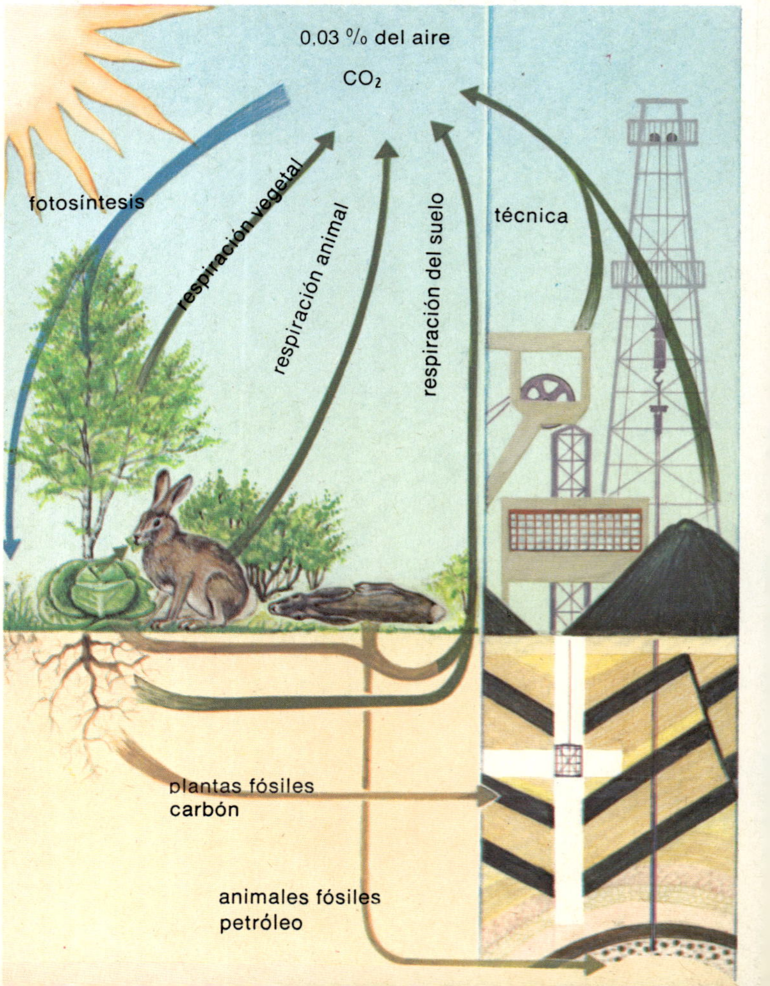

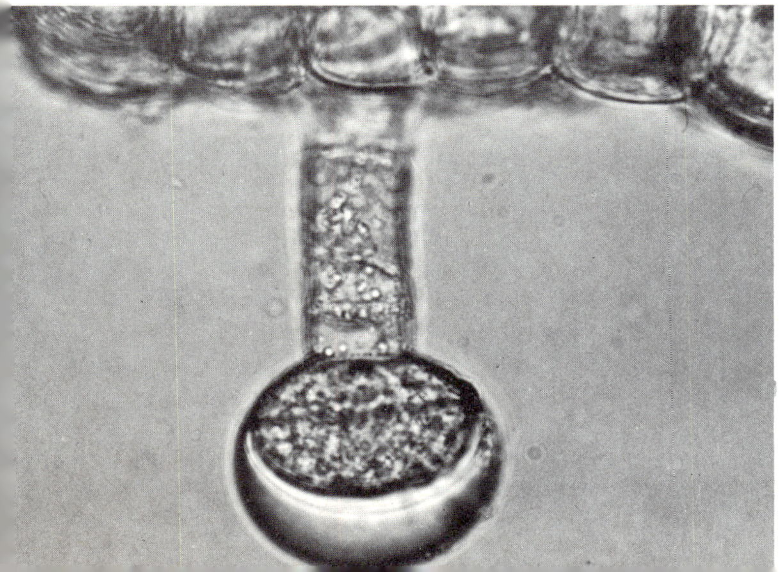

La piedra caliza es disuelta por las aguas ricas en dióxido de carbono. Si las plantas sustraen a esas aguas el CO_2 o se desprende éste por efecto de las turbulencias (cascadas), el calcio queda libre. Así se formaron los diques naturales de Plitvice, Yugoslavia.

desintegración de las proteínas vuelve a convertirse en sulfato a través de varios pasos. El fósforo, tomado por las plantas del suelo en forma de fosfato, atraviesa en cambio las cadenas alimenticias sin alteración esencial de sus combinaciones. Generalmente se limita a cambiar su «metal» o «sacárido». En cambio, los biometales potasio, calcio, magnesio, sodio, manganeso y hierro llevan a cabo sus correrías en forma de partículas con carga eléctrica (iones). Todas estas sustancias ocupan posiciones clave en el plasma y en las sustancias esqueletales de las plantas y animales.

Las células vegetales producen más sustancias distintas que los laboratorios de las empresas químicas

Las células vegetales, por pequeñas que aparezcan (su longitud suele ser alrededor de 0,01 mm), encierran cantidad de combinaciones diferentes. Están por un lado las sustancias básicas de la vida: proteínas y ácidos nucleicos, carbohidratos (azúcar, almidón, celulosa) y grasas, ácidos, sales y agua; se hallan en todas las células vivas. Están además las «sustancias vegetales secundarias», productos laterales del metabolismo. Su número es incomparablemente mayor que el de las sustancias básicas y siguen descubriéndose nuevas sustancias secundarias.

A fin de lograr una sinopsis del complicado conjunto, los bioquímicos han clasificado esas sustancias en varios grupos de acuerdo con su estructura química. Los glucósidos se hallan muy representados. Se componen siempre de una parte de azúcar y de un resto muy específico. Están entre ellos los colorantes florales azul, rojo y amarillo llamados antocianos, así como los glucósidos aromáticos cumáricos de la aspérula, los de la mostaza y del rábano picante que contienen azufre y también las sustancias irritantes de la cebolla y las amargas de la genciana. Entre ellos se incluyen venenos más o menos fuertes como el glucósido del digital y la estrofantina.

Otro grupo de sustancias no menos abundante lo forman las mezclas de aceites esenciales. Se distinguen de los aceites gra-

Esta microfoto muestra una sección de una hoja de adelfa (haz: dcha.; envés: izq.). Despiertan nuestro interés las células con cristales brillantes (centro y superior derecha de la foto); son los «depósitos de escorias» de la planta.

En adviento les gusta a los niños retorcer pieles de naranja cerca de la llama de una bujía. Los aceites esenciales almacenados en numerosas lagunas intercelulares de la piel se proyectan hacia la llama y arden en alegre chisporroteo.

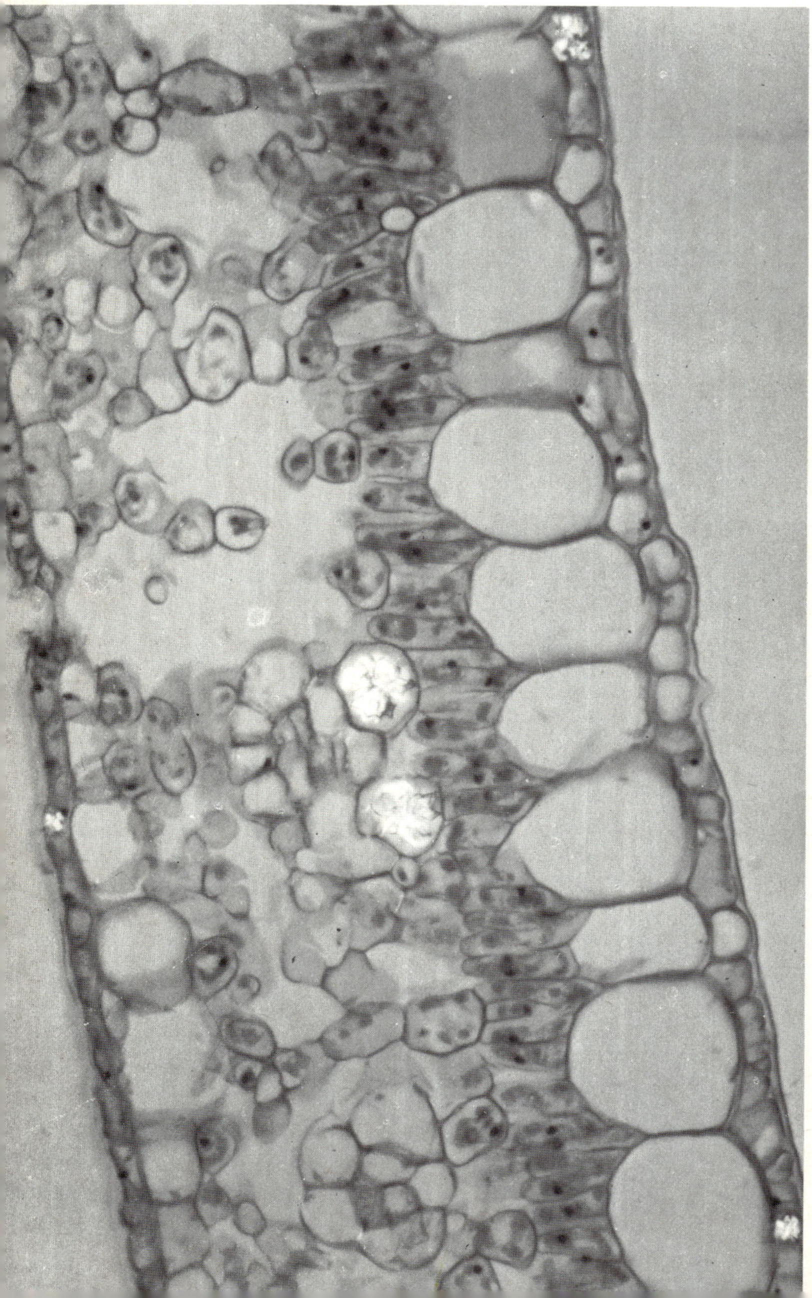

sos en que no dejan mancha de grasa en el papel. En 1931 los biólogos conocían ya 1370 aceites esenciales diferentes. En 1961 había ascendido su número a 2370 y cada año se suman nuevas clases. Desempeñan un papel como aromáticos en la industria de los perfumes. Existen hoy día en el comercio unos 150 de estos aceites con unos 500 componentes distintos, distribuidos según sus plantas de origen. Los aceites de eucalipto, mostaza, rosas y limón son sólo algunos ejemplos.

La clase de los alcaloides incluye importantes tóxicos vegetales de los que se conocen hoy día más de 2000 mezclas que se componen siempre como promedio de 20 sustancias químicas muy parecidas. Los cinco alcaloides más importantes son cafeína, quinina, cocaína, estricnina y morfina; pero también pertenecen a esta clase derivados del ácido lisérgico, enervantes peligrosísimos p. ej., el LSD.

El agradable y aromático sabor de las naranjas maduras proviene de los ésteres aromáticos que se contienen en el jugo de sus células. Los ésteres son ácidos de la fruta en combinación con alcohol, al formarse éste por falta de oxígeno dentro de la pulpa de las naranjas.

Abundan en las cortezas, frutos y hojas vacuolas llenas de taninos. Protegen las plantas contra el ataque de los microorganismos. Los taninos son también mezclas de muchas sustancias. Otras sustancias vegetales secundarias son los terpenos (p. ej., las sustancias base del alcanfor y el mentol), los ésteres aromáticos (sustancias aromáticas, esencias), las sustancias residuales (cristales de oxalato y calcio), las resinas, bálsamos y ceras, a menudo también protectoras.

Se desconoce en gran parte el significado biológico de todas estas sustancias. Desempeñan, sin embargo, con certeza un papel importante en el contacto con otros organismos (enemigos, parásitos, competidores).

Entre los productos metabólicos más extraños están aquellos que inhiben el crecimiento de sus congéneres. Esta inhibición puede ser practicada incluso por las semillas al germinar, que a menudo segregan «inhibidores de la germinación» para las demás semillas.

El prodigio de la funcionalidad del protoplasma vegetal comienza ya en el plasmalema, membrana semipermeable que constituye su superficie

Toda célula necesita un medio de separación con respecto de su entorno que le permita controlar el flujo de entrada y salida de sustancias. Debe ser permeable a unas e impermeable a otras. El plasmalema, membrana plasmática o capa limítrofe del protoplasma, posee esas propiedades. (No se le ha de confundir con la pared celular, compuesta de celulosa y diversas sustancias básicas.)

Los científicos denominan «semipermeable» una membrana que presenta distinta permeabilidad a diferentes sustancias. Como nos indica la foto de las págs. 64-65 (sección de una célula vista al microscopio electrónico), el protoplasma se halla surcado de una serie de esas membranas que dividen la célula en distintos espacios menores. Todas esas membranas son semipermeables. Sólo esta propiedad permite que puedan tener lugar en una misma célula la sintetización y desintegración de unas mismas sustancias: esas membranas las separan espacial y materialmente de un modo práctico, «protegiéndolas» recíprocamente.

Las células vegetales poseen otras estructuras características: las vacuolas, una o varias, llenas de una solución acuosa de sales, pigmentos y ácidos orgánicos. Esta conjunción de una solución concentrada y una membrana semipermeable tiene para la célula vegetal consecuencias esenciales. Un ejemplo podría explicárnoslas:

Cerramos el extremo de un cilindro abierto de vidrio con un trozo tenso de vejiga de cerdo = permeable al agua pero no a las moléculas de azúcar. Llenamos entonces el cilindro con una solución concentrada de azúcar y lo cerramos con un tapón que lleva insertado un largo tubo de vidrio de manera que pueda verse claramente en éste el nivel de la solución de azúcar. Si introducimos este cilindro con la parte de la vejiga hacia abajo en un recipiente con agua pura, observaremos al cabo de un rato que la solución de azúcar asciende dentro del tubo y que el nivel del agua (pura) del recipiente desciende simultáneamente.

Si probamos sencillamente el agua, comprobamos que no ha pasado en absoluto azúcar por la membrana. En cambio, el resultado de la observación demuestra que sí ha entrado agua en el cilindro, bajo la presión de una fuerza misteriosa —la solución de azúcar asciende por el tubo venciendo la fuerza de la gravedad. El cambio de concentración de la solución de azúcar (en una misma cantidad de agua, se disuelven sucesivamente distintas cantidades de azúcar) produce otro resultado perceptible: a mayor concentración de la solución es mayor la fuerza de succión de agua pura.

Aplicación práctica en la célula vegetal: la solución salina concentrada de una vacuola rodeada de una membrana semipermeable succiona agua en cuanto la célula está rodeada de agua (ósmosis). Como es natural, la vacuola, y con ella la célula, sufren una dilatación. Una dilatación limitada, porque la rígida pared celular es susceptible de escasa dilatación. Por lo mismo, la célula sólo absorbe agua hasta que la contrapresión de la pared celular impide dicha absorción. Debido a la absorción de agua contra la presión de la pared celular, el protoplasma y la vacuola se hallan bajo una alta presión = presión interna o turgencia. Si la célula pierde agua, disminuye la presión de la pared celular y con ella dicha turgencia. Pero la célula puede compensar de nuevo esa pérdida, siempre que disponga de suficiente agua, mediante la fuerza de succión de sus vacuolas. Tales procesos se repiten muchas veces en las plantas vivas por encima del umbral de marchitación. Una vez comenzada ésta, por no haber agua disponible, la célula no se recupera y pierde su turgencia. Si el marchitamiento no es morboso, puede recuperarse de él.

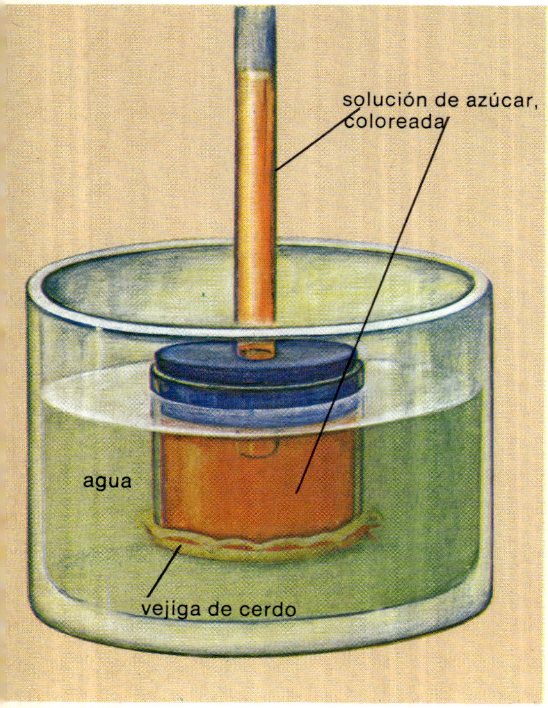

El osmómetro es una celdilla en la que una solución concentrada de azúcar se halla separada de agua pura por una membrana semipermeable (izq.). Como la razón agua/azúcar es mayor del lado de afuera que del lado de adentro de la membrana, penetran siempre más moléculas de agua en la solución que las que salen de la misma; esta tendencia termina al igualarse ambas corrientes por aumento de la presión interior.

Este modelo de membrana celular (dcha.) es sólo una representación incompleta de las circunstancias reales, por fin bajo investigación actualmente. Sabemos que una doble capa de moléculas de grasa (lipoides) perpendiculares al plano de la membrana, está sostenida por capas especiales de moléculas de proteína. Poros de diferente permeabilidad con respecto de distintas sustancias sirven al control del intercambio osmótico.

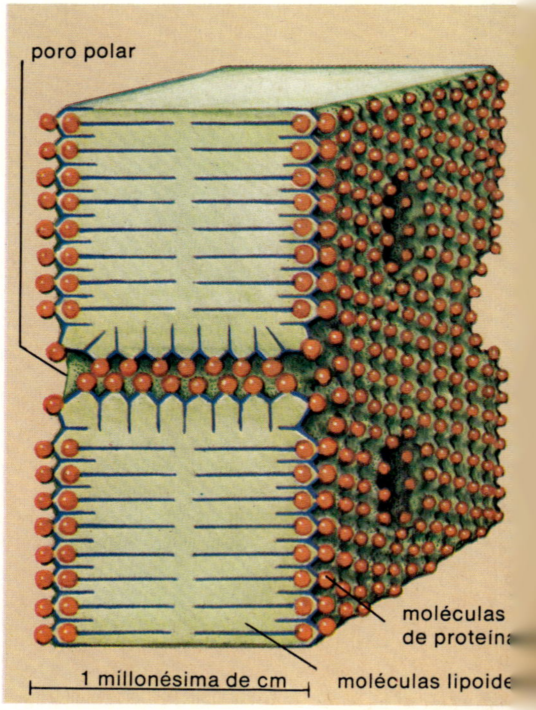

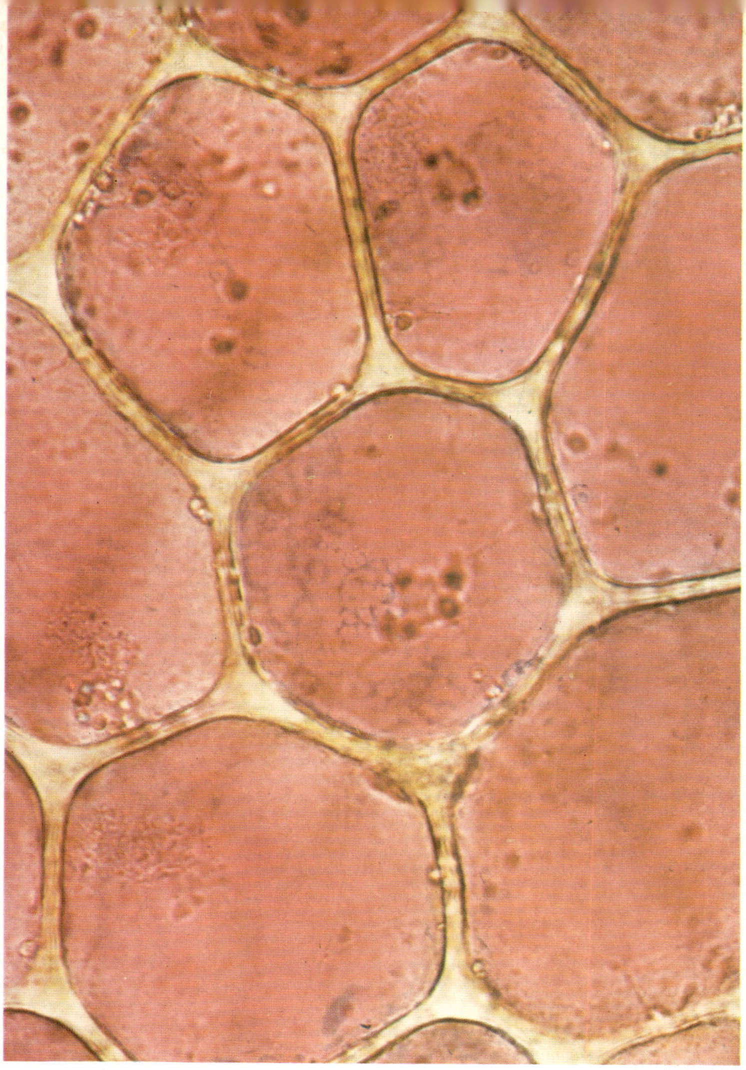

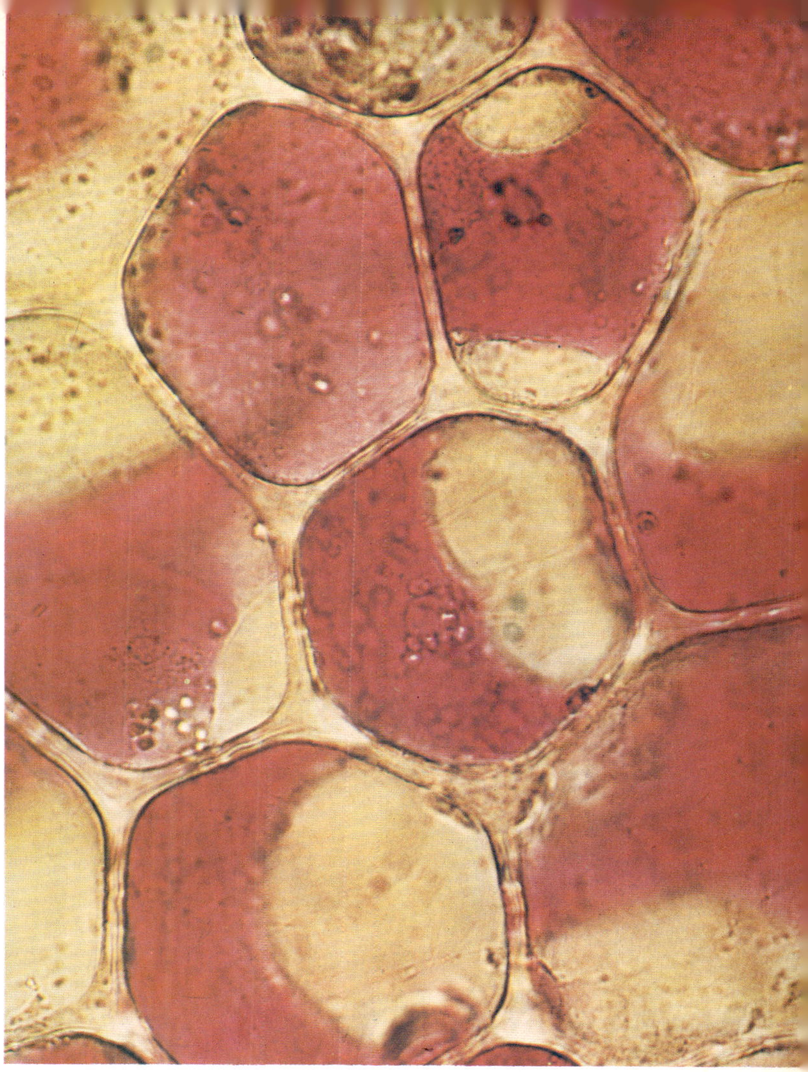

Los experimentos plasmolíticos muestran que la célula vegetal opera como un osmómetro (izq. inferior). Si se coloca un trozo de tejido como el que aparece arriba en una solución salina más concentrada que el jugo celular (pintado de rojo), sale más agua del espacio vacuolar que la que entra al mismo a través de la membrana. La vacuola se reduce y el plasma se separa de la pared celular. Normalmente ocurre lo contrario: la célula está rodeada de agua, en el jugo celular hay partículas en disolución, por lo que es más salino que el agua. Por esta razón se produce una entrada de agua a la célula, hasta que la presión interna originada por la elasticidad de la pared celular, produce un equilibrio. La foto inferior (microscopio electrónico) revela el «tejido» de fibrillas de celulosa encargadas de la elasticidad de la pared celular.

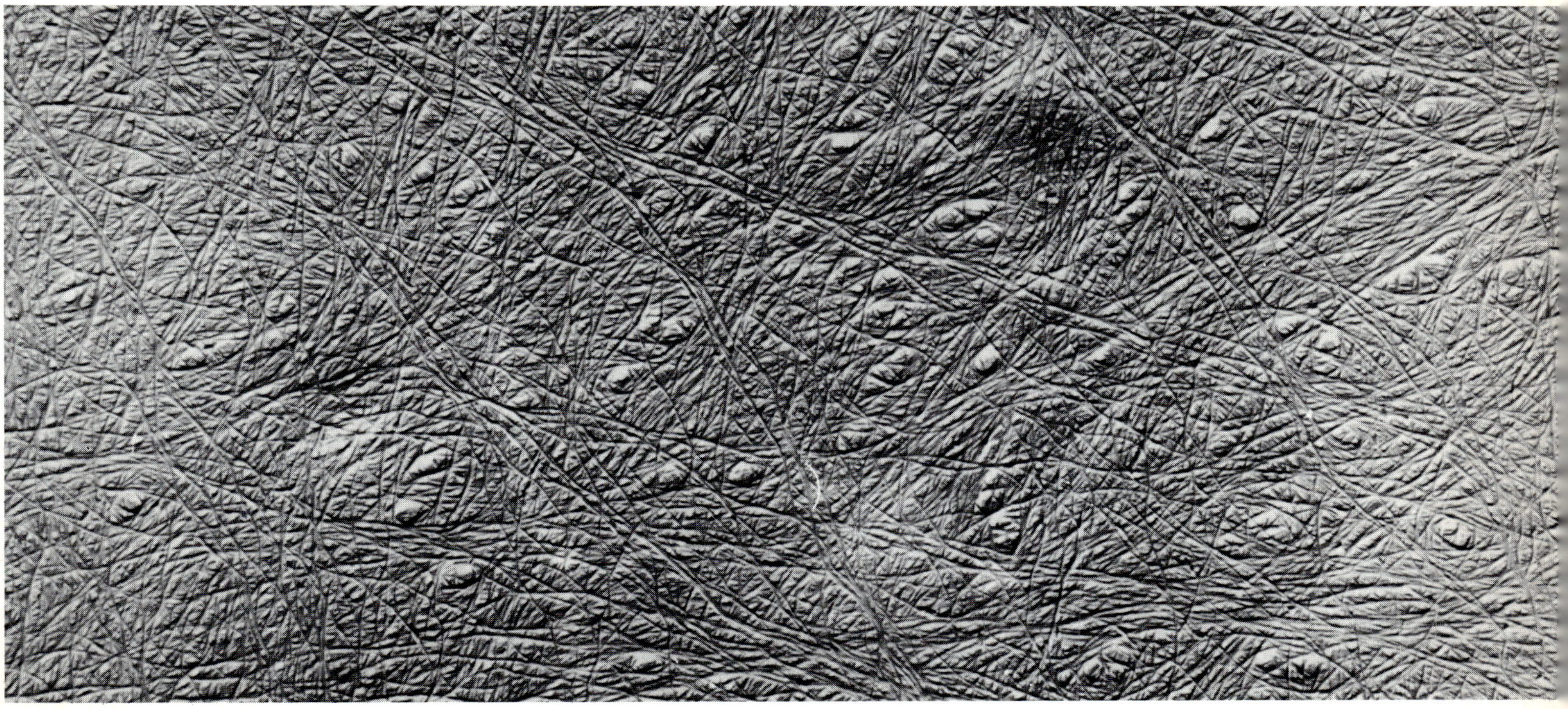

6

Las plantas destacan por sus funciones y estructuras

Los brotes de plantas que irrumpen a la luz desde debajo de la tierra revelan ya un sofisticadísimo plan estructural. Pueden estar dotados ya de órganos diferenciadísimos, incluyendo botones y flores, como en el caso de los orobanquios que rompen el suelo del desierto (foto). Sus órganos permiten a la planta llevar a cabo multitud de funciones. Una lucha incesante por la supervivencia durante más de 360 millones de años ha perfeccionado de tal modo la extructura y mutua correlación de los órganos y tejidos, que nuestra técnica debería tomar en cuenta, en la solución de sus problemas, las "patentes" del mundo vegetal.

Determinadas zonas de los organismos vegetales son capaces de un crecimiento indefinido. Se hallan en las puntas del tallo y de la raíz

En comparación con el cuerpo del hombre y los animales, las plantas presentan una sorprendente capacidad de crecimiento. Los vástagos del bambú, p. ej., llegan a crecer hasta a razón de un metro por día. Además las plantas, a diferencia de casi todos los animales, nunca dejan de crecer mientras viven.

Como las plantas, por otra parte, suelen dar una gran impresión de estabilidad, se plantea la cuestión de en qué consiste realmente su crecimiento. Pongamos un ejemplo en las plantas de tierra más evolucionadas: los clavos introducidos en troncos de árboles o alambradas fijadas a ellos no se elevan al pasar el tiempo. El clavo queda siempre a nuestro alcance y la alambrada sigue cerrándonos el paso por decenios, aunque el arbolillo de otros tiempos haya duplicado entretanto su altura y se haya convertido en un árbol majestuoso. ¿Cómo explicarnos esto?

El tallo o tronco de la planta, denominado eje de crecimiento, crece sólo lateralmente, pero no participa en el crecimiento vertical. La misma observación puede hacerse también con los ejes de la raíz. Sin embargo, tanto en uno como en la otra tiene lugar un crecimiento «vertical». Para verificar un control, trazamos rayitas con tinta china a intervalos de un milímetro en las puntas blandas del tallo y la raíz. Al cabo de dos días, las rayitas distantes hasta un centímetro de la punta de esos ejes, se han separado activamente entre sí, con mayor intensidad las situadas en el primer medio centímetro. En cambio, los trazos algo más separados de las puntas se han separado muy poco, tanto menos cuanto más alejados vayan estando de los extremos de las mismas.

Este sencillo experimento demuestra que ese crecimiento longitudinal, a veces prodigioso, de las plantas tiene únicamente lugar en los últimos milímetros y centímetros de los ejes del tallo y raíces. Fuera de estas zonas únicamente se produce un crecimiento del grosor. La base de estos procesos de crecimiento es naturalmente una proliferación de las células: en las puntas de los órganos axiales y entre la corteza y la madera se halla un tejido que produce nuevo material del tallo y la raíz o bien (al engrosar los órganos eje) nueva corteza y tejido leñoso mediante la división de sus células. En las puntas de las raíces y del eje de crecimiento, las células nuevas van acumulándose en una sola dirección (en la del crecimiento). Sólo de vez en cuando se ramifican lateralmente en la punta del tallo y forman entonces allí los primeros asomos de hojas, flores o ramas.

La multiplicación de las células no es por sí sola una explicación suficiente del enorme crecimiento longitudinal. Tiene que haber además otro tipo de crecimiento. Si se observa al microscopio un corte del tejido vegetal inmediato a la punta de los órganos eje, vemos que las células de esta zona se alargan acusadamente. A veces son diez y veinte veces más largas que las células de la zona «avanzada» de crecimiento y en cambio no se han ensanchado apreciablemente. Este desarrollo es atribuible al intenso abastecimiento de azúcar de que disfrutan esas células. Por esa razón pueden «aprisionar» gran cantidad de agua: la presión interna aumenta mucho y la pared celular se dilata proporcionalmente. Como las paredes celulares sólo pueden dilatarse en una dirección, el resultado es que las células se alargan. Si la célula hubiera de alargarse a base de una proliferación del protoplasma, tal crecimiento tomaría bastante tiempo, porque habría que formar muchas complicadísimas moléculas de proteína. El truco del aprisionamiento de agua permite a la planta un rápido crecimiento hacia arriba.

Pero, ¿qué es lo que permite a una célula vegetal alargarse sólo en una dirección dada? El microscopio electrónico ha contestado esta pregunta. Nos ha dejado ver que las paredes celulares se forman principalmente a base de fibras de celulosa, que no son susceptibles de alargamiento (véase pág. 72). Esos hilos de celulosa se hallan en forma de ovillos unidos en una masa inicial de plasmación. Debido a la disposición cruzada de esos ovillos de celulosa en la pared celular, puede dilatarse ésta en sentido longitudinal, pero no a lo ancho, del mismo modo que la espiral de acero de la manguera de una aspiradora permite únicamente una dilatación longitudinal, mientras impide a la vez cualquier alteración del diámetro del tubo succionador.

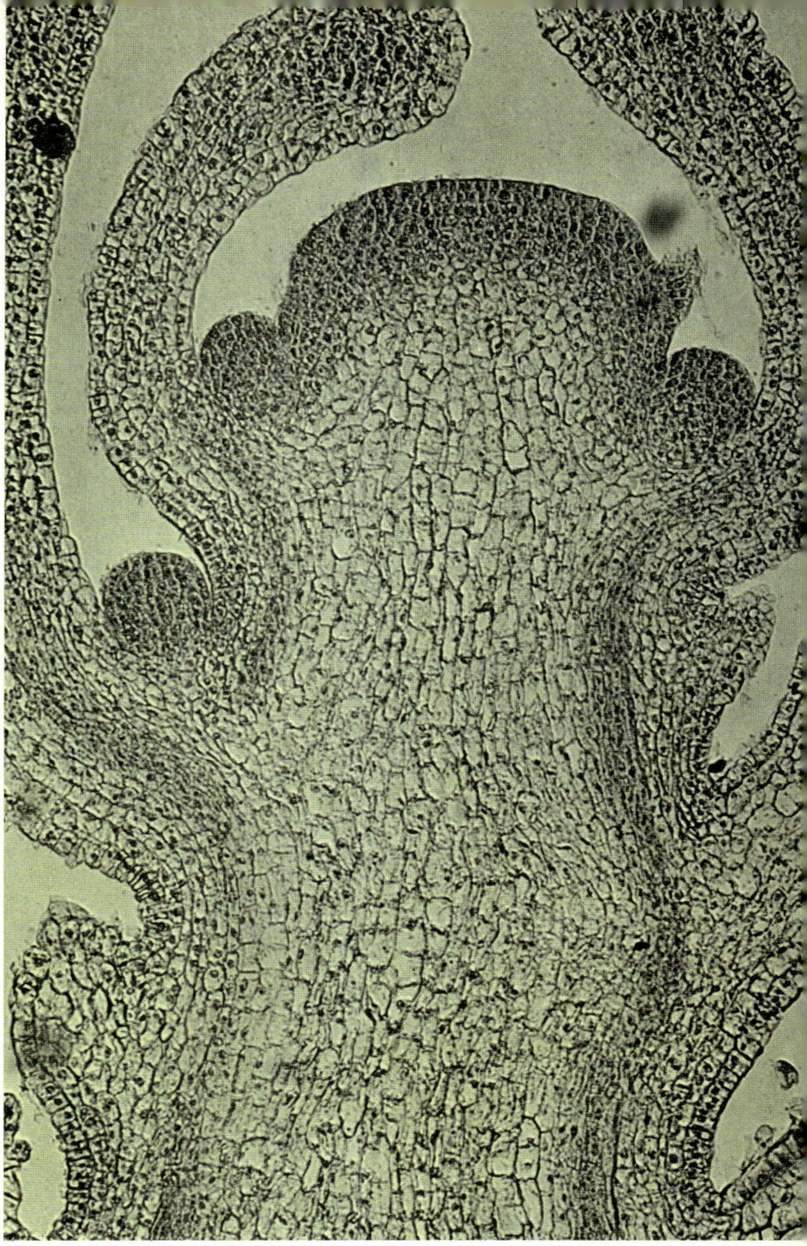

El crecimiento de estas palmeras «rascacielos» al igual que el de las humildes alubias de la foto inferior tiene lugar únicamente en los últimos extremos de sus órganos eje. La microfoto superior muestra la punta en crecimiento de una falsa ortiga. Las células proliferantes están en la región oscura del extremo de la punta, sigue hacia abajo la zona de alargamiento.

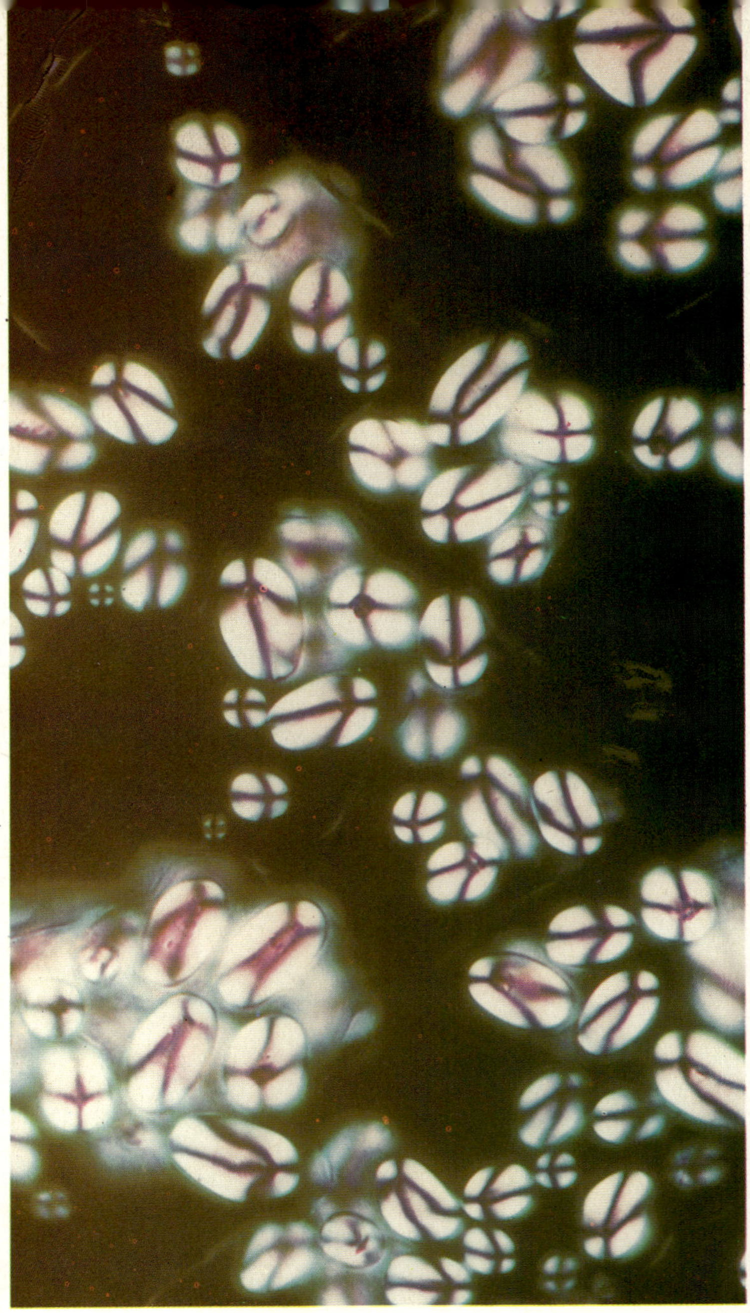

Las plantas hacen acopio de sustancia y energía en tejidos especiales para desempeñar rendimientos especiales

El tubérculo de la patata, desarrollado como órgano de supervivencia, constituye una de nuestras más importantes fuentes de alimentación. Sus yemas subterráneas empiezan a engrosar al tiempo que proliferan las células corticales. Además de cristales de proteína que se almacenan en el protoplasma, sintetiza y almacena fécula a partir del azúcar. Foto superior: granos de fécula al microscopio.

En la mayoría de los terrenos poblados por las plantas terrestres predominan temporalmente en el transcurso del año condiciones climáticas muy desfavorables para la vida. Hay que superar los fríos invernizos o los períodos de sequía. A diferencia de los animales, las plantas no pueden emigrar a regiones de condiciones climáticas mejores y sobreviven períodos críticos mediante una serie de dispositivos especiales.

Las plantas anuales forman sus semillas antes que se inicien los períodos desfavorables. Desempeñan ellas el papel de «órganos de supervivencia». Mediante una intensa eliminación de agua, se reduce al mínimo la actividad biológica de las células de la semilla. En cambio, en las plantas superiores perennes, es la caída de la hoja el fenómeno hibernatorio más perceptible. El frío invernal provoca la congelación del agua del suelo, haciéndola inaccesible a la planta. Los fríos prolongados equivalen por lo tanto para la planta a períodos de sequía que no podrían ser superados sin prescindir de las hojas grandes con su intensa evaporación de agua.

Otras plantas desaparecen de nuestros ojos durante esta época. Se desprenden de la parte que sale del suelo y subsisten reducidas a sus raíces o partes subterráneas del tallo. Pasado el período adverso, vuelven a la vida exterior; echan hoja, retoñan y florecen. Para poder hacer esto, necesitan haber almacenado sustancias de reserva en el período de vegetación anterior: como fuente de energía para la época de disminución de los procesos biológicos y como «motor de arranque» para la «reconstrucción» subsiguiente al despertar de su sueño invernal.

Las sustancias de reserva son albúminas, grasas y féculas, almacenadas en distintos tejidos de depósito. Este tipo de tejidos existen en todos los órganos de las plan-

Datilero agobiado por la carga de bayas. La pulpa del dátil contiene hasta un 70 % de azúcar. La semilla, dura y alargada, posee celulosa como sustancia de reserva del embrión. La cubierta celulósica causa que los jugos digestivos no la ataquen.

La remolacha azucarera es una de las plantas de cultivo más recientes. La primera forma cultivada sólo contenía hacia 1760 un 8 % de azúcar. Un método perfeccionado de selección permitió lograr ya en la segunda mitad del s. XIX un contenido de azúcar del 27 %.

tas. Están muy difundidos los tubérculos de raíces y tallo; del segundo grupo es un buen ejemplo la patata. La cebolla acumula hojas carnosas como tejido almacenador en torno a un tallo muy «cebado». También sirven de almacén las hojas del repollo y la lombarda. Los nabos hacen acopio en las raíces y partes inferiores del tallo. Las despensas de los árboles son las células vivas de los vasos leñosos de la raíz y el tallo. Un solo boabab puede llegar a almacenar 40 000 litros de líquido en los tejidos del tronco.

Tanto para el hombre como para los animales han constituido siempre estas despensas una tentadora fuente de alimentos. Como el primero no se dio por satisfecho con las formas que le ofrecían las plantas, aumentó mediante cultivo selectivo las funciones almacenadoras de los órganos vegetales. Y la planta no salió ganando siempre. El repollo no vive mejor con sus hojas envueltas apretadamente; cuánto mejor le sería extenderlas a la luz. Ningún árbol cuyas agobiadas ramas amenazan quebrarse bajo el peso de la fruta, podría subsistir en la lucha por la supervivencia. Cierto es que sin el aumento de esas propiedades almacenadoras la humanidad no podría subsistir.

Tejidos de sostén genialmente construidos apoyan la planta contra las presiones, tracciones y flexiones

Los tallos de los cereales son obra maestra de la estática. Con un diámetro de pocos milímetros, alcanzan alturas de metro y medio. Según nos revela esta sección aumentada, los elementos de refuerzo se acumulan junto al borde exterior; el resultado es una gran resistencia con un mínimo de material.

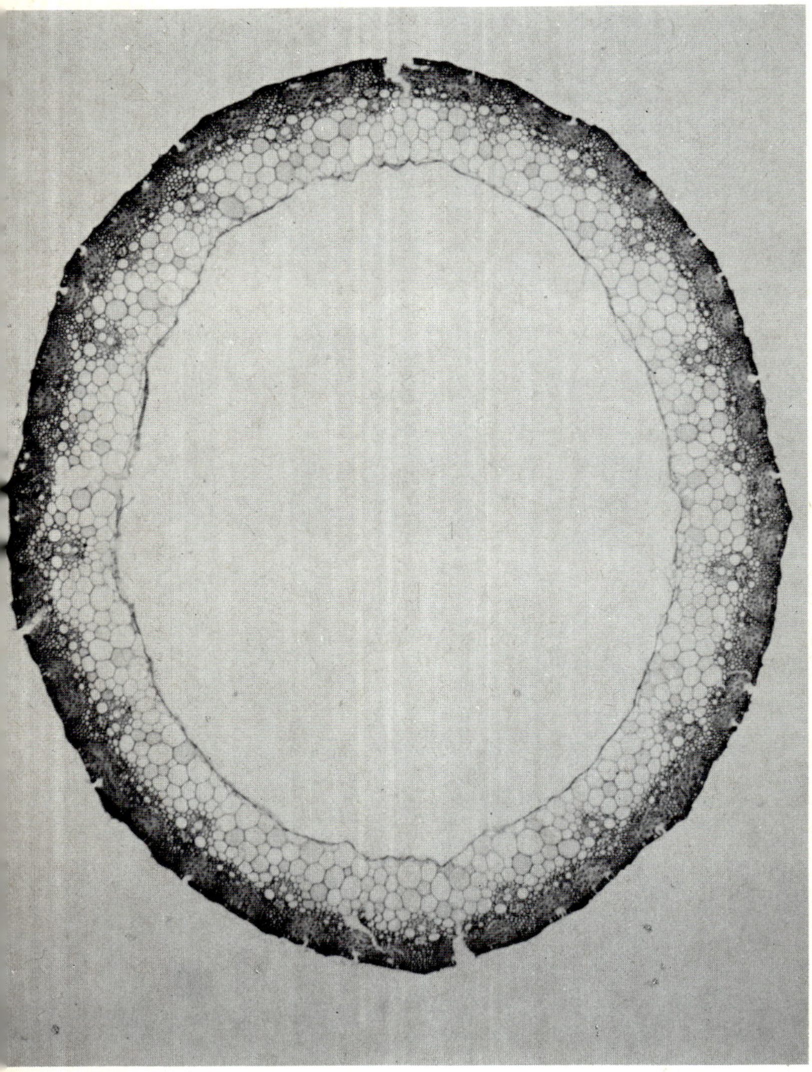

Las grandes frondas de los árboles, las espigas que balancean su carga de semilla al fin del delgado tallo y también las simples hierbas de los prados plantean siempre la necesidad de una estática firme, de un sostén seguro de sus estructuras, sometidas a presiones, flexiones y tracciones proporcionalmente tremendas.

La planta sabe hermanar la solidez con la elasticidad de modos muy diferentes. La gran resistencia a la presión que caracteriza las duras cáscaras y huesos de frutos se consigue mediante el esclerénquima muy lignificado y de paredes rígidas: sus células muestran una pared celular muy gruesa y fuerte, saturada de lignina, material de relleno realmente piezorresistente. La resistencia a la flexión que revelan tallos y hojas, la solidez de columna propia de los troncos de árbol y la tenacidad de las raíces son atribuibles siempre a su tejido esclerenquimático interdentado; las paredes celulares de sus células provistas de espesos tabiques, contienen mucha celulosa y muy poca lignina. Las células de este tipo pueden alcanzar muchos centímetros de longitud y con sus indentaciones forman fibras largas y a prueba de tracción. Su resistencia iguala a la de un hilo de acero de su mismo grosor, siendo su peso mucho más reducido. Su flexibilidad es mil veces superior a la del metal de los floretes. Desde la antigüedad ha sabido aprovechar el hombre esas altas cualidades técnicas. Las fibras de lino, yute, cáñamo y ramio son los ejemplos mejor conocidos.

Los tejidos de sostén se hallan dispuestos en el tallo de un modo muy determinado —tal que gracias a una sofisticada construcción con medios muy sencillos pueden lograrse grandes efectos. La moderna arquitectura ha aplicado a la construcción de las altas torres de cemento armado de las retransmisoras de micro-

ondas el principio de los delgados, flexibles y a la vez sólidos tallos de los cereales. Hace tiempo que los ingenieros se atienen al soporte en T, al soporte en T doble y al cilindro hueco, si quieren alcanzar gran resistencia a la flexión y al peso —o sea a formas estructurales que pueden hallarse en los más diversos órganos vegetales. Se los halla en la periferia, precisamente donde la planta está sometida a las mayores tensiones de presión y tracción. Los cortes transversales muestran que los haces esclerenquimáticos se hallan dispuestos en los cantos longitudinales de los tallos. Los postes de armazón de acero de las líneas de alta tensión están construidos de un modo similar.

Las partes vegetales que amenazan con doblarse se hallan reforzadas con costillas, dobleces y enrollados. Paralelos técnicos: la lámina acanalada y el cartón ondulado. Y del mismo modo que en la técnica en los casos expuestos a gran tracción, los elementos reforzadores se hallan situados en el centro del elemento estructural sometido a la tracción, las fibras de gran densidad de celulosa tienen una situación central en los tallos, raíces o pedúnculos de las plantas. En los tejidos aún en crecimiento, las células de los elementos de sostén han de ser vivas y dilatables y a la vez resistentes en todos sentidos. Esas células presentan una pared celular engrosada únicamente a medias, en la que las fibras de celulosa se hallan alojadas en la elástica pectina. La técnica no ha hallado aún una solución similar.

Con una «maña» muy diferente se logra la resistencia del tejido herbáceo. Las paredes de las distintas células adheridas entre sí se hallan muy tensas debido a la gran cantidad de agua existente en sus vacuolas, como lo está el cuero de un balón de fútbol muy hinchado. Esto da gran resistencia al tejido del conjunto celular.

La invención y realización del tejido conductor constituyeron hitos memorables en la evolución del reino vegetal

El eje de brotación de las plantas, denominado tronco o tallo según su estructura, mantiene el follaje expuesto a la luz y lo enlaza con las raíces, escondidas en el suelo. Estas funciones básicas condicionan su estructura y anatomía específicas.

Al igual que toda estructura de cierta complicación, el tallo de las plantas está compuesto de diferentes órganos. Se hallan reunidos mediante un tejido fundamental y revestidos de una epidermis que los protege contra el medio. De acuerdo con las funciones del tallo están incluidos dentro del tejido fundamental los tejidos conductor y de sostén. Como los ejes de brotación tienen que resistir, además de las de flexión, sobre todo fuerzas de presión muy grandes, los tejidos de sostén se acumulan en la periferia de las plantas. En las coníferas pertenecientes a las gimnospermas, los fascículos liberoleñosos, encargados de conducir el agua con sus sales en disolución, están alojados en la periferia de los ejes de brotación. Ello tiene su motivo: esos fascículos sirven adicionalmente como elementos de sostén.

Ocurre algo muy similar en la mayor parte de las angiospermas; concretamente en las que poseen dos cotiledones en su estadio embrionario. En cambio en las plantas monocotiledóneas, las circunstancias son algo diferentes. En ellas los tejidos se hallan distribuidos en toda la sección del tallo. Los fascículos liberoleñosos desempeñan dos tipos de funciones conductoras: abastecen las regiones superiores del tallo de las sustancias alimenticias procuradas por las raíces (agua, sales) y transportan los productos elaborados en las hojas.

En las coníferas y en las plantas dicotiledóneas, la parte de estos fascículos que conducen la savia hacia arriba se halla dispuesta siempre hacia la parte interior de los ejes de brotación. Se denominan haces leñosos (leño). La otra parte, que conduce hacia abajo los productos de la fotosíntesis (azúcar y aminoácidos, sillares de las proteínas) se denomina líber y se halla situada al lado exterior del tallo.

Ambas partes se diferencian en la estructura de sus células. Como el agua sufre una succión por evaporación hasta las ramas más altas, las células conductoras tienen que estar hechas a prueba de aplastamiento de las paredes por efecto de la baja presión. Para ello se rodean de paredes duras muy lignificadas. A fin de evitar en lo posible la fricción debida a la conducción del agua, se han disuelto las paredes intermedias entre las filas de células, con lo que se forman largos túbulos que los botánicos llaman «tráqueas». Como la planta contribuye muy poco de por sí a esta elevación del agua, estas células pueden morir «tranquilamente» sin que su función sufra tropiezo alguno. Este es el caso en el tronco de los árboles.

Esto no reza desde luego con las células liberianas: los productos de la fotosíntesis se transportan con gran consumo de energía, probablemente mediante diferencias de presión. Las células liberianas, con sus paredes transversales perforadas como cribas, sólo pueden llevar a cabo esas funciones mientras están vivas. Todo esto reza en cuanto a la estructura de los ejes de brotación de retoños jóvenes y de plantas anuales. En cambio, los ejes de brotación de las plantas perennes tienen que afrontar mayores exigencias y resolver por esta razón problemas estructurales más complicados. En primer lugar se trata de añadir al abastecimiento central los nuevos órganos que broten (hojas, flores, ramas). En segundo lugar, la sobrecarga correspondiente tiene que correr a cargo de una aplicación del sistema central. La planta resuelve esta tarea sencillamente aumentando los elementos conductores: en las plantas perennes existe entre la parte liberiana y la leñosa un tejido de formación (cambium) que constituye un cilindro que va dejando hacia adentro elementos leñosos y hacia afuera elementos liberianos. La actividad citoplástica del cambium puede presentar oscilaciones anuales. Así se forman los anillos anuales de la madera. Mediante la actividad del mismo va creciendo el espesor de un tronco. Donde «revienta» hacia afuera de la epidermis tiene que segregar un nuevo tejido obturador.

En las raíces de las plantas los haces conductores se distribuyen a menudo en distinto orden que en el tallo (véase pág. 84). Sin embargo, las partes más antiguas de la raíz que desempeñan funciones similares a las del eje de brotación pueden presentar esquemas de haces conductores semejantes a los del tronco y las ramas.

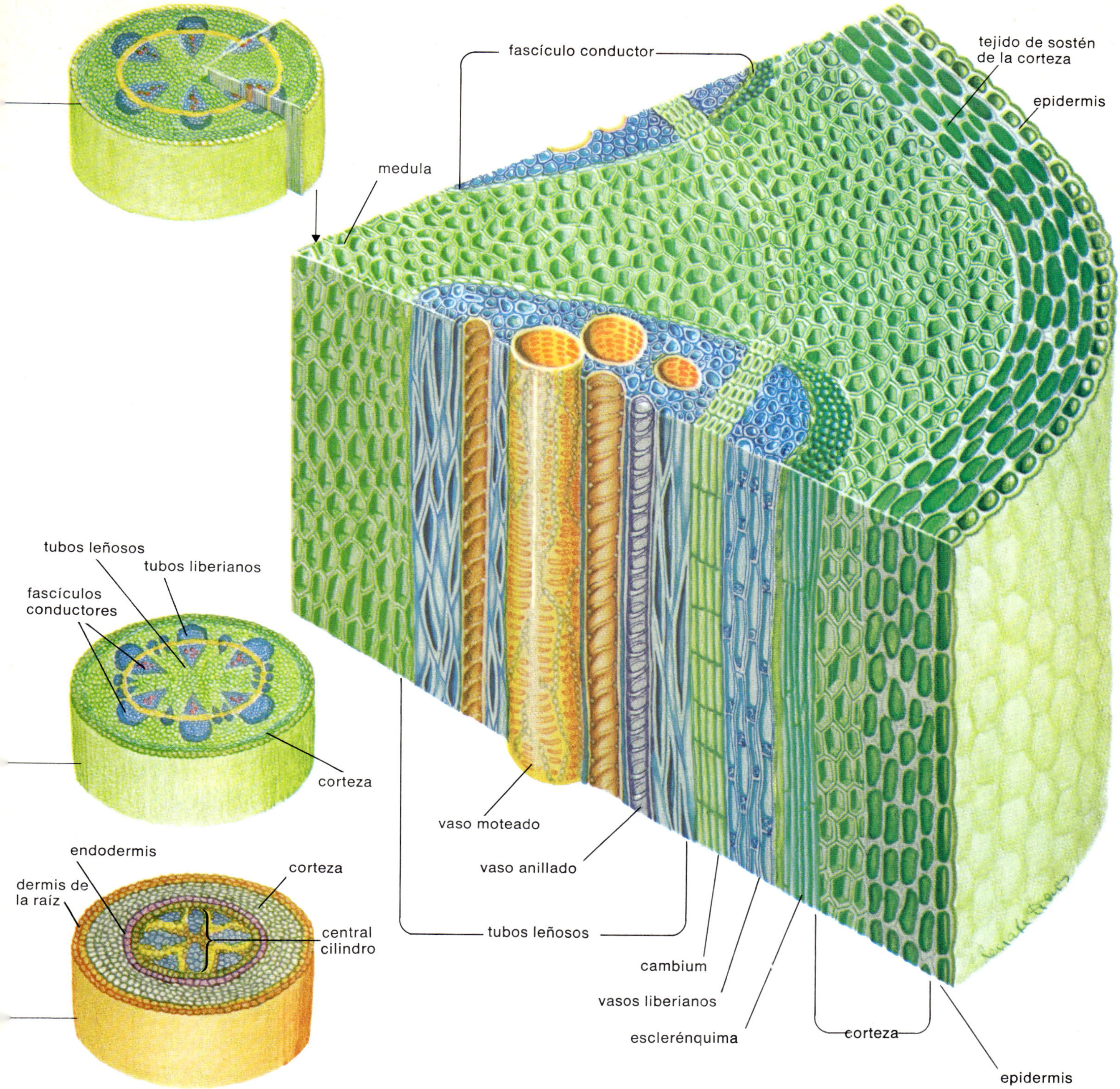

En la punta vegetativa terminal, última yema en las plantas dicotiledóneas, reside la zona de máximo crecimiento de las mismas. En ella tienen lugar incesantes divisiones celulares. Inmediatamente debajo de esa zona se diferencian los tejidos recién formados y se constituyen los elementos de sostén y de conducción. En las plantas herbáceas se han reunido, constituyendo fascículos liberoleñosos. Cada uno de estos haces conductores, dispuestos en el anillo exterior del tallo, se divide en una parte leñosa y otra cribosa. Las células liberianas (cribosas) son delgadas de pared y vivas; conducen las sustancias orgánicas. Las células leñosas conducen el agua a manera de tubos. Cuando cumplen con esta función son ya células muertas. Entre la parte liberiana y la leñosa, se intercala el cambium, capa de tejido proliferante, encargado del engrosamiento del eje principal, produciendo células nuevas hacia adentro y hacia afuera. Estas se convierten en nuevos haces leñosos (las que proliferan hacia adentro) y en nuevos haces liberianos (las que lo hacen hacia afuera). A diferencia del tallo, estos haces se reúnen en el centro de la raíz.

Las raíces desempeñan sus funciones esenciales mediante órganos finos como pelos

Entre los sistemas orgánicos principales de las plantas terrestres superiores, al lado del tallo y las hojas, está la raíz, generalmente enterrada en el suelo. Su extensión subterránea corresponde a menudo al perímetro de las ramas superiores. Pero existen grandes variaciones. Las raíces de una planta de centeno que crece «a sus anchas» alcanzan una profundidad hasta de metro y medio y se extienden otro tanto hacia los lados, enraizando así las mismas unos cuatro metros cúbicos de tierra. Si se colocasen todas sus raíces y raicillas una tras otra, formarían un hilo de unos 80 km de longitud. En cambio en un labrantío, las plantas contiguas de tal modo se limitan mutuamente en su competición por el agua y las sales, que el total del sistema de raíces de una planta apenas alcanza un kilómetro de longitud total. La misión de la raíz consiste en abastecer de agua y sales nutricias las partes extraterrestres de la planta. Hay que reponer sobre todo la gran pérdida de agua a través de las hojas. Como sólo pueden absorber esa agua los primeros centímetros de la punta de las raíces —sólo esa región tiene una epidermis delgada—, la planta aumenta la superficie hidroabsorbente haciendo crecer las células de esa epidermis en forma de largos túbulos, los pelos absorbentes. Mediante una intensa ramificación adicional del sistema de raíces, se forman a menudo miles de puntas de raíz. La formación de esas raíces capilares produce un aumento fantástico de la superficie absorbente.

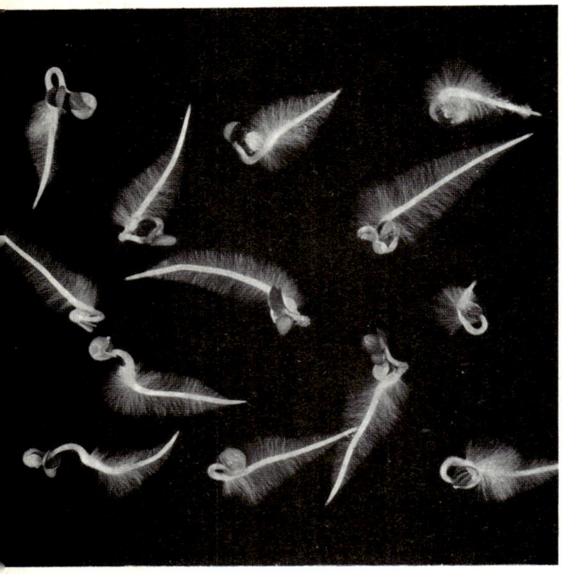

En estos brotes, extendidos sobre papel filtro negro húmedo, pueden observarse perfectamente los finísimos pelos absorbentes de la raíz. Esas formaciones tubulares de las células epidérmicas se hallan siempre únicamente en una pequeña zona inmediatamente detrás de las puntas de las raíces.

Los pelos absorbentes establecen un contacto íntimo con las partículas del suelo de las que toman sales y agua. Viven poco tiempo y cuando mueren, la punta de la raíz sigue creciendo y «echando» nuevos pelos absorbentes. De este modo las raíces «rastrean» literalmente todo el suelo en busca de las sustancias que necesitan. La parte de la raíz que va quedando detrás de la punta en crecimiento experimenta, al igual que el eje de brotación, un crecimiento transversal que hace que las regio-

nes de la raíz cercanas al tronco tengan un grosor considerable.
Mediante la incorporación de muchas fibras de tracción en el cuerpo leñoso, las partes más antiguas de la raíz se convierten en un sólido sistema de anclaje de la parte supraterrestre de la planta —siempre más fuerte y extenso del lado del viento prevaleciente. La mayor intensidad de la sobrecarga de tracción en esa dirección estimula un crecimiento de refuerzo en la zona correspondiente de la raíz. En los cipreses de pantano establecen además las raíces mediante la «formación de tablas» columnas complementarias para dar mayor apoyo al tronco en esos suelos vacilantes.
Un sistema orgánico tan versátil puede servir también como almacén de alimentos. Las raíces de los árboles y arbustos desempeñan realmente importantes funciones de almacenamiento. En las plantas de poca envergadura de raíces, estas últimas suelen convertirse en «despensas» mediante un engrosamiento especial; son buenos ejemplos los bulbos y tubérculos.
No todas las partes de la planta que crecen dentro del suelo son raíces. Están también los tallos subterráneos, denominados rizomas.

En algunas especies de higuera, las ramas emiten raíces aéreas (izq.), que tras alcanzar el suelo, se ensanchan hasta constituir sólidos pilares de sustentación, permitiendo así la formación de copas hasta de 80 metros de diámetro. También sirven a una sólida cimentación las raíces del ficus (arriba).

El tallo y su esquema de ramificación determinan la «fisonomía» de la planta

El eje de brotación propiamente dicho del plátano crece escondido en el suelo en forma de rizoma. Su «tronco» no es más que un falso tallo formado por las vainas de las hojas. Sólo en la época de la floración brota desde el rizoma el eje de la inflorescencia.

La inmensa variedad de formas de las plantas está determinada principalmente por el carácter de los tallos, su longitud y esquema de ramificación. Es también muy importante para la configuración del cuerpo de la planta el que exista o no lignificación del tallo, el que éste engrose o no y el que ese ensanchamiento sea uniforme o bien existan en el tronco zonas de mayor y menor engrosamiento. La lisa y uniforme «columna» del abeto es resultado de un ensanchamiento homogéneo, los nudosos y retorcidos troncos de los olivos personifican el caso opuesto.

El esquema de ramificación de una planta no influye menos en la configuración de la misma. Las hay que, como la familia de las palmeras, la de las gramíneas o como las amapolas y margaritas de nuestros campos, carecen totalmente de brotes laterales.

Los abetos y sobre todo las araucarias disponen sus brotes laterales en «pisos» simétricos en torno al eje del tronco. A veces las ramas inferiores brotan con más vigor que las superiores; la planta adopta la forma de cono (abeto). Si los brotes van hacia arriba, se forman «sombrillas» (pináceas). En otros casos resulta muy favorecido el crecimiento de las ramas superiores. Las inferiores llegan a desaparecer totalmente. Se producen así frondosas copas en lo alto (castaños, rodenos). Las formas «de cirio» de los cipreses y de la tuya se deben

Las hormonas de la yema terminal de la planta («punta vegetativa»), determinan básicamente la configuración de la planta mediante la disposición de los brotes laterales. También el ensanchamiento y la velocidad de crecimiento de las ramas laterales se controlan mediante hormonas. El clima y el suelo dejan su sello en cada individuo vegetal. Abajo: Enredadera; dcha.: olivo milenario; ext. dcha.: «esqueleto» de un abeto muerto.

a la disminución uniforme del índice de crecimiento de las ramas inferiores.

Como quiera que en las espermafitas los brotes laterales se forman exclusivamente como yemas en las axilas de las hojas, además del condicionamiento del esquema de brote a la estimulación e inhibición del crecimiento lateral es en ellos un importante factor configurativo la disposición de las hojas. El crecimiento de éstas, la dirección, velocidad y medida del mismo, está controlado en alto grado, según sabemos hoy día, por las hormonas vegetales y su distribución dentro de la planta.

Todos estos factores internos de configuración se hallan determinados por el idiotipo (genéticamente), del que deriva en último término el tipo de crecimiento característico respectivo de cada especie vegetal. Aparte de los factores de configuración internos existen otros externos. Está entre ellos sobre todo el clima. Los árboles expuestos a vientos muy fuertes suelen presentar, a diferencia de sus congéneres, ramificación unilateral, debido a que el viento incesante y el frío suelen inhibir e incluso matar las yemas del lado de barlovento. Los grandes períodos de frío de las montañas o de las regiones polares causan un crecimiento lentísimo. Existen así pinos con troncos de un dedo de grueso y de una altura de 25 cm que pueden ser más viejos que sus pujantes hermanos residentes en clima benigno.

Algunos hongos parasitarios ejercen una influencia curiosa e importante en la configuración de las plantas. Hay algunos que, p. ej., segregan sustancias que favorecen el crecimiento longitudinal. Una de esas sustancias, la giberelina, se está empleando ya como herbicida. Las malas hierbas tratadas con ella crecen hasta «suicidarse». Las gramíneas no resultan afectadas por esa sustancia activa debido a que las puntas de sus brotes con su respectivo tejido de crecimiento se hallan inicialmente muy resguardadas dentro de las vainas de las hojas. Esto hace a la giberelina muy indicada como herbicida en los campos, prados, céspedes y, sobre todo, en las grandes plantaciones de cereales.

La hoja es el órgano de la planta que ha experimentado mayores cambios y adaptaciones

En esta hoja de álamo (dcha.), puede apreciarse claramente la tupida red de vasos conductores que cubre el limbo de la misma. La hoja del telefio (abajo) posee un tejido almacenador de agua, cuyo contenido sirve principalmente como protección contra el calor.

No apreciamos bien lo mucho que contribuyen las hojas al aspecto de las plantas hasta que en otoño e invierno se alzan al cielo las mudas quejas de sus desnudas ramas. Las formas de las hojas presentan una variedad enorme. Hay hojas largas y estrechas, las hay cortas y anchas, pequeñas y escamosas, aciculadas y gigantescas. Formas planas con borde liso o dentado parecen enseñarse sus hendeduras (como las hojas penniformes del helecho y las lobuladas hojas del trébol). Sin embargo, aparte algunas excepciones como las espinas y zarcillos, todas tienen una cosa en común: se efectúa en ellas la fotosíntesis, son sede del intercambio gaseoso y de la transpiración y al mismo tiempo «redes de captura» de las partículas de luz (fotones).

De esas tareas se deriva ineludiblemente su estructura: las hojas suelen ser planas; así pueden captar mejor los cuantos de luz y presentan mayor superficie para la respiración. La misión de las hojas determina también su distribución en el eje de brotación. Las hojas están siempre dispuestas de modo que se den unas a otras la menor sombra posible. Las hojas están unidas al eje de brotación por un peciolo portador de haces conductores. El tejido de las mismas se halla recubierto por una gruesa epidermis, encargada de mantener la transpiración dentro de los límites debidos.

La fotosíntesis, función que se efectúa en las verdes células del interior de la hoja, «fabrica en serie sin fin» moléculas orgánicas que han de ser transportadas hasta los lugares de consumo —todas las partes no verdes de la planta, especialmente frutas, semillas, flores y raíces. El consumo de agua debido a la fotosíntesis y la transpiración exige por otra parte un continuo abastecimiento de agua de la hoja, que se halla recorrida por una tupida red de va-

sos conductores. Los más gruesos se denominan nerviaciones.
Las partes de la flor son en realidad hojas especializadas que se han puesto al servicio de la reproducción. Lo demuestra de una parte la evolución filogenética de esas hojas modificadas (verticilos). Conocemos por otra parte formas intermedias entre las hojas normales y los verticilos, así como dentro de estos últimos. En las familias primitivas de las espermafitas, los verticilos no han perdido su naturaleza de hoja.
Al igual que el tallo y la raíz, puede modificar la hoja hasta tal punto su figura externa y su estructura anatómica al servicio de adaptaciones especiales que resulta difícil de identificar como hoja. Las espinas de los cactos y agracejos son en realidad hojas; los zarcillos del guisante, hojas transformadas. Las hojas del Sedum acre, pese a su carácter de depósitos de agua, no han perdido su carácter primario de hojas. En cambio, las hojas-escamas de la cebolla común han evolucionado a órganos exclusivamente almacenadores. También las hojas de las plantas carnívoras han experimentado transformaciones tremendas para adaptarse a funciones en principio ajenas a las plantas.

Las hojas en forma de bandeja de la Victoria regia (reina tropical de las plantas acuáticas), alcanzan hasta dos metros de diámetro. Sus endurecidos bordes están dotados de espinas. Espacios aéreos existentes en sus tejidos proporcionan a las hojas una gran flotabilidad —pueden sostener perfectamente un niño.

7

También las plantas son capaces de movimiento activo

En la división general de los seres vivos se describe las plantas como "fijas a un lugar" en contraposición a los movibles animales. Pero no faltan excepciones. Hay muchas plantas inferiores capaces de movimiento pasivo y numerosas algas unicelulares dotadas de movimiento activo. Y entre las plantas superiores bien arraigadas a un sitio fijo hallamos diversas manifestaciones de movimiento. Están las inflorescencias que se abren y se cierran. Hay hojas que se despliegan y zarcillos que se retuercen. Y los tentáculos de la drosera (foto), de cuyos filamentos brota un líquido pegajoso, se contraen sobre el insecto que se posa en ellos.

La locomoción activa en el espacio es característica esencial de los animales Pero existe también en gran escala en el reino vegetal

Generalmente sólo se conoce la locomoción libre de los animales. Pero un simple vistazo al microscopio nos demuestra que también existe en el reino vegetal. Las diatomeas, p. ej., pueden avanzar deslizándose sobre su «lecho». Algunas algas unicelulares y algunas especies de bacterias se mueven de un modo aún más eficaz. Poseen en determinadas posiciones una o más delgadas estructuras filamentosas llamadas flagelos. Con su ayuda remolinean por el agua que las rodea. La impulsión por efecto del flagelo tiene su mejor comparación en un bote o balsa que avanza a base de agitar un remo en la popa.

En cambio los organismos vegetales pluricelulares suelen estar fijos a un lugar. Pero también nos muestra aquí el microscopio que muchos de ellos —incluyendo una serie de plantas terrestres— producen en su ciclo biológico células individuales flageladas. Se trata de células reproductivas, sobre todo de los espermatozoides o gametos masculinos.

Estas células dotadas de movimiento no se impulsan al acaso dentro del líquido elemento. Del mismo modo que en los animales la locomoción tiene siempre una meta, también las células vegetales móviles son capaces de seguir un objetivo.

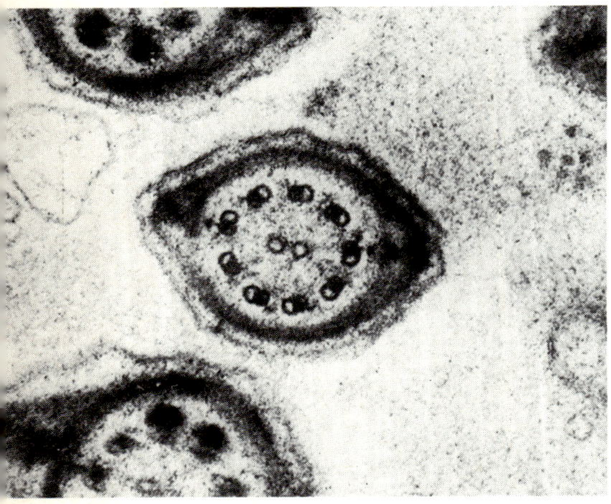

Sección de un flagelo vista con microscopio electrónico (izq.). En el centro se aprecian dos fibrillas, es decir, subestructuras alargadas, rodeadas de nueve fibrillas dobles. El grupo de estos filamentos fibrilares que vistos en sección parecen anillos está rodeado por una membrana tubular. El flagelo mismo no suele tener más de una décima de micra de diámetro; para hacerlo visible, se requieren trucos especiales, como en el caso de esta célula de alga (abajo): la iluminación hace surgir en torno a la verde célula un extraño halo iridiscente que hace visibles los contrastes.

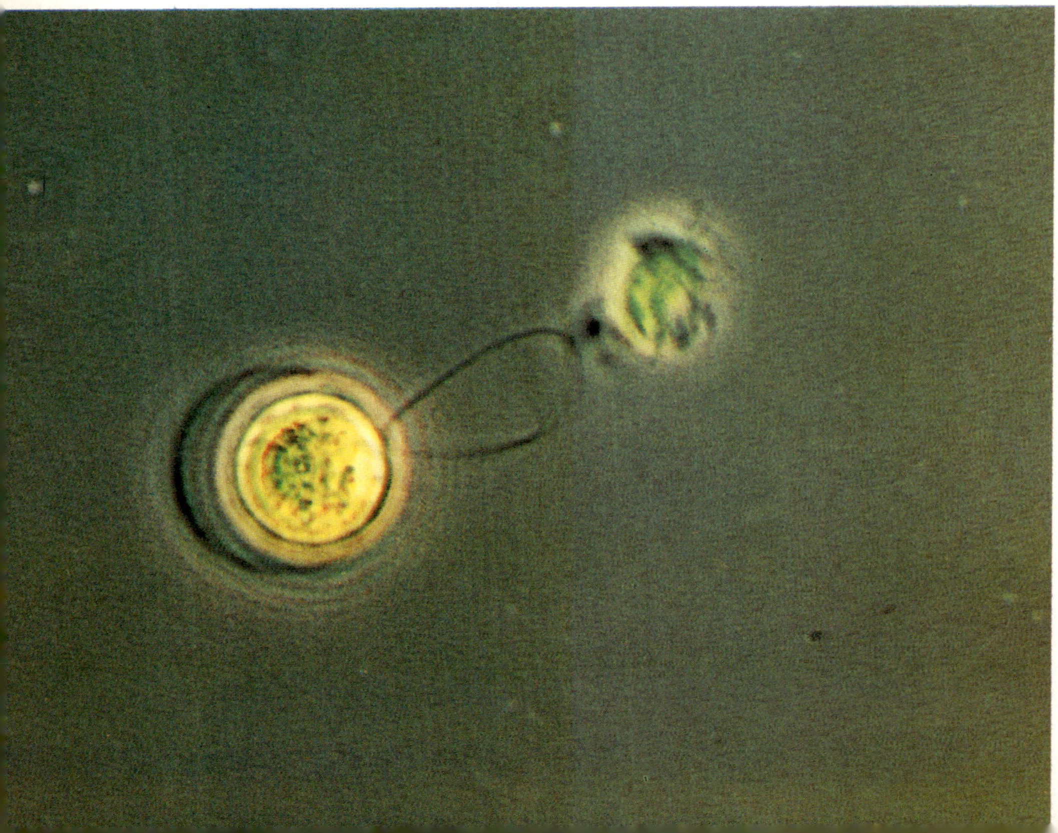

En el politrico (musgo) algunas plantas presentan arriba «hojas» rojizas y más anchas. En estas «flores del musgo» (mitad inferior de la foto) están en receptáculos los espermatozoides, para ser transmitidos a tallos con «botones» por las salpicaduras de la lluvia. Tras la fecundación del óvulo se desarrollan en éstos los esporofitos.

Como indicios orientadores sirven factores ambientales como la luz o sustancias químicas. La orientación por la luz solar es muy importante para la célula vegetal: necesita la luz para la fotosíntesis. Cierto es que una misma célula reacciona diferentemente a una misma luz según hayan sido las condiciones precedentes. Puede buscarla y también huir de ella. Lo propio ocurre con los movimientos orientados de acuerdo con sustancias químicas; la célula es susceptible de un ajuste de su reacción necesaria al factor ambiental orientador.

Tiene una importancia especial la locomoción orientada de los gametos masculinos hacia el óvulo. Ese tipo de movimientos se dan, p. ej., en el musgo. Pueden incluir grandes distancias y vicisitudes. Sin embargo, los espermatozoides alcanzan su meta. Siguen simplemente las sustancias señuelo segregadas por el entorno del óvulo. Hay que seguir siempre la dirección en que aumenta la concentración de esas sustancias.

Los musgos y también los helechos, cuyas células seminales tienen que efectuar ese tipo de migraciones para alcanzar los óvulos, necesitan estar mojados a este fin. Las células seminales sólo pueden moverse activamente en el agua y sólo en este elemento se difunden las sustancias señuelo de los óvulos.

Recientes exploraciones de la microestructura de los flagelos, llevadas a cabo con el microscopio electrónico, han aportado un descubrimiento sensacional. Se ha comprobado que, a excepción de las células bacterianas, los flagelos de las células vegetales tienen la misma estructura fundamental que los organismos animales. Los flagelos de los espermatozoos humanos y de los animales, las pestañas vibrátiles del epitelio interno de los bronquios de los mamíferos o del «pulmón» del caracol poseen la misma disposición en sus fibrillas que los flagelos de las algas. Este hecho corroborado, en conjunción con otros argumentos convergentes al respecto, equivale a una prueba decisiva de que ambos grupos de organismos —el hombre y los animales por un lado y las plantas por el otro— se han desarrollado a partir de esos seres unicelulares denominados flagelados.

El movimiento propio de las plantas se debe en general al crecimiento. Sigue trayectorias armoniosas.

Ante un espectador superficial, las plantas fijas al suelo parecen carecer de movimiento propio. Ello se debe a nuestra capacidad de observación, habituada a movimientos relativamente rápidos. Sólo a través de dispositivos especiales o de una prolongada observación se revelan en las plantas distintos cambios y formas de movimiento. Quien haya visto una vez una película con cámara acelerada acerca del crecimiento de un germen de planta, recordará tal vez el inquieto saltar de aquí para allá de las hojas y la gémula. En esos movimientos puede observarse también un constante aumento del tamaño.

La foto serial de una planta de alubia (pág. dcha.) nos proporciona cierta idea de esos procesos. La película acelerada y las fotos múltiples nos enseñan que la forma de una planta se halla en conjunto sometida a un movimiento incesante. El hombre, al contemplar las plantas sólo es capaz de percibir una foto instantánea en cada caso.

Las partes de la planta que se mueven modifican también en general su longitud, cosa comprobable mediante mediciones sucesivas. De ahí se deduce que muchos movimientos de los vegetales están íntimamente vinculados a su crecimiento. Pero este crecimiento no es desordenado, sino que sigue un esquema muy determinado y decisivo para la planta. Todo ello concuerda en la existencia de un mecanismo de control de los fenómenos del crecimiento vegetal. Como las plantas carecen de sistema nervioso, surge la cuestión acerca del modo y fundamento de esas coordinaciones.

Al abrirse las flores de la acedera, el crecimiento longitudinal de los verticilos se logra exclusivamente a base de un alargamiento de sus células. Esto hace que las flores después de abiertas se vean más claras que las otras. La exposición múltiple revela cambios.

Inflorescencia de un Anthurium. Rodeadas de un invólucro en espiral de soberbia coloración, las flores propiamente dichas se arraciman apretadamente en una mazorca espiral amarilla. La forma ondulada de la hoja del invólucro se debe a alternancias del crecimiento superficial.

Vemos aquí una fotografía compuesta a base de cinco exposiciones espaciadas diez minutos entre sí de una misma planta de alubia. Este truco nos permite apreciar el movimiento de la planta, en este caso el giro de tanteo del zarcillo terminal de la alubia. Cuando tropieza con un objeto, se pone a trepar por él.

Hemos hablado ya (pág. 76) de que el crecimiento longitudinal de las plantas sólo en parte se debe a un aumento del número de células del tipo existente en nosotros. Obedece mucho más a un enorme alargamiento de las células en una zona situada inmediatamente debajo de la punta del eje de crecimiento (en los denominados puntos vegetativos).

En el caso de la punta del tallo de la alubia (abajo) el movimiento tiene lugar mediante un ladeamiento giratorio en torno al eje de brotación y circunscrito a una zona determinada. En un eje torcido, un flanco es siempre más largo que el otro. De ahí puede deducirse que las células de un lado se estiran con una «prioridad» circulante poco a poco en sentido giratorio en torno al eje de brotación. Esta suposición ha podido confirmarse mediante exploraciones comparativas a través del microscopio.

Como el alargamiento celular que determina el crecimiento se debe a una hormona vegetal originada en los puntos vegetativos (auxina), el campo giratorio del crecimiento prioritario debe explicarse en el sentido de una alteración correspondientemente giratoria del suministro de auxina. Sabemos hoy día que ese diferente suministro de auxina se debe a diferencias en el transporte de dicha hormona. No se conoce aún con exactitud a qué se deben esas diferencias.

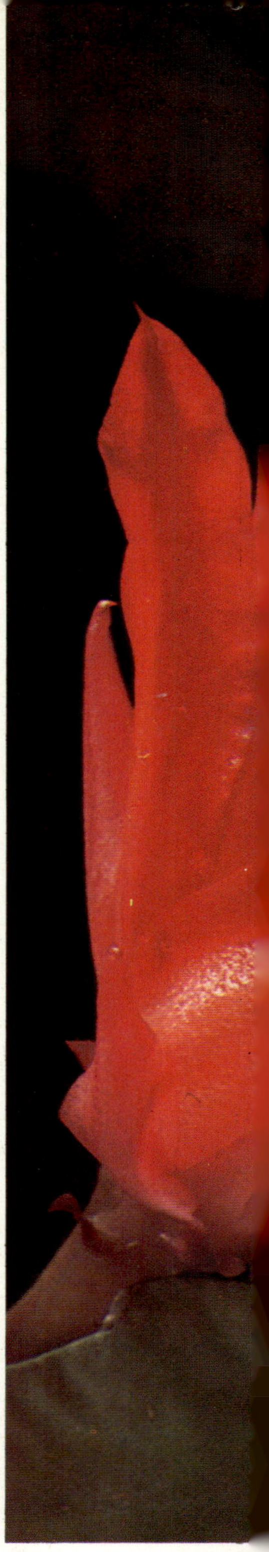

Muchas flores, como esta flor de cacto, sólo florecen un día. Hay otras que repiten cada día movimientos de apertura y de cierre. La duración de una flor está determinada, dentro de un plazo máximo dado, por la polinización.

Factores internos dirigen el desarrollo de botones y flores. También intervienen la luz y el calor

El abrirse y cerrarse de las flores e inflorescencias es uno de los fenómenos de movimiento vegetal más conocidos al lego en la materia. Como las plantas carecen de músculos, hay que atribuir ese movimiento a otros mecanismos.

Unas horas antes del florecimiento propiamente dicho, los verticilos de la flor comienzan a estirarse. Al incidir después, p. ej., en la achicoria, (foto de la pág. 94) los rayos solares en los botones aún cerrados, pero ya en crecimiento acelerado, se abren éstos y en media hora alcanzan todo su esplendor floral. La flor de cacto se abre de un modo similar. El microscopio nos permite comprobar que ese aumento tan rápido del tamaño de los pétalos se alcanza exclusivamente a base del alargamiento de las células. No tiene lugar un aumento del número de éstas.

También puede observarse al abrirse las flores una curvatura hacia afuera de los verticilos. Esta desviación con respecto de la postura paralela de la flor aún cerrada sólo es posible si la cara interior se alarga más que la exterior. Ello se logra de un modo sencillísimo: en presencia de la luz solar las células del lado interior del pétalo empiezan a estirarse más aprisa que las del lado exterior. Al cerrarse la flor tiene

Cuando ha llegado el momento de florecer un botón de flor —intervienen en él una serie de factores internos y ambientales—, los verticilos empiezan a estirarse mediante crecimiento varias horas antes de salir el sol. Pero la flor no se abre hasta que no la besa el calor de la mañana. Al refrescar la tarde, la flor vuelve a cerrarse.

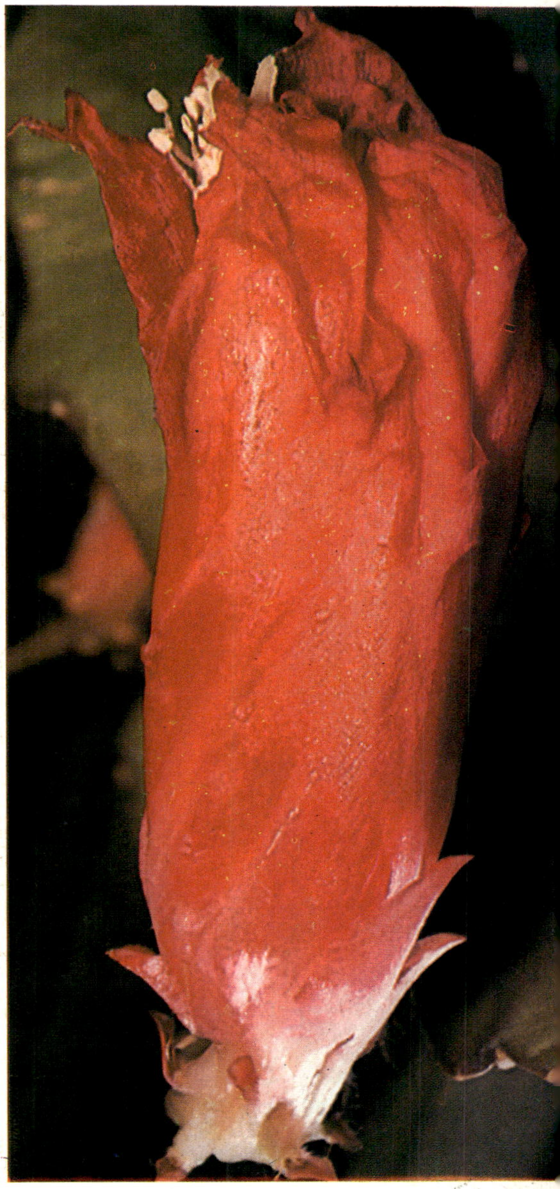

lugar el proceso opuesto, desencadenado generalmente al desaparecer la luz del sol, lo que despierta la sospecha de que el alargamiento de las células es controlado por la luz. Los experimentos dan por resultado que los rayos caloríficos del sol son especialmente responsables del abrir y cerrar de las flores.

La temperatura y el crecimiento se hallan en íntima correlación. Si las temperaturas son bajas apenas se observa crecimiento. Al aumentar la temperatura se eleva el índice de crecimiento hasta alcanzar su valor máximo. Si sigue aumentando la temperatura, llega un momento en que disminuye el ritmo del crecimiento y llega a cesar del todo antes de que la planta muera de calor. Existe pues una temperatura idónea de crecimiento, que puede ser diferente para las distintas plantas e incluso para las diferentes partes de la planta. Esta diversidad es muy significativa para las plantas, dado que han de vivir en zonas de temperaturas totalmente diferentes, p. ej., en el clima alpino o en el tropical.

¿Qué tienen que ver estas observaciones con el abrir y cerrar de las flores? Es de suponer que las células del lado interior y exterior de los pétalos tienen distintas gamas de temperatura idónea de crecimiento. La experimentación por separado del lado interior y el exterior confirma esta suposición. En el lado interior la temperatura óptima es más alta que la correspondiente al exterior de los pétalos. Si estos se calientan, crece más aprisa la parte interior, al alejarse la exterior de su temperatura ideal; si se enfrían, se invierten las circunstancias. En las plantas que florecen de noche, esas circunstancias están invertidas correspondientemente. Esta simple explicación no deberá hacernos ignorar que los mecanismos del crecimiento vegetal son en realidad mucho más complicados.

El estímulo externo «luz» determina la dirección del crecimiento, pero dirige también sus causas profundas

Nos parece la cosa más normal que las plantas crezcan hacia arriba y hacia abajo, que su tallo y sus hojas busquen la luz y que sus raíces ahonden en la tierra. Pero, ¿a qué se debe todo eso? ¿Cómo se las arregla la plántula que al germinar hace asomar su gémula al aire libre y empuja su raíz tierra adentro, donde la esperan el agua y las sales nutricias —y ello en total independencia de la posición en que cayó al suelo la semilla? Parece lógico que la gravedad o la luz o ambas son los factores determinantes.

Sólo puede esclarecerse esta cuestión «auscultando» la naturaleza mediante experimentos ingeniosos. Si p. ej., se dejan crecer semillas en oscuridad total, las plántulas se «orientan» exactamente igual que si estuviesen al natural en su maceta. Si se invierte su posición sin sacarlas de la oscuridad, se observa que al poco tiempo la gémula ha dado vuelta hacia arriba y la raíz hacia abajo. Ello confirma que hay que excluir la luz como factor. ¿Cómo comprobar ahora el efecto de la fuerza de gravedad? En el laboratorio se fijan algunas plantas en el borde de una rueda giratoria. Si ésta gira aprisa, las plantas quedan expuestas a la fuerza centrífuga que tira de ellas «hacia afuera». Respuesta de las plantas: sus raíces se orientan hacia el borde de la rueda y sus tallos se alejan del mismo. No cabe duda de que una vez que el vástago se ha alzado algo sobre la tierra

No es la temperatura, sino la reducción constante de la duración del día lo que informa a la vid y rige así la coloración y caída de sus hojas (arriba). Las flores de la linaria levantan, sobre muros y rocas, sus airosos pedúnculos hacia la luz. Una vez polinizadas, el pedúnculo «huye» de la luz a fin de alojar el fruto en alguna grieta (parte inferior de la foto).

la luz ejerce algún influjo en la dirección de crecimiento. Cualquier persona amiga de las flores observa con gran pesar que sus plantas tienden a inclinarse en dirección a la ventana. Un buen ejemplo de esta hambre de sol nos lo da el campo de girasoles (abajo): todas las cabezas y muchísimas hojas están vueltas hacia el sol que, según indican las sombras, está a espaldas del espectador. Esta facultad les ha dado su nombre.
La orientación hacia el sol y bajo el influjo de la gravedad tiene lugar siempre a través de una curvatura del eje del tallo o la raíz o del pedúnculo de la flor. Este movimiento giratorio se debe en la mayoría de los casos a un crecimiento irregular de los flancos del eje, mejor dicho, a un alargamiento irregular de las células de los mismos. Como este alargamiento es dirigido por hormonas vegetales (véase pág. 76) que se sintetizan en la punta del tallo y la raíz, pero también en las hojas, es indudable que la luz y la gravedad influyen en ese efecto hormonal. Mal podría influir la gravedad directamente en las hormonas, pero sí en su conducción de los centros de formación a los lugares de acción. Cuando p. ej., un tallo se halla colocado horizontalmente, la hormona del crecimiento se acumulará en el lado inferior por efecto de la fuerza de gravedad. Esto hace que ese flanco crezca con más fuerza. El resultado es que el tallo se vuelve hacia la vertical. Mediante sofisticados experimentos se ha podido demostrar que la hormona del crecimiento se acumula en la parte alejada de la luz. Se investiga en la actualidad cómo se produce exactamente esta acumulación y cómo tiene lugar una inversión de la misma —como en el caso de la Linaria cimbalaria, que huye de la luz.

No es casualidad que todos estos girasoles estén «mirando al fotógrafo». Tiene que existir una influencia directriz. Como la cabezuela sigue fielmente el curso cotidiano del astro rey, se deduce claramente la influencia de la dirección de la luz en ese movimiento.

El ritmo vital de las plantas se dirige a través de los estomas, diminutas válvulas en las hojas

Los organismos no pudieron conquistar el biotopo de la tierra firme hasta que no hubieron desarrollado una protección eficaz contra el exceso de transpiración. Pues incluso como habitantes de tierra siguieron dependiendo del agua. Desde luego esa protección contra la transpiración nunca podría ser del todo completa debido a que los procesos biológicos requieren un continuo intercambio de sustancias y energía con el medio ambiente. El principal es el de los gases oxígeno (O_2) y dióxido de carbono (CO_2) en la fotosíntesis y la respiración.

Los animales se defendieron desplazando hacia el interior del cuerpo las superficies de intercambio gaseoso. De ese modo redujeron mucho la pérdida de agua originada por este último. Ese conducto no fue accesible a las plantas, pues el CO_2 y el O_2 o bien se necesitan o se producen exactamente en los sitios adonde tiene que llegar la luz necesaria para la fotosíntesis. A este fin las superficies de intercambio hubieron de quedar en las plantas en la parte exterior. ¿Qué solución del problema de la transpiración han podido ofrecer a lo largo de su evolución?

El organismo vegetal se halla recubierto por una epidermis impermeable al agua, impermeabilidad reforzada además por la formación de una capa cerácea denominada cutícula. Para el necesario intercambio gaseoso se halla dotada esta piel de pequeñas ranuras denominadas estomas. Se hallan sobre todo en el envés o lado inferior de las hojas y están rodeados de células con funciones de vigilancia. Uno de estos estomas, con una abertura de una fracción de milímetro de longitud y sus dos células vigilantes, llamadas células obturadoras, aparece en la foto inferior (véanse también las fotos de la pág. 62). Los estomas se hallan distribuidos siguiendo un esquema en la superficie del envés. Corresponden como promedio de 50 a 60 de esos poros por mm^2.

A través de esas estructuras pierde una planta típica en determinado tiempo hasta cien veces más agua por unidad de peso que un mamífero. La pérdida de agua se repone a través de un sistema de raíces capaz de extraer del suelo las menores cantidades de agua existentes y de llegar al límite de las aguas subterráneas. Además, la planta tiene que estar capacitada para regular la pérdida de agua dentro de ciertos límites dado que la humedad y temperatura del aire oscilan tanto que en condiciones extremas no puede reponerse el agua necesaria a través de las raíces.

En caso de urgencia, es decir cuando amenaza la deshidratación, puede la planta cerrar los estomas. Esta función corre a cargo de las células obturadoras que se aproximan entonces en su parte central. Para que se abran los estomas, vuelven a separarse una de otra. ¿Cómo es posible ese movimiento celular sin músculos? La célula vegetal posee una pared rígida que admite a veces cierta dilatación y de una gran vacuola rodeada de protoplasma. Cuando la célula admite agua en esa vacuola, se dilata la pared celular hasta que su elasticidad pone fin a esa toma de agua. Si entonces uno de los lados de la pared celular es más distensible que el lado opuesto, p. ej., el lado adjunto al estoma, la célula se curvará al tomar agua y se estirará al deshacerse de agua.

Un vistazo al microscopio nos revela que la pared celular tiene una estructura asimétrica debida a unas tiras de refuerzo situadas en el lado del estoma. Además, añadiendo o sustrayendo agua experimentalmente a las células obturadoras, se han confirmado las hipótesis referentes al mecanismo motor de las mismas. Si el aire está muy seco y la conducción de agua de la planta no repone la pérdida por transpiración, las células obturadoras pierden agua y cierran el estoma. Si hay agua suficiente, absorben por ósmosis el agua necesaria (véase pág. 62) y abren la ranura. Esas reacciones, basadas en modificaciones de la presión celular, se llaman movimientos turgenciales —al denominarse turgencia la presión celular interna. Desempeñan un gran papel en los movimientos rápidos de las plantas.

Cuando los estomas están cerrados, no sólo disminuye la transpiración —también lo hace acusadamente la respiración y la fotosíntesis «frena» considerablemente. La planta se ve obligada a hallar un «compromiso» entre la pérdida de agua y la necesidad de CO_2. Los experimentos muestran también que el movimiento de las células obturadoras no depende únicamente de su contenido de agua. La luz, el índice de CO_2 de la hoja y la temperatura influyen asimismo en el grado de apertura de los estomas.

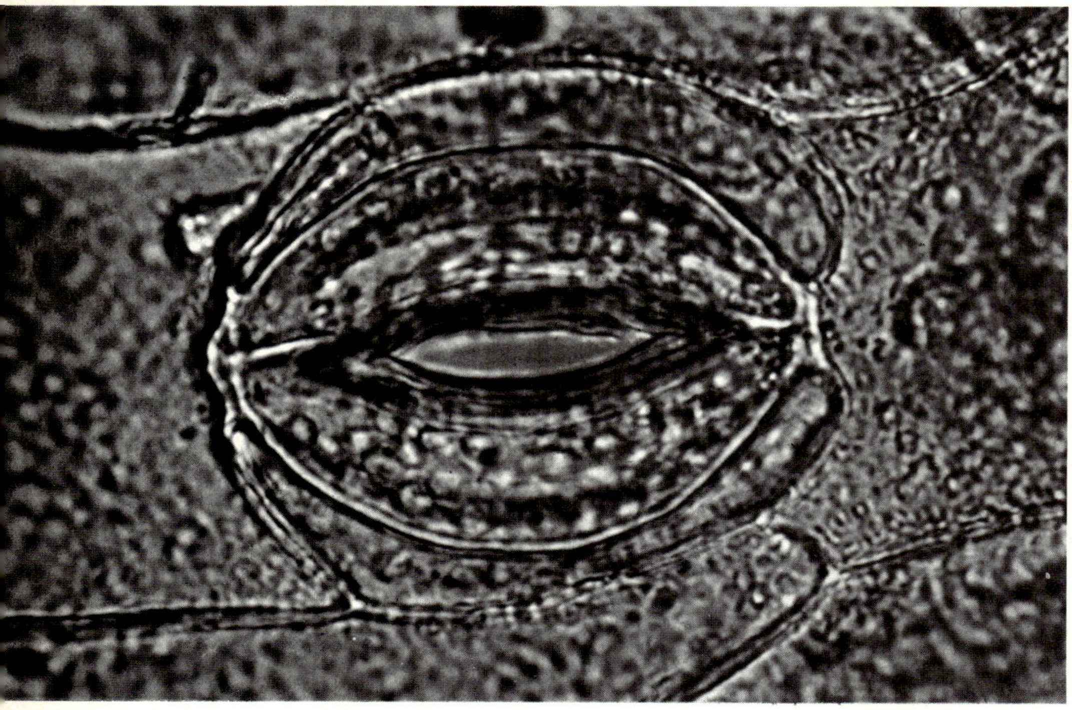

Unos poros de la piel —bastante impermeable— de las hojas, permiten el intercambio gaseoso ineludible para la fotosíntesis y la respiración. La microfoto de la izq. nos muestra uno de esos poros en forma de ranura, enmarcado en dos células obturadoras. Estas células pueden abrir o cerrar la ranura (estoma) mediante movimientos, a medida de las necesidades de la planta.

En la parte sumergida de la Elodia puede observarse parte del intercambio gaseoso debido a la fotosíntesis. En el extremo del eje de brotación de la planta se desprenden burbujas de oxígeno. El dióxido de carbono imprescindible para la fotosíntesis se halla disuelto en abundancia en el agua, de donde lo toma la planta. Si se modifica la intensidad de la luz en presencia de suficiente dióxido de carbono, aumenta el número de burbujas de oxígeno.

Los movimientos rápidos de las plantas se deben a la alteración de la presión interna (turgencia) de determinadas células. Un ejemplo famoso lo constituye la mimosa

Los movimientos rápidos de las plantas son muy raros. Tal vez los más conocidos son los llamativos movimientos bruscos de la «sensible» mimosa. Si se tocan sus hojas o se las calienta mucho de golpe, se cierran los pequeños folíolos paripinnados. Ese movimiento de cierre se manifiesta primero en el lugar del estímulo, transmitiéndose después con relativa velocidad (1 cm/seg) al folíolo vecino. Si el estímulo ha sido muy intenso, toda la hoja se pliega sobre su pecíolo principal y este «ejemplo» pueden seguirlo otras hojas pecíolo arriba y abajo.

Quien haya observado la secuencia de esta «cadena» tendrá la impresión de haber sido testigo de un proceso excitatorio en cámara lenta del tipo del que conocemos únicamente en el sistema nervioso de los animales. Mediciones precisas han dado por resultado que a lo largo de los esbeltos tallos de la mimosa excitada corren realmente potenciales eléctricos —a pesar de que la mimosa, al igual que las demás plantas, carece de fibras nerviosas. ¿Cómo trabaja pues el mecanismo de reacción de la mimosa?

Los movimientos de los folíolos, al igual que los de las hojas enteras, son el resultado de una brusca pérdida de presión que tiene lugar en los tejidos de pequeños cuerpos cavernosos existentes al pie de las hojas «plegables».

Pero, al cabo de cierto tiempo, los folíolos plegados vuelven a abrirse. ¿Cómo se logra todo esto? Los tejidos cavernosos disponen de fascículos conductores que, al revés de lo normal, están situados en la parte central del eje de brotación. Cuando las hojas se cierran, no sufren compresión total sino que siguen conduciendo agua a la zona de las hojas «marchitadas». Como las células tienen allí delgadas paredes, vuelven a recibir agua enseguida. Cuando al cabo de unos minutos recuperan su turgencia, las hojas vuelven a levantarse.

Entre los movimientos más importantes del reino vegetal está el transporte de sustancias. A base de diferencias de presión pueden vencerse varios metros de altura. Después de cortar las hojas de la palmera (dcha.), fluyen al exterior los productos de la fotosíntesis. —El movimiento de la mimosa se debe a súbita pérdida de presión de las articulaciones de las hojas (fotos inferiores).

Al igual que la mimosa, algunas otras plantas, al someterlas a estímulos diversos, ejecutan también movimientos «rápidos» con recuperación posterior relativamente lenta. Se deben a las correspondientes alteraciones en determinados tejidos. Así es como se cierran las hojas-cepo de la dionesa y se ciñen los estambres de la flor del tilo del Cabo.

Además de estos movimientos externos hay otros internos en las plantas motivados también por diferencias de presión. Son dignos de especial mención los procesos de conducción que por un lado llevan los productos de la fotosíntesis desde las hojas hasta sus lugares de consumo y almacenamiento y, por otro, impulsan tallo arriba el agua proveniente de las raíces.

¿Cómo funciona este doble transporte? Los pulgones pueden ayudarnos a contestar esta pregunta. Con sus delgadas trompas perforan los tubos de conducción (los liberianos de los tallos, véase pág. 82) y se alimentan con su dulce contenido. Si la trompa de un pulgón queda insertada en una planta, gotea a través de ella el contenido del tubo liberiano. Ello demuestra la existencia de una presión interna.

La observación demuestra además que la presión es diferente a lo largo de los tubos liberianos. Esa diferencia de presión favorece la conducción de las sustancias mencionadas.

El movimiento de proyección de semilla de la sensitiva es un movimiento de compensación de tensiones: las células de la pared externa del fruto se hallan bajo presión, pero no pueden extenderse en esa dirección por la estructura de la pared celular: un tejido de resistencia las retiene, hasta que la creciente tensión desgarra unos tejidos separadores.

Las plantas carnívoras poseen cepos y trampas que se cierran con la velocidad de un relámpago

Atraído por los pelillos glandulares resplandecientes al sol, un insecto se ha posado en una hoja de drosera. Esto equivale a una sentencia de muerte. El insecto queda atrapado por los viscosos tentáculos de esta planta carnívora que actúan como varas enligadas y reaccionan al estímulo químico producido por el animal. Mediante movimientos de crecimiento, no sólo se cierran los tentáculos, sino la hoja entera. Y no sueltan ya la presa que, envuelta en secreciones glandulares, es digerida «con toda tranquilidad». Las proteínas del insecto se descomponen en formas de nitrógeno y fósforo asimilables por la planta.

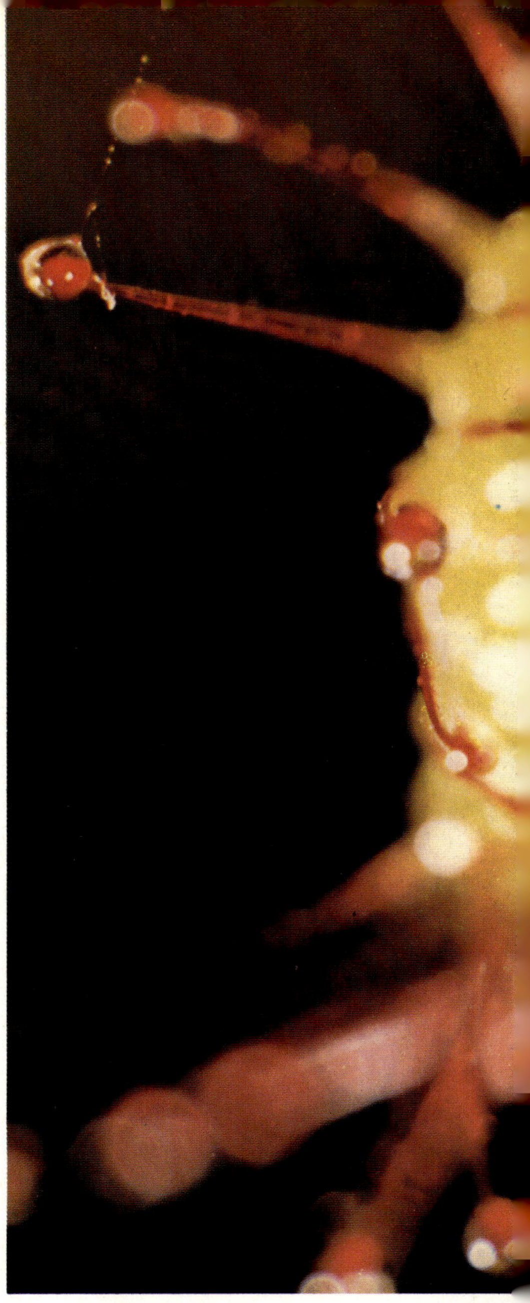

El odrecillo de esta utricularia ha «engullido» la mitad de una larva de mosquito. Sus enzimas digestivos dan cuenta en el interior de estas vesículas de crustáceos y larvas acuáticas de insectos. La utricularia crece dentro de las aguas pantanosas.

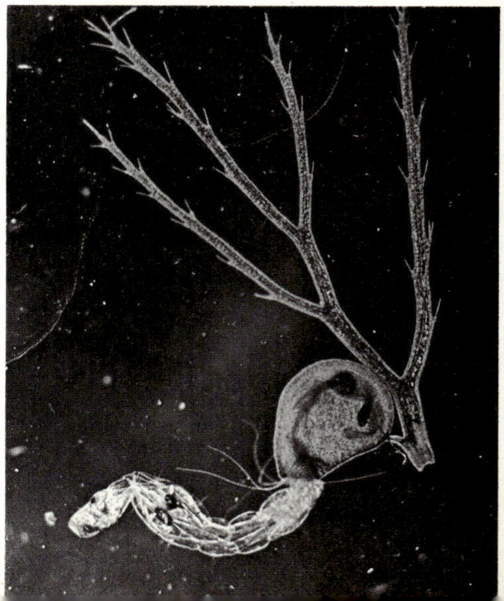

Las plantas insectívoras constituyen un fenómeno sorprendente y fascinador. Ponen «patas arriba» la consabida imagen de los vegetales como productores de alimentos y de los animales como consumidores de los mismos. Por otra parte, ¿cómo es posible que animales libres y veloces sean presa de plantas fijas en un lugar?

En cuanto a la primera pregunta: ¿Se invierte realmente la consabida cadena alimentaria? Experimentos y observaciones nos indican que tal inversión es sólo aparente. Las plantas insectívoras viven exclusivamente en sustratos pobres en sales: como epifitas en las ramas de árboles altos, como plantas acuáticas y de pantano —en aguas pobres en sales nutricias. Si en un experimento les ofrecemos suficientes sales minerales, prosperan espléndidamente esas «plantas rapaces» sin necesidad de sus pequeñas víctimas. Vemos así que esas plantas «extrañas» no necesitan sin falta un menú de carne. La captura de insectos es sólo una fuente suplementaria de las sales vitales que les faltan.

¿Cómo se arreglan para cazar su presa? Los rápidos insectos sólo pueden caer en poder de las plantas si entran en juego mañas y engaños o un movimiento muy rápido. A menudo se conjugan ambos principios. La Nepenthes logra su objetivo exclusivamente a base de engaño. Los filamentos situados al borde de las urnas segregan una sustancia azucarada que atrae los insectos. Estos caen desde el liso borde al interior de la urna, cuyas paredes están llenas en su parte superior de pedicelos dirigidos hacia abajo. En el fondo de la misma se acumulan jugos digestivos segregados por la planta que descomponen el insecto.

También en las droseras la captura de insectos descansa en el dolo y la «astucia». Cubren sus hojas multitud de glándulas pediceladas cuyas cabezas brillan en forma de «gotitas de rocío». Atraídos por

La nepente vive como epifita en las ramas de árboles tropicales. Para atrapar a sus víctimas se vale del principio de la trampa resbaladiza: si un insecto, atraído por sus secreciones, se posa en el liso borde del receptáculo, cae en éste —allí lo «digieren» los enzimas.

ese líquido prometedor, acuden los insectos. Apenas se han posado, quedan atrapados por los viscosos pedicelos. Al mismo tiempo la hoja entera empieza a plegarse sobre sí misma —y la trampa se cierra para digerir al incauto.

Muy distinto es el principio de acción de la dionea. Sus hojas forman una roseta tendida sobre el suelo. Cada una de ellas parece —y funciona como— un cepo. Los dos semicírculos de la hoja se hallan unidos en el medio por una especie de eje. Las células superiores se hallan estiradas por la turgencia y las inferiores están sometidas a una gran tensión. Al ser tocados los pelillos sensoriales, las células superiores pierden su turgencia por repentina pérdida de agua y quedan fláccidas. El «tenso resorte» del envés hace que la trampa se cierre. Para digerir le sobra luego tiempo a la planta.

Las utricularias capturan su presa de un modo aún más sofisticado, su especialidad es el principio de la trampa succionadora. La parte de estas plantas que queda bajo el agua se halla provista de numerosos órganos en forma de odrecillos. Cada uno de ellos tiene una tapadera elástica. La planta expulsa como el 40 por ciento del agua contenida en los odrecillos. De este modo logra que las paredes de los mismos se hallen sometidas a una presión constante. Cuando un animal acuático —algún pequeño crustáceo o larva de insecto— toca una de las tapaderas elásticas, se abre ésta de golpe y la víctima es succionada. Una vez dentro comienza la digestión.

Los jugos digestivos de la mayoría de las plantas insectívoras contienen enzimas capaces de digerir proteínas. A menudo existen también colonias de bacterias que intervienen en la digestión de los insectos. Hay un total de unas 450 especies de plantas carnívoras reunidas principalmente en la familia droseráceas.

8

Las flores están al servicio de la reproducción

El estadio floral de las plantas encierra un campo encantador dentro de la biología. La idea de que la flor no tiene por objeto la belleza en sí y el solaz de nuestro espíritu sino el desempeñar una función concretísima dentro de la vida vegetal pudiera tal vez decepcionar a algún alma soñadora: la corona radial de los verticilos florales (foto: pasionaria) atrae los insectos polinizadores que permiten que el polen llegue desde los estambres hasta los estigmas del gineceo, estableciendo así contacto los gametos de las plantas y asegurando de este modo la propagación de la especie. En dos palabras: las flores son siempre órganos sexuales.

La forma de las flores caracteriza la especie y el grado del parentesco vegetal

La polinización anemófila tiene lugar en plantas existentes en grandes poblaciones (p. ej., gramíneas, coníferas), así como en algunas angiospermas cuyo florecimiento precede a la salida de la hoja, como el avellano (abajo izq.). De este modo llega el polen al estigma sin ningún impedimento por parte de las anchas hojas.

En los casos de polinización entomófila, muchas pequeñas flores suelen unirse para formar un vistoso «escaparate» que por su masa atraiga los insectos. Así se originan inflorescencias que pueden caracterizar familias enteras, como las compuestas y las umbelíferas, a las que pertenece la zanahoria (abajo).

Debido al contacto con sus plantas cultivadas el hombre se dio cuenta relativamente pronto de que tanto éstas como las plantas silvestres que lo rodean, sólo son capaces de fructificar y formar semillas si previamente llega a los estigmas polen de plantas de la misma especie. Sin embargo sólo hace 180 años que Sprengel, un director de escuela de Spandau, descubrió el papel de los insectos en la polinización; idea que no recibió el espaldarazo hasta que aparecieron en 1862 los trabajos de Darwin sobre los dispositivos de polinización de las orquídeas. Entonces se comprendió el porqué de los sorprendentes dispositivos florales al servicio de la polinización y fecundación de las plantas; se vio claro por qué, p. ej., las flores de las gramíneas son «insignificantes» y en cambio las orquídeas, lirios y rosas son tan llamativas. Pero hubieron de transcurrir otros 60 años hasta que Wilhelm Hofmeister, un botánico que enseñaba en Heidelberg y Tubinga, logró captar el proceso completo de la reproducción sexuada de las plantas superiores y relacionarlo con los procesos respectivos en los musgos y helechos.

¿Cómo se lleva a cabo la reproducción sexuada en las fanerógamas? Empecemos por las filicíneas (helechos), plantas que carecen de flores. Pero en el envés de sus hojas se hallan unos montoncillos pardos o negruzcos que producen esporas. Al sembrarse estas esporas no salen de ellas ya otros helechos sino pequeñas formas verdes parecidas a algas que llamamos protalos. En estos nos permite apreciar el microscopio diminutos recipientes que producen las células sexuales propiamente dichas. Existen recipientes especiales para los óvulos y los «anterozoides». Tras la conjugación de los anterozoides con los óvulos crece en estos protalos a partir del óvulo fecundado la nueva planta que se independiza enseguida. El protalo muere al cabo de algún tiempo. Como vemos, en la secuencia de generaciones de los helechos alternan dos formas vegetales de distinta forma e independientes entre sí.

En su ulterior evolución en dirección a las espermatofitas, algunos grupos de helechos forman esporas diferentes: microsporas y macrosporas. Los protalos procedentes de las macrosporas son de mayor tamaño y sólo producen óvulos.

El siguiente paso evolutivo consiste en que los protalos permanecen dentro de la pared de las esporas que se limita a reventar. En las fanerógamas hallamos una adaptación aún mejor a la vida en tierra firme. El grano de polen equivale a la microspora de los helechos. Una vez que ha llegado al estigma, se forma en él un diminuto «protalo» muy rudimentario, compuesto únicamente de tres células. Dos de estas células son anterozoides. En cambio la macrospora no llega a abandonar la planta madre. Madura en la cavidad ovárica en forma de un «protalo» compuesto de ocho células, el saco embrionario. Una de las ocho células es el óvulo. Llegan hasta él los anterozoides del protalo masculino que crece en forma de tubo polínico hacia abajo del estilo hasta alcanzar el óvulo en el que desprende los anterozoides. Al abrigo de la planta «abuela» y por mediación del rudimentario protalo «materno», crece la nueva planta hasta que, dotada de sustancias alimenticias y «envasada» en la semilla es diseminada a fin de que se desarrolle en forma de planta autónoma. Como vemos, las fanerógamas tienen también una alternancia de generaciones, sólo que la intermedia de los protalos está muy involucionada y pasa prácticamente desapercibida al abrigo de la cavidad ovárica.

La forma y color de sus flores demuestra que la strelitzia (dcha.) usa los insectos para su polinización. Los colores rojos y azules son los más indicados para tratar de atraer los insectos.

Ingeniosísimos mecanismos ponen el agua, el viento y un sinfín de animales al servicio de la polinización

Algunas especies botánicas que crecen en gran densidad y en poblaciones numerosas, tras una época de polinización entomófila, han vuelto a servirse del aire a este fin. Tal ocurre con las gramíneas y también con las hayas, castaños, abedules y avellanos. Sus granos de polen conservan indicios de aglutinante, que sólo tiene sentido en una polinización entomófila. Los estigmas suelen ser aún muy plumados. Si las plantas individuales están más dispersas, es más segura la labor de los insectos.

Es vital para la planta que el polen de su especie alcance el estigma respectivo. Sólo así puede conjugarse el anterozoide con el óvulo, iniciando así la vida de una nueva planta. Para lograrlo hace la naturaleza en general todos los esfuerzos imaginables —se trata de lograr una polinización (indirecta) o cruzada que produzca una nueva distribución del idiotipo. El medio más antiguo para lograrla, de eficacia práctica desde hace millones de años, es el viento. Para facilitarla se desarrolló la flor anemófila. Se halla sobre todo en las coníferas.

Las gimnospermas, la mayoría de las plantas actuales, han hallado otra solución: poner animales como portadores de polen al servicio de su reproducción. Sólo unas pocas de ellas como el roble, el haya, el avellano y el abedul, así como las gramíneas, regresaron posteriormente a la polinización eólica. En las gramíneas se abandonó la polinización por animales porque en las grandes estepas de grama, viven juntamente miles de millones de plantas individuales que en su totalidad no podrían ser polinizadas de ese modo. El viento omnipresente se encarga de hacerlo con creces. Las plantas anemófilas pueden prescindir por esa razón de todos los elementos llamativos: sus flores son «insignificantes», los estilos y sacos polínicos están descubiertos en el momento de la polinización, siendo muy accesibles al viento (véase la foto de las flores del avellano en la página 108).

¿Qué ventaja aportó entonces la polinización «zoófila» a las plantas poco interesadas en el viento? Como los animales son capaces de aprender, puede lograrse que, en presencia de la señalización dada por la planta, visiten siempre determinadas flores, llevando así el polen oportunamente a otras flores. (En la polinización por el viento la difusión del polen queda en manos de la casualidad). Como los animales, sobre todo los «providenciales» insectos, sólo suelen aprender si ello les reporta ventajas, las plantas recurrieron a «premiar sus servicios». Parte del polen y además las dulces secreciones (néctar) de determinadas glándulas constituyeron el premio en cuestión. El aroma y la presencia llamativa se convirtieron en las señales de identificación de dichas plantas.

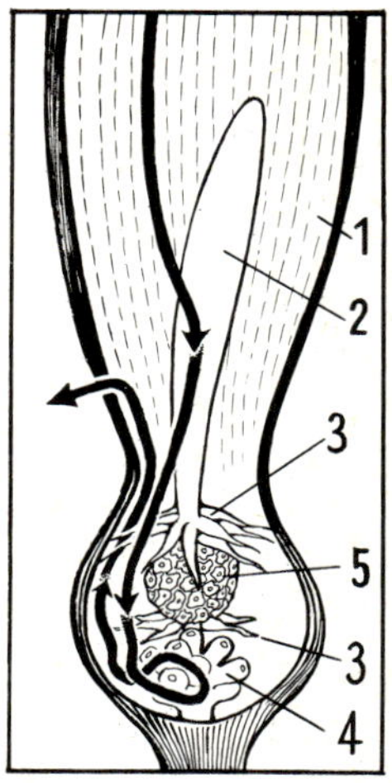

La flor de las aráceas actúa como una trampa: espata (1) y espádice (2) atraen los insectos. Las flores masculinas (4) sueltan el polen tras la polinización de las femeninas (5). Entonces se marchitan las flores obturadoras (3).

No sólo las abejas, sino también las moscas, coleópteros y mariposas se prestan a la polinización. Arriba: Un macrogloso, cerniéndose ante una inflorescencia de aligustre, succiona el néctar con su larga trompa, polinizando de paso la planta. En regiones tropicales del Nuevo y Viejo Mundo, distintos quirópteros compiten en su visita a las flores. Izq.: Un goloso murciélago en acción. En Australia existen incluso marsupiales trepadores que recorren las flores.

Muchas especies de violetas florecen cuando escasean todavía los insectos. Esta inseguridad en materia de polinización es compensada por una segunda floración. En el verano salen nuevas flores criptógamas.

Muy pocas flores se autopolinizan. La mayoría se ha inmunizado contra ella

A fin de asegurarse la polinización cruzada debido a las ventajas de la redistribución genética aparejada con ella, el reino vegetal ha desarrollado los dispositivos más sofisticados en el transcurso de la evolución. El método tal vez más radical es la autoesterilización: la planta se vuelve «inmune» al propio polen. Si los granos de éste llegan a estigmas de flores de la misma planta, se quedan simplemente sin germinar. Se lo impiden ciertas sustancias de identificación. Este mecanismo se realiza en muchas de nuestras plantas útiles; p. ej., en el centeno, así como en los manzanos, perales y cerezos.

Otro medio de asegurar la polinización cruzada está en la distribución dioica de las flores; las distintas plantas tienen flores dotadas exclusivamente de estambres o carpelos. Ejemplos de ello son las solicáceas, el tejo y también la higuera y la palmera datilera. Esto significa que sólo una de cada dos plantas produce fruto. En las plantas de cultivo cuya fruta se procura obtener, supone ello un serio inconveniente. Por esa razón ha desarrollado el hombre formas variantes (monoicas) que producen flores con pistilos y carpelos a la vez y las cultiva en lo sucesivo. Un ejemplo es la vid. Los viñedos actuales

producen verticilos florales tanto masculinos como femeninos; pero la forma primitiva es dioica.

La polinización cruzada se asegura también con la formación de flores con distinta disposición espacial de las anteras y estilos. P. ej., las prímulas de estilo largo tienen anteras bajas y las de estilo corto tienen las anteras muy altas. En las plantas compuestas y en las campanillas, el polen de una flor madura mucho antes de que su estigma esté en condiciones de recibirlo.

También se da la autopolinización, con sus desventajas biológicas, en plantas silvestres; ocurre sobre todo en aquellas que, por la escasez de insectos, no hallan fácil la polinización cruzada. Muchas plantas alpinas y también las de floración muy precoz presentan este fenómeno. En un principio todo aparece en la flor ordenado hacia una polinización cruzada. Cuando ésta no se ha producido en un plazo dado, un crecimiento extraordinario del estilo acerca el estigma a las propias anteras. La autopolinización así lograda (como en el caso de la violeta) garantiza la fecundación y con ella la descendencia. Sin embargo, el recurso empleado muestra que no es más que una solución de emergencia.

Los estambres de la campanilla dejan el polen en las vellosidades del carpelo, que lo pasan a los insectos visitantes. El estigma no se abre hasta mucho después. Este espaciamiento cronológico fuerza la heteropolinización.

El embrión se forma a partir del óvulo fecundado. En las espermafitas constituye todo un pequeño individuo completo

Después de una fase previa de crecimiento, el embrión de la planta pasa por una pausa; el saco embrionario se transforma en semilla, en la que aparece el embrión latente con su raicilla, dos cotiledones y entre ellos una gémula. Lo rodea todo el tejido nutricio. Al germinar la semilla, el embrión se convierte en una planta.

Entre las más sorprendentes adaptaciones de los mamíferos a la vida en tierra cuenta el modo y manera de su reproducción. Durante el período en que, partiendo del óvulo fecundado, se forma la estructura básica y los órganos del embrión, este último es muy sensible a todo tipo de transtornos. Por esa razón el animal in fieri cumple esa fase de su desarrollo dentro del organismo materno. También en las espermafitas, las más evolucionadas entre las plantas, las primeras y más sensibles fases del desarrollo del óvulo fecundado que va a convertirse en embrión tienen lugar bajo la protección de la planta materna. También puede considerarse esta observación como la más completa adaptación a la vida terrestre.

En la sucesión de las generaciones, se alternan en las plantas terrestres superiores dos generaciones de descendientes, distintas en su configuración (véase pág. 108). Por esta razón, el proceso del desarrollo de las plantas merece un estudio más detallado:

Una vez que el grano de polen ha llegado al estigma del estilo, absorbe agua del tejido estigmal y empieza a germinar: empleando a la vez a este fin su sustancia de reserva, se forma un tubo «polínico» que, siguiendo un tejido guía del interior del estilo, desciende por éste, atraído por sustancias activas del óvulo, hasta llegar al ovario. Su velocidad de avance no llega a un milímetro por hora. El tubo polínico puede alcanzar considerable longitud, hasta de 20 cm en el maíz y el cólquico.

Cuando el tubo polínico ha llegado hasta un saco embrionario del interior del ovario, suelta dentro de éste dos anterozoides que fecundan el óvulo y el núcleo del saco embrionario, respectivamente. Tiene lugar una doble fecundación —no se la descubrió hasta fines del siglo pasado. Las células del saco embrionario y el tubo polínico son, por lo demás, los restos de la generación formadora de las células sexuales.

Una vez fecundado el óvulo, comienza a dividirse, al mismo tiempo que del saco embrionario se origina tejido nutricio. Al igual que en los mamíferos, la joven planta embrionaria forma un órgano auxiliar para su alimentación: la célula suspensora, gigantesca y de carácter glandular. Al igual que la placenta del embrión humano, recoge sustancias nutricias del tejido materno. A través de un esquema exactamente prefijado de división celular, nace entonces una pequeña planta que posee dos hojas (germinales), un diminuto tallo y el embrión de lo que habrá de convertirse en la raíz (radícula).

Las semillas de muchas plantas carecen de tejido nutricio propiamente dicho y almacenan las reservas requeridas para el inicio de su propia existencia en las hojas germinales (cotiledones) de la nueva planta. Podemos verlo bien abriendo una alubia o un guisante en germinación: el interior de esas semillas se divide en dos mitades separadas, sólo sujetas por la piel. Una de esas dos mitades lleva adherida una pequeña estructura alargada, compuesta por la radícula, el tallito y, a menudo las primeras hojas de la nueva planta.

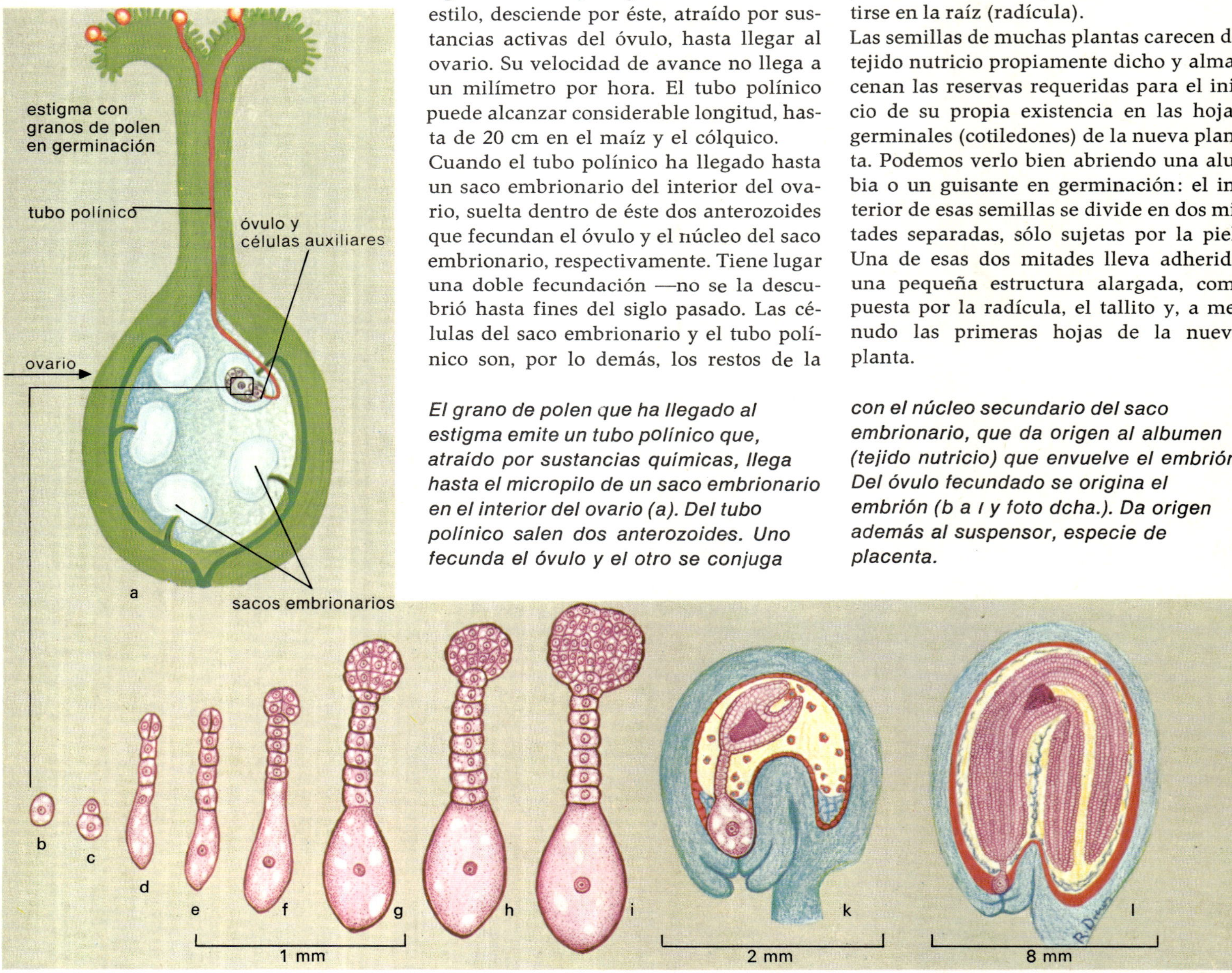

El grano de polen que ha llegado al estigma emite un tubo polínico que, atraído por sustancias químicas, llega hasta el micropilo de un saco embrionario en el interior del ovario (a). Del tubo polínico salen dos anterozoides. Uno fecunda el óvulo y el otro se conjuga con el núcleo secundario del saco embrionario, que da origen al albumen (tejido nutricio) que envuelve el embrión. Del óvulo fecundado se origina el embrión (b a l y foto dcha.). Da origen además al suspensor, especie de placenta.

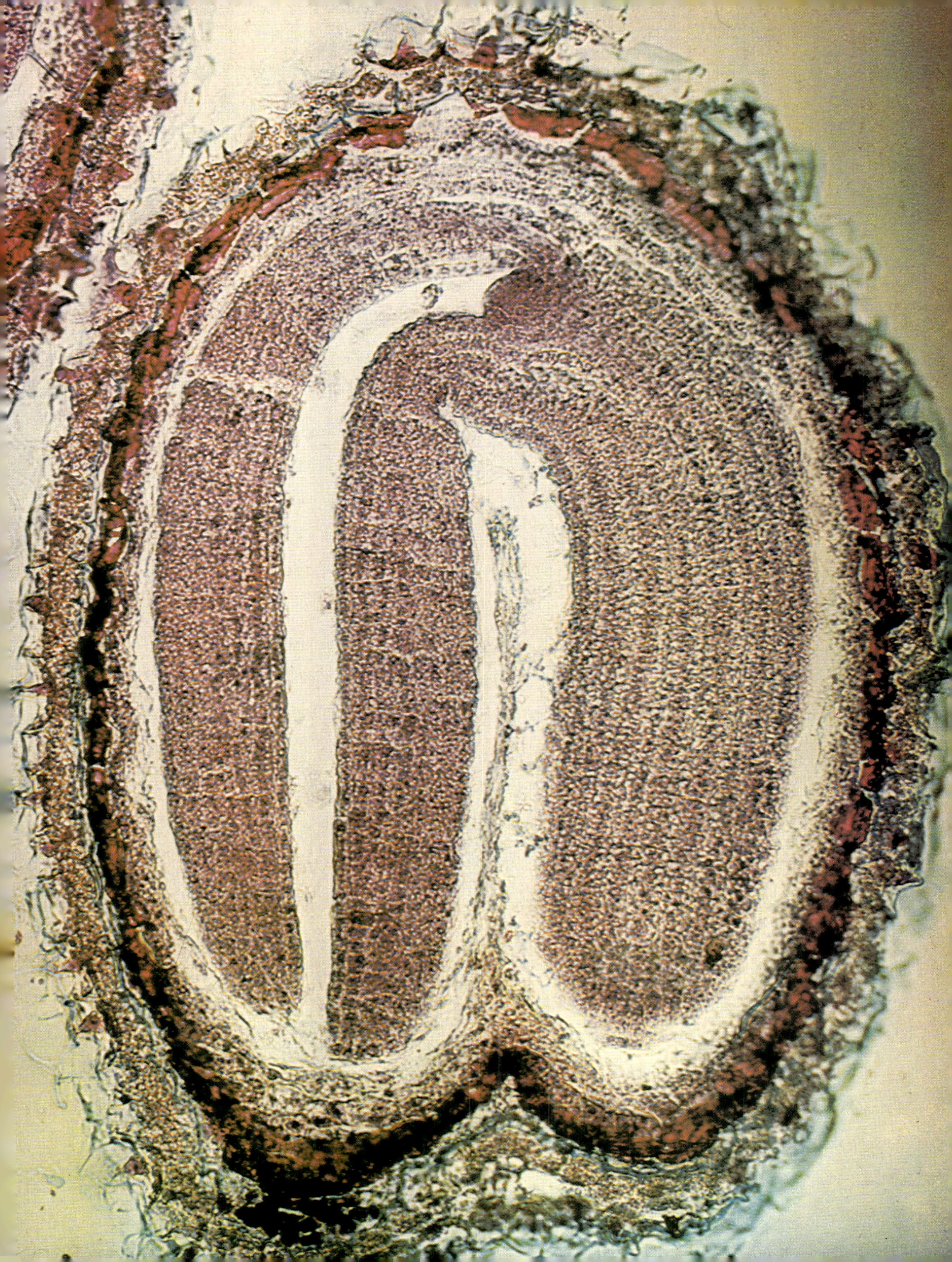

9 Una proliferación superabundante garantiza la conservación y favorece la propagación

Quien quiera vivir tendrá que afrontar peligros. Las plantas están más amenazadas que los animales, pues arrancan de ellas las cadenas alimentarias. Todo el que se halle en el eslabón inferior de estas estructuras jerárquicas en las que uno vive de las demás, puede intentar protegerse o disfrazarse. Pero la experiencia nos enseña que esos intentos tienen poco éxito y los organismos adoptan otro recurso que garantiza una cosa a gran escala: la preservación de la especie. Eso se logra mediante un aumento del número de individuos. Las plantas lo hacen no sólo a través de la reproducción sexual, sino fomentando también la proliferación asexuada. Foto: Los helechos acuáticos han conquistado casi totalmente estas aguas.

La vida vegetal se manifiesta siempre que puede con un máximo de productividad

La infrutescencia del diente de león sostiene unos 150-200 aquenios provistos de vilanos. De cada una de esas semillas puede nacer una nueva planta de diente de león, capaz de producir durante muchos años nuevas infrutescencias, propagando así la especie.

La reproducción necesita una garantía especial. Este requisito se deduce ya simplemente del hecho de que cada separación de un embrión de la planta materna lo priva de su entorno nativo y lo obliga a conquistar por sus propios medios un ambiente nuevo. Ello supone un gran riesgo vital y grandes peligros a los que sucumben la mayoría de los embriones.

En el reino vegetal la reproducción se garantiza mediante varios procedimientos que requieren a menudo un empleo conjunto. En primer lugar está su intensa presión proliferativa: las plantas producen en el curso de su existencia un enorme número de descendientes. Vinculada con él se halla la propagación de la especie. Hay también métodos de refuerzo como la provisión de reservas alimenticias en las plantas y su facultad de sobrevivir en circunstancias adversas en una especie de estado de reposo.

Puede hablarse de multiplicación siempre que en la reproducción sexuada se produzcan más de dos descendientes. Esta cifra mínima es superada con mucho por la totalidad de las plantas. Presentan éstas sin excepción una tendencia a la producción en masa de elementos reproductores. Cuando, p. ej., un árbol florece por prime-

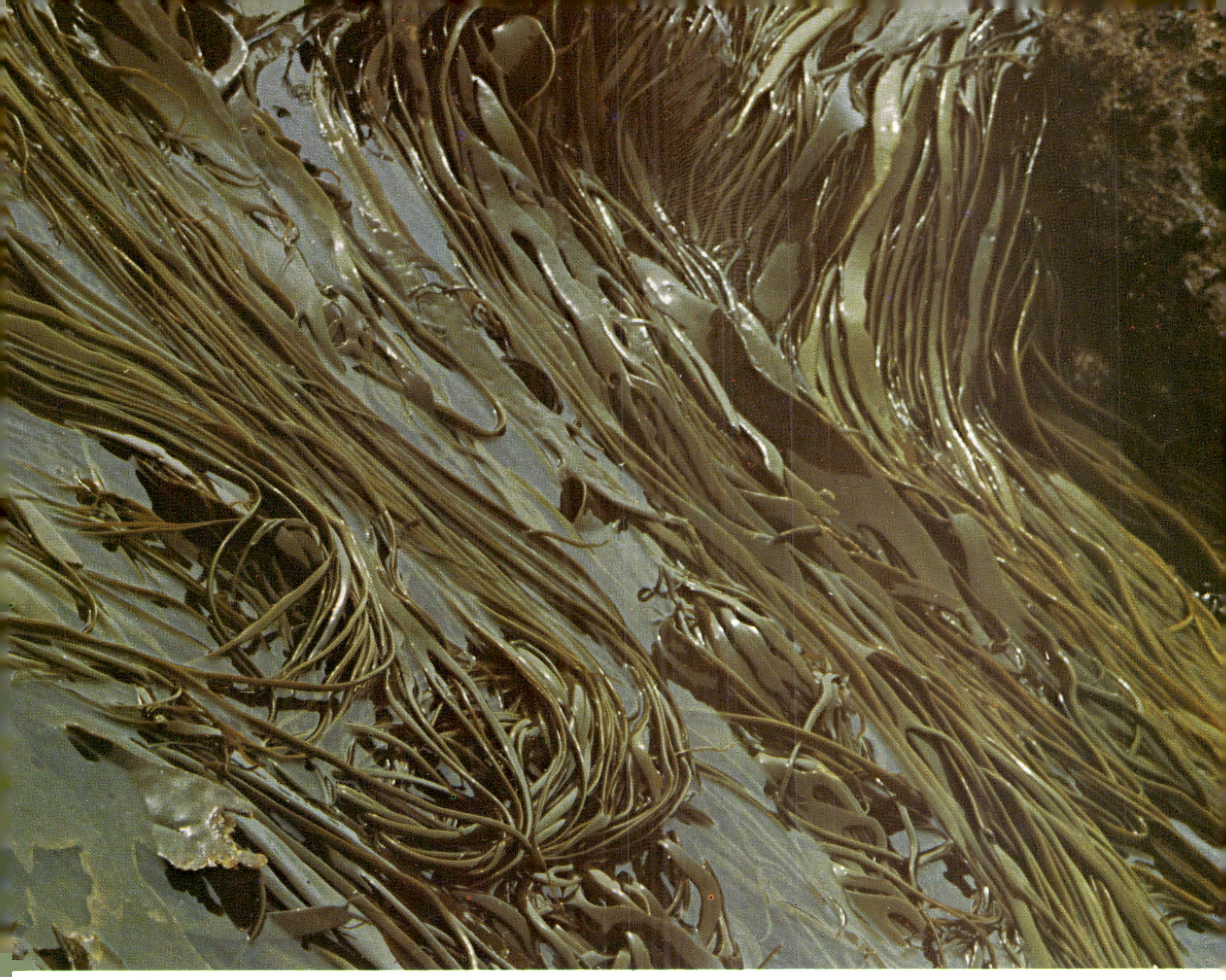

El lujuriante florecimiento de las plantas es expresión de su tremendo impulso reproductivo. Como un árbol florece a partir de los diez años y puede seguir viviendo más de 50 años, se sigue de ahí un número astronómico de descendientes potenciales. Izq.: Un árbol del amor.

El que haya visto el cinturón de algas en una costa rocosa en bajamar (vemos aquí feofíceas en las islas Malvinas), queda convencido de la fuerza productiva de las mismas. Las toneladas de algas que arrancan los embates del mar se reponen en poco tiempo.

ra vez a los cinco o diez años, su número de flores es muy modesto, pero supera ya muchas veces el número de dos. En los 150 ó 200 años que dura su existencia produce infinidad de flores y semillas maduras. Su reproducción está asegurada.

¿Y las plantas anuales? Una planta de mostaza produce unas 50 flores. Si todas quedan polinizadas, el resultado son 50 vainas, cada una con cinco o seis semillas. A cada planta le corresponden de 250 a 400 descendientes cada año. La presión proliferativa puede ser aún mayor en las plantas inferiores.

La planta más sencilla es una célula verde y flagelada (ejemplo: la Chlamysomona, pág. 92). Cada día se divide dos veces en dos células hijas. Al cabo de 5 días resultan así 1024 células, a los 51 días serían ya $2^{102} = 10^{34}$ células —es una cifra con 34 ceros. Una cantidad así de células formaría una «albóndiga» celular mayor que el globo terrestre. Si comparamos esta cantidad proliferativa con el número de individuos de las especies vegetales que subsisten como promedio real, comprenderemos tal vez lo alta que debe ser la mortalidad de los embriones. El mismo Darwin hizo un elocuente experimento en relación con este problema. Conservó húmeda una cucharada de lodo de un pantano y observó el número de embriones que se producían de ella. Iba quitando todos los embriones que veía para dejar a los demás organismos una oportunidad de germinar. De ese modo llegó a contar más de 400. Hace aún poco tiempo, la elodia, planta acuática proveniente de Norteamérica, se había convertido en un peligro para la navegación en Europa. Amenazaba obstruir los puertos y vías fluviales. Pero hubo un pequeño nematelminto al que le gustaron sus embriones. Desde entonces no es ya tan fácil hallar en nuestras aguas la elodia densa.

También las plantas crían la prole mediante ayudas para iniciar la existencia autónoma

Las plantas superiores no sólo protegen su descendencia durante las primeras y delicadas fases de su desarrollo, sino que le proporcionan además gran cantidad de alimentos. De este modo el embrión, cuando germina después de su diseminación, puede crecer durante alún tiempo sin tener que cuidarse de buscar alimentos. Esto es de una importancia vital cuando la semilla ha llegado a considerable profundidad dentro de la tierra. En ese caso tiene que levantar hasta la luz del día sus primeras hojas mediante un rápido crecimiento del pequeño tallo, para que pueda iniciarse en ellas la fotosíntesis. También tiene que ramificarse en seguida la pequeña raíz a fin de reunir agua y sales.

Los embriones de mangle que crecen sobre la planta madre y los riquísimos cotiledones de la nuez son testimonio de la previsión que rodea a la prole vegetal. El momento más peligroso, el de la partida hacia una vida independiente, se facilita con las sustancias de reserva.

Para poder cumplir con esos requisitos iniciales del desarrollo, las semillas y embriones se hallan provistas con pocas excepciones de los alimentos más necesarios: féculas (gran cantidad), proteínas (a menudo muy pocas) y grasa (generalmente bastante). De acuerdo con la sustancia de reserva predominante, el interior de la semilla será farináceo (gramíneas) u oleoso (nueces). Los alimentos pueden rodear el embrión dentro de la semilla, como en el caso de los cereales y el coco, o bien el total de ellos se hallan almacenados en el embrión mismo (alubia, guisante, cacahuete, nuez, etc.).

Algunas especies vegetales van bastante lejos en su cuidado de la prole. En este sentido las plantas de los manglares de muchas costas tropicales (véase pág. 40) nos recuerdan mucho a los animales «vivíparos». Los mangles suelen brotar desde suelos sumergidos bajo más de un metro de agua. Sus semillas se ven obligadas por lo tanto a germinar en el cieno subacuático. Como quiera que el proceso de

la germinación consume mucho oxígeno, pocas serían las semillas que podrían germinar en ese medio.

Solución: los mangles conservan los frutos y semillas con todo en sus ramas durante el tiempo de la maduración hasta que en esos frutos monospermos han germinado ya los embriones que llegan a constituir así airosas plantas de a menudo más de un metro de altura. El brote con su largo tallo terminado en una raíz en forma de cuña, cuelga del fruto hacia abajo. Cuando por fin cae la nueva planta, se clava en el limo como una lanza, pues tiene ya un peso considerable. Sus hojas sobresalen por encima del agua y crece con gran rapidez. Los botánicos pueden hablar aquí con toda justicia de plantas vivíparas.

Muy distintas son las circunstancias en el caso de las orquidáceas. Forman a menudo en cada ovario miles de semillas finas como granos de polvo. Si se las observa al microscopio, se aprecia que aunque el embrión no ha pasado de las primeras divisiones correspondientes al óvulo fecundado, no va provisto de la menor reserva nutricia. ¿Son las orquídeas acaso «madres desnaturalizadas»? Observemos su biotopo:

Habitan la mayoría de las orquídeas en forma epifita sobre los colosos de la selva virgen, asegurándose así un lugar al sol. Sus semillas necesitan llegar a las ramas de esos árboles gigantes. Para ello tienen que ser ligerísimas para que las corrientes aéreas las impulsen hasta allí. De ser más pesadas —lo que ocurriría de ir bien provistas de alimentos— caerían al suelo donde por falta de luz no podrían germinar y constituirse en plantas «hechas y derechas». Los embriones de las orquidáceas superan la falta de reservas nutricias mediante simbiosis (vida en común de especies diferentes de plantas con ventajas recíprocas) con hongos (véase pág. 150). Mediante el gran número de semillas asegura la planta madre una siembra en ventajosos lugares al sol en las ramas altas de la selva —aunque se pierda la inmensa mayoría de ellas.

Vemos también un tipo especial de «providencia» reproductora en las vaccinias: se hallan íntimamente relacionadas con hongos que invaden provechosamente todo el interior de la planta. Esta no puede prosperar sin la ayuda de su huésped. Mientras es normal en el reino vegetal que el embrión de una especie vegetal atenida a simbiosis con hongos se encuentre con éstos, para poder sobrevivir, en su lugar de germinación, en las vaccinias ocurre algo realmente sorprendente: la semilla lleva ya consigo una porción de tejido micoso correspondiente en las células de la cáscara de la semilla. Cuando germina la nueva planta se encuentra enseguida con su compañero vitalicio.

Las orquidáceas son principalmente epifitas, es decir, viven sobre otras plantas. Su semilla tiene que llegar hasta allí y por lo mismo ha de ser muy ligera. Mediante su gran número, se multiplica además la probabilidad de ir a parar a un lugar adecuado para su germinación.

La celidonia y algunas otras plantas producen semillas con extraños apéndices. Se trata de «cebos», muy apreciados por las hormigas. Estas devoran los apéndices y se encargan, al mismo tiempo, de diseminar las semillas.

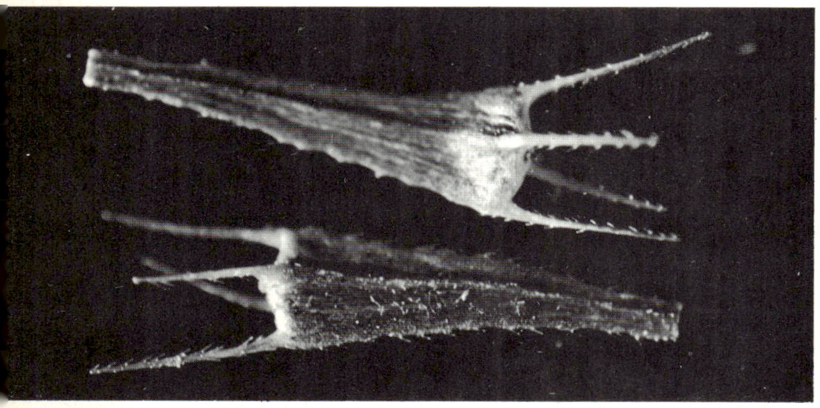

Los sépalos del fruto del bidente terminan en cerdas con ganchos. Estos frutos, semejantes a los de la bardana, se adhieren a la piel de animales que los transportan a sitios lejanos. Una vez allí, vuelven a perderlos en cualquier lugar.

Las nuececillas bialadas del abedul semejan planeadores de acertado diseño (izq.). Incluso con viento encalmado pueden planear largo trecho. El más leve airecillo las impulsa, convirtiéndolas en veleros «de alta escuela», capaces de navegar grandes distancias por mor de su dispersión.

Alas y hélices, aletas y flotadores, garfios y cuerdas se encargan de diseminar las semillas

El cuidado de la planta por su prole no se reduce a protegerla y alimentarla. Se trata también de lograr su difusión. En este campo el mundo vegetal ha revelado un gran ingenio. A menudo, los tejidos que envuelven las semillas se convierten en refinados órganos de propagación. ¿Quién siendo niño no se ha colocado en la nariz la alada semilla del arce? Esas alas sirven para retardar la simple caída; con frecuencia la semilla vuela cien y más metros ayudada por el viento, por poco que éste se decida a soplar.

Está más extendido el empleo de vilanos y pelos planeadores. Los de la semilla del algodón nos sirven para la fabricación de telas. Algunas plantas de las estepas y playas presentan una curiosa adaptación a la propagación eólica. En el momento de madurar, tejen sus partes muertas en forma de grandes bolas ingrávidas «corredores» que el viento otoñal hace rodar por la llanura (véase pág. 32). Por el camino van perdiendo las semillas.

Hallamos semillas flotantes, como es natural, en las plantas de agua, de pantano y de litoral. Las semillas del nenúfar, p. ej., tienen una cubierta esponjosa y viscosa, dotada en parte de «colchones de aire», lo que la hace flotante; el viento y las co-

rrientes contribuyen a su dispersión. Son variadísimas las mañas empleadas por las plantas para servirse del transporte de los animales. Muchos frutos, como los de la agrimonia, el lampazo o el bidente, tienen ganchillos que se prenden en el pelo o el plumaje de los animales, recorriendo así distancias considerables. Otras plantas tienen dispositivos propios para llevar sus semillas a otros sitios. El fruto de la amapola p. ej., actúa como «regadera». Al madurar la semilla se abren agujeros en las cápsulas; al balancearse éstas sobre el tallo riegan las semillas al viento. Las retamas, así como la sensitiva, lanzan las semillas a varios metros de distancia mediante un brusco ajuste de la tensión de las paredes de sus cápsulas (ver foto página 103).

Pero es el cohombrillo amargo o pepinillo del diablo la planta dotada del mecanismo lanzador más eficiente. Esta cucurbitácea dispara en toda forma cuando se tocan sus frutos, tan parecidos al pepino. El fruto maduro tocado, se desprende de su tallo bajo gran presión interna, formándose así un agujero en su extremo por el que sale a varios metros de distancia toda una «perdigonada» de viscosas semillas usadas como laxante.

El fruto del cocotero se halla idealmente adaptado para su diseminación por el viento, las olas y corrientes marinas. Al igual que la cereza, el coco es una verdadera drupa —pero su pulpa fibrosa puede retener mucho aire, flotando utilitariamente—. La fuerte piel exterior la protege del agua del mar y su dura cáscara cierra a prueba de intemperies el abundante albumen junto con el embrión.

Los animales contribuyen a la diseminación si las plantas saben atraerlos con sabrosos frutos

Además del viento son los rápidos y libres animales los medios más indicados para hacer llegar las semillas y con ellas la especie vegetal hasta las «lagunas» siempre existentes en las áreas idóneas de población. El modo más seguro de obtener este servicio se sirve del instinto de alimentación. Pero para una propagación eficiente, sólo conviene que se coman los frutos con las semillas respectivas cuando ambos estén maduros. La planta logra la debida sincronización de dos modos. Por un lado, los frutos no saben bien mientras no están maduros; hasta entonces no se sintetiza su alarde de ácidos y aromas, ni se produce el azúcar necesario. Por otro lado sólo entonces lucen los vivos colores de la madurez especialmente atractivos a los ojos de los animales.

Como muchos animales engullen los frutos con semillas y todo, hay que adoptar precauciones para que éstas no sean masticadas ni digeridas. Cuanto menores sean las semillas más probabilidades tendrán de salir indemnes de las caricias de los dientes. Una cáscara dura y resistente resguarda al embrión de los potentes jugos digestivos. A menudo la parte interior del ovario se ha convertido mediante lignificación en una durísima cápsula a toda prueba —p. ej., en la ciruela, cereza y melocotón—, a la vez que las capas externas del mismo se han transformado en sabrosísima pulpa. El animal necesita cier-

Las aves consumen y diseminan sobre todo los frutos rojos y amarillos (colores de pájaro) —arriba vemos un mirlo haciendo acopio de serbas—. Como la semilla del muérdago (dcha.) está rodeada de una mucosidad pegajosa, las aves la dejan en las ramas.

Los frutos del castaño no son accesibles a las ardillas (pág. dcha.) mientras no se abren los espinosos erizos después de madurar las castañas. También los hayucos se ven protegidos por una cubierta espinosa hasta llegado el momento de su maduración.

to tiempo para la digestión y a menudo deja atrás grandes distancias al mismo tiempo. La duración media del recorrido intestinal es de unas 24 horas. Además de efectuarse la «siembra» a gran distancia de la planta madre, la semilla recibe una dosis extra de abono.

No sólo el ovario en sí puede adoptar la forma de un señuelo. La zarzamora o la frambuesa se compone de todo un «puesto de fruta»: a manera de un montón de diminutas cerezas se agrupan en torno a un eje común formando una polidrupa muy llamativa. La deliciosa pulpa de las fresas es en realidad el receptáculo de la flor, hipertrofiado y transformado al servicio de unas semillas pequeñísimas, de dura cáscara, distribuidas sobre la superficie. Ni siquiera cuando comemos una manzana nos deleita el fruto propiamente dicho en sentido botánico. Ese fruto propiamente dicho, el «corazón», es lo que solemos tirar y lo que comemos es una proliferación del tejido del pedúnculo en torno al ovario. Lo mismo ocurre con la pera, la acerola y el níspero. En el escaramujo puede apreciarse todavía muy bien como el «fruto» se forma a partir del tejido del pedúnculo. Se le puede separar fácilmente del conjunto de aquenios acumulados en su interior.

Algunos animales se deleitan comiendo frutos que nos harían enfermar e incluso morir. Las aves p. ej., toleran perfectamente las bayas de la belladona, del nogal amargo, del tejo, del acebo, del muérdago y de la brionia. Pero cada año sabemos de numerosos casos de intoxicación al comer niños esas bayas venenosas atraídos por su forma y color. En muchos países de Europa abundan esos casos clínicos entre Navidad y Año Nuevo, a causa de las bayas de acebo y muérdago utilizadas en esas fiestas como adorno casero. El acebo produce hermosas bayas rojas, cuyo consumo provoca somnolencia, vómitos y a veces diarreas graves. Las blancas bayas del muérdago ocasionan en cambio descenso de la presión y paro cardíaco. En el tejo todo es venenoso, exceptuando el arilo rojo del fruto.

La propagación mediante semillas ha dado un resultado excelente. Permite sobrevivir tiempos malos y superar las condiciones adversas del terreno

La semilla de otoño germina y forma pequeñas plantas que soportan, incluso sin la protección de la nieve, temperaturas de —22°. Este período de helada es prerrequisito para el brote de la semilla de otoño. Si se siembra en la primavera el «trigo de invierno» (a diferencia del trigo marzal), no prospera —no desarrolla ni tallo ni espigas.

Muy rara vez puede germinar enseguida la semilla de una planta. Por lo general se ve obligada a aguardar algún tiempo. Como el proceso de la vida consume energía sin cesar y la planta no dispone más que de una «despensa» limitada, el embrión se ve forzado a asumir una existencia inactiva durante la fase latencial. Las plantas consiguen ese estado haciendo que la semilla contenga poquísima agua. Los procesos biológicos siguen así un curso lentísimo.

Sin embargo, incluso esos procesos tan lentos ocasionan algún consumo en las reservas nutricias. Ello hace que las semillas no puedan germinar indefinidamente a no ser que se conserven en una sequedad absoluta. La simple humedad normal del aire en los comercios de semilla permite tal grado de procesos biológicos que las semillas no «duran» más de dos o tres años. Por esta razón, al sembrar cereales, la semilla no tiene que tener más de dos años, las alubias y guisantes un máximo de cinco. La historia de ese trigo de las tumbas de los faraones germinado en este siglo no es más que una leyenda infundada, repetida a cada paso. En cambio es cierto que la capacidad de germinar de algunas semillas puede conservarse mucho tiempo bajo condiciones extraordinarias. Tiene la marca el loto oriental, alguna de cuyas semillas se conservaron 2000 años a seis metros de profundidad en una turbera —edad comprobada mediante el carbono radiactivo.

En general la fase letárgica termina por efecto de la luz, por un período de helada o simplemente por la corrupción de la cáscara impermeable al agua. Entonces se inicia un prodigio repetido a diario. De la semilla brota la nueva planta. Lo que con tanta frecuencia se considera como el principo de la vida, no es en realidad más que la reanudación del crecimiento. El embrión de la semilla había empezado ya a crecer a partir del óvulo fecundado estando aún dentro del óvulo de la planta madre. Lo único que ocurre ahora es que los procesos de la vida se reactivan por efecto del agua. La cantidad de agua absorbida a este fin puede ser considerable. Algunas semillas triplican entonces su volumen —no ha de sorprender que los egipcios utilizasen semillas para desprender los peñascos.

Una vez que han vuelto a iniciarse los procesos vitales, la respiración libera energía a base de las sustancias nutricias y el embrión empieza a crecer. Primero asoma la raíz por la cáscara de la semilla. Como sigue la fuerza de gravedad, deja en seguida al embrión bien anclado en el suelo.

Tiene aún más importancia el abastecimiento de agua del embrión, pues su vigoroso crecimiento se debe principalmente a la intensa absorción de agua en sus células. Para procurarla se ramifica enseguida la raíz dentro del suelo, formando en sus puntas finos pelos absorbentes. Después asoma también el tallito que puede presentar un aspecto muy diverso. En algunas especies de alubias los cotiledones lo siguen hasta afuera de la tierra y se convierten en hojas. En otras especies de alubias permanecen dentro del suelo y sólo asoma la gémula con sus dos pequeñas hojas. En las gramíneas hay sólo un cotiledón. El embrión de las coníferas posee en cambio muchas hojas aciculares.

Tras consumirse las sustancias nutricias y volverse verdes las primeras hojas, la joven planta queda abandonada a sí misma: de consumidora se ha convertido en productora de sustancias orgánicas. Transcurre cierto período del crecimiento —en las plantas perennes puede durar decenios— antes de que la planta eche flor. El ciclo biológico vuelve a iniciarse. No se trata de un ciclo propiamente dicho. Las alteraciones del idiotipo crean nuevos organismos en el curso de las generaciones.

Una vez que la alubia ha quedado plantada en tierra, absorbe gran cantidad de agua y se hincha. Si las condiciones del medio son favorables, la radícula empieza por romper la piel, y «volviendo la espalda» a la luz, se adentra en el suelo.

En seguida le proporciona ya al pequeño brote, cuyas células se alargan mucho al absorber líquido, el agua necesaria. El tallito brota entonces de la tierra en forma de cayado; el crecimiento del tallito separa los cotiledones del suelo y los acerca a la luz.

La luz provoca la apertura de los cotiledones, y asoman entre ellos las primeras hojas, con cuya ayuda, y tras consumir las sustancias de los cotiledones, la alubia se independiza a través de la fotosíntesis y se convierte en un ser totalmente autónomo.

Los mecanismos de propagación mediante estolones, esquejes y rizomas funcionan con gran lentitud, pero inconteniblemente

Las plantas pueden multiplicarse también sin recurrir al sexo. Esto parece a primera vista muy extraño: el hombre y los animales superiores emparentados con él se reproducen exclusivamente, como es sabido, por vía sexual, es decir mediante la formación y conjugación de gametos.

¿En qué consiste realmente la reproducción sexual? Se forman dos células sexuales distintas que se fusionan para dar lugar a una nueva célula. Como cada una de ellas aporta su idiotipo, la célula procedente de su copulación dispone de un doble juego de cromosomas. Si esta célula o sus descendientes no redujesen este doble idiotipo en la formación de nuevas células sexuales, la próxima célula conjugada tendría ya un idiotipo cuádruple.

Por esta razón, durante la formación de los gametos o antes de la misma, se produce una reducción del idiotipo. La biología denomina esta división —que nunca produce células exactamente iguales— división reductora porque reduce el idiotipo de la célula originada a un juego sen-

Numerosas plantas vivaces se multiplican a base de emitir vástagos laterales (estolones) que se arrastran por el suelo, echan raíz al final y llevan allí una vida independiente al tiempo que las partes más antiguas mueren y se descomponen. Tenemos un ejemplo en la fresa.

Esta especie de ficus emite sin cesar nuevas raíces de las ramas horizontales al suelo. Cuando alcanzan la tierra engordan, formando robustos troncos a manera de pilares. Y de la germinación de una sola semilla puede resultar así un bosque entero.

cillo. Como la división reductora y la conjugación de los gametos se hallan lógicamente vinculadas entre sí, ambos procesos pertenecen a la sexualidad. Por lo tanto la reproducción sexual es aquella forma de reproducción que está basada en estos dos procesos sexuales.

La reproducción sin sexualidad (reproducción vegetativa) se basa en un proceso diferente. En este caso, mediante una división exactamente «simétrica» de células del organismo materno, se forman grupos de células que se desprenden del conjunto celular de aquel para dar lugar a un nuevo individuo independiente. Como quiera que la nueva célula de origen o el grupo celular de origen se genera por virtud de una nueva división celular con células hijas idénticas, los nuevos individuos están provistos del mismo idiotipo que el organismo materno. Si exceptuamos las modificaciones de origen ambiental, madre e hija tienen lógicamente las mismas características.

Hay distintos tipos de proliferación vegetativa, desde la formación de tubérculos y yemas prolíficos en los tallos o en los bordes de las hojas («plantas de Goethe»), pasando por los tubérculos (patata), estolones (fresa) y retoños (muscíneas), hasta la cesión de células individuales, observable en las algas y hongos.

Tiene gran importancia el empleo de la reproducción vegetativa en la selección y cultivo de plantas. Sin ella sería inconcebible el cultivo de frutas sin semilla como el plátano y la naranja. Tampoco sería posible la rápida introducción de muchas ventajosas plantas cultivables sin esos esquejes que echan raíz.

También el injerto supone una especie de reproducción vegetativa. Se transplantan yemas o incluso vástagos de formas cultivadas o pies procedentes de formas salvajes —p. ej., porque estas últimas son más resistentes contra los parásitos del suelo. Muchos árboles frutales proceden de esos injertos. El ejemplo más famoso nos lo da la vid. Cuando se logró en América el cultivo de una variedad de vid resistente a la filoxera, se injertaron sobre pies de esta variedad todas las demás variedades de vid cultivada. Esta medida, para mayor seguridad, se ha hecho extensiva a toda Europa en la actualidad.

Mientras los animales superiores sólo conocen la reproducción sexual, en animales interiores cuya prole tiene bajísima probabilidad de sobrevivir, puede observarse también una propagación vegetativa similar a la de muchas plantas. Un ejemplo típico es la ameba, cuyos descendientes se originan normalmente por división directa (amitosis) de la célula materna y sólo en tiempos de «emergencia» procede a la reproducción sexuada que en el curso de la evolución se ha hecho normal.

Las plantas pueden adueñarse de un biotopo mediante la formación de colonias. Más y más matas de adelfa brotan del suelo (abajo) y de esta manera este biotopo resulta tan poblado que no queda realmente lugar para otras plantas probablemente superiores a la adelfa.

10

Multitud y diversidad de formas de los órganos vegetales

Los organismos animales conforman sobre todo su estructura interna. Las plantas, en cambio, desarrollan al máximo su configuración externa. La forma concreta de la planta corresponde a un fin determinado y útil para su especie. Así, el derroche de colores y extrañísima estructura de la orquídea Paphiopedilum (foto) garantizan una polinización adecuada al atraer determinados insectos. Penetran por sus grandes orificios al regazo de la flor, donde son "agasajados". Sólo pueden salir de ella a través de estrechos agujeros pilosos, pasando forzosamente junto al estigma y después junto a las anteras, asegurando así su fecundación cruzada.

Enanismo y gigantismo permiten el aprovechamiento de las zonas de existencia más extremosas

Los árboles pueden ser colosales y también pigmeos. Los árboles más pequeños de la Tierra son los abedules enanos aclimatados al inhóspito clima ártico (abajo). Sus minúsculos troncos apenas sobresalen del suelo, en el que a veces están semienterrados de modo que sólo asoman del mismo las puntas de sus ramas.

Pocos espectadores pueden sustraerse a la fascinación que ejercen un viejo eucalipto de complicadas ramas, un abeto gigante o un roble alto y venerable. Sus 30 metros de estatura bien cumplidos confieren a estos personajes vegetales un carácter realmente majestuoso.

Los árboles más altos de la Tierra alcanzan los 110 metros. Pertenecen a la familia de las secoyas, representada en California con dos especias: la secoya costera (Sequoia sempervirens; foto dcha.) que da lugar a bosques de imponente belleza y el Sequoiodendron giganteum, que crece en Sierra Nevada y es algo más bajo.

Hay secoyas cuyos troncos alcanzan diámetros de 12 y 13 metros. La simple corteza tiene ya medio metro de espesor. Se estima en más de 3000 años la edad de estos árboles —existían ya probablemente cuando se construyeron las pirámides. Nos faltan sin embargo datos cronológicos más precisos. Con los métodos de medición habituales no se ha logrado determinar la edad exacta. En los troncos caídos no se han contado por ahora «más de» 1500 anillos anuales. Estos seres vivos, los más grandes y antiguos del mundo, se hallan protegidos por la ley.

También en otras partes de la Tierra crecen árboles gigantescos; algunos de ellos tienen también varios metros de diámetro. Citemos los Agathis de Nueva Zelanda y los Fitzroya del sur de Chile. Les siguen en estatura los cedros del Líbano, casi totalmente exterminados, y los cedros del Atlas en Marruecos.

¿Podrían alcanzar estos colosos una estatura aún mayor? En el mejor caso, podrían estirarse aún unos pocos metros. La razón de ello estriba en la limitación del abastecimiento de agua de sus ramas superiores. Las plantas aprovechan para conducir el agua tronco arriba la fuerza de succión provocada por el aire seco. Esta fuerza, con una humedad del aire del 60 por cien-

El que se atreva a escalar este árbol hasta la copa, deberá superar una altura superior a los 100 metros. Las secoyas de California son los árboles más altos del mundo. Su tronco puede alcanzar un diámetro de 12 ó 13 metros. Un clima uniforme durante milenios ha permitido alcanzar a estos colosos más de 3000 años de edad.

to, produce una succión de unos 700 kilopondios por cm^2. En comparación con este «poder» es imperceptible la presión ascendente producida en el agua impulsada desde la raíz. Pero ni siquiera una succión tan intensa basta para hacer subir el agua a más de diez metros. Al igual que en las bombas aspirantes, a partir de esa altura cede el hilo líquido y se forma un vacío. Tiene que intervenir, por lo tanto, otra fuerza distinta que permita potenciar las fuerzas de succión.

La conducción del agua desde la raíz hasta las más altas regiones de la fronda tiene lugar (véase pág. 82) en la parte leñosa de los troncos y ramas. Esta parte se halla recorrida por haces de delgadísimos tubos (capilares) que utilizan dos principios de la física: de una parte la propiedad de la molécula de agua de mojar de suyo determinadas superficies (fuerza adherente), ascendiendo así dentro de los tubos capilares (capilaridad) y de la otra la propiedad de dicha molécula de conservar su sujeción interna (fuerza de cohesión). De ese modo no se rompe así como así el hilo líquido existente en el interior de los capilares.

Estas dos fuerzas son tales que el hilo líquido del interior de un capilar sólo se rompe bajo una carga de unos 30 kilopondios. Esto le permitiría llegar a los 300 m de alto si la fricción producida no la redujera como a la mitad. Como resultado, la altura de un árbol no podría pasar mucho de los 130 metros.

Esta limitación del tamaño impuesta por la falla del abastecimiento de agua no debiera tener efecto en las plantas marinas. ¿Qué tamaño pueden alcanzar? Una fuente bibliográfica algo antigua menciona una longitud de 300 metros en un ejemplar de alga (feofícea) Macroscystis pyrifera, existente en la costa occidental de América. Generalmente se observan longitudes de 70 a 100 metros. Los tallos de esas algas que no necesitan ejercer funciones de sostén ni de apoyo, alcanzan a lo sumo el grosor de un muslo.

Pero también esta alga gigantesca supone una excepción. Debido por un lado a la carencia de tejidos de sostén y por el otro a las turbulencias de su biotopo acuático, la gran mayoría de las algas tienen que limitarse a unas dimensiones normales.

Las orquidáceas constituyen con sus 20 000 especies la mayor familia de las plantas fanerógamas. La forma de sus flores ofrece una diversidad inagotable, constituyendo en este sentido el polo opuesto de la familia de las compuestas, también muy rica en especies. La diversidad de formas de las orquidáceas es expresión de la multitud de tendencias de especialización de las mismas de acuerdo con su polinización a cargo de insectos muy determinados.

Las flores pueden adoptar las formas más extrañas — no lo hacen por casualidad

Las flores e inflorescencias de las plantas angiospermas han sabido captar desde muy antiguo el interés del hombre. Unos pocos ejemplos de su gama casi infinita de colores, formas y estructuras, a menudo tan sofisticadas, provocan estas preguntas: ¿Cómo ha podido producirse semejante diversidad en la forma de las flores? ¿Qué fuerzas creadoras se esconden bajo el desarrollo de esas estructuras? La fanerología da respuesta a las mismas. Esta ciencia ha comprobado, p. ej., que en todas las flores e inflorescencias que llaman la atención del hombre la polinización está a cargo de animales.

Como quiera que la reciprocidad animal-planta se basa en una ventaja mutua y las plantas con una polinización más eficiente son las que más descendientes tienen, cualquier alteración idiotípica de la estructura de la planta que incluya un perfeccionamiento del mecanismo de polinización, se impone indefectiblemente en el correr de las generaciones. La polinización se hace más segura cuanto más exacta es la correspondencia entre la flor y la estructura y conducta de los animales que la visitan. Pero esto sólo es posible cuando la planta se especializa en un grupo determinado de insectos y en las particularidades más concretas de su estructura biológica y de su conducta.

El resultado de los 150 millones de años de evolución de las angiospermas es que existen hoy, p. ej., flores adaptadas a las abejas, abejorros, coleópteros, aves y murciélagos. Como los vertebrados e insectos se diferencian tanto en lo que respecta a visión de los colores, del solo colorido de una flor puede deducirse ya el grupo biológico que la poliniza. No sólo se ha puesto al servicio de la polinización el instinto alimentario de los animales antófilos. De una manera sofisticadísima se «engaña» a veces a los animales a través de sus esque-

Las extrañísimas flores de la gloriosa (arriba) tienden sus pétalos hacia atrás y los estambres y el carpelo hacia los lados. Las mariposas que succionan el néctar formado en cada verticilo, rozan ineludiblemente en su vuelo el estigma y las anteras.

Vista parcial de una flor de cacto (izq.). La estrella es el estigma y los puntos amarillos debajo del mismo son las anteras. Esta disposición de los verticilos da por resultado que los colibríes lleven a cabo automáticamente la polinización al recoger el néctar en pleno vuelo.

mas de conducta fijos y congénitos. Son ejemplos de ello la vara de Aarón (página 110) y la orquídea (pág. 131). Precisamente las orquidáceas han logrado un gran éxito en este campo. Las flores de distintas especies del género Ophrys imitan de tal manera la forma de la hembra del insecto respectivo que las abejas, abejorros, moscas, etc., machos intentan aparear con las flores. Las investigaciones han dado por resultado que los pétalos de esas orquídeas coinciden incluso con la disposición del vello de las hembras, lo que provoca automáticamente en el insecto macho una conducta de apareamiento.

Determinadas «secreciones clave» de ciertos animales pueden regir el crecimiento y configuración de los tejidos vegetales

Las agallas más conocidas son las del roble; en otros tiempos se hacía tinta de ellas. Se originan tras la picadura y depósito del huevo por parte de la avispa agallera del roble. Exteriormente se lignifican, en su interior se contiene un tejido nutricio para el parásito.

Como productoras que son de sustancias orgánicas, las plantas se ven asediadas incesantemente por organismos (heterotropos) que necesitan esas sustancias. En general sólo pueden superar ese ejército de enemigos a base de una superproducción derrochadora. Muy pocas plantas han desarrollado métodos de defensa contra sus enemigos. Algunas de esas medidas de defensa residen en las agallas. Su misión biológica consiste en limitar a un pequeño espacio la lesión debida al parásito. Para la planta es fácil ceder algo de su exceso de producción, con tal que el sustrato de la producción, sobre todo las hojas, no sufra deterioro. Nos aclarará esto una comparación con los estragos causados por orugas. Cuando caen sobre una planta, ésta no sólo pierde sustancia orgánica, sino también las estructuras indispensables para su elaboración.

El dique puesto a los parásitos por la formación de agallas no sólo aprovecha a la planta sino, en último lugar, al pernicioso huésped. Esto suena algo raro, pero es fá-

Las bolas que se ven en esta rama de acacia (arriba) son espinas modificadas por mordeduras de unas hormigas que utilizan su interior como nido. Esas «frutas falsas» de las hojas invitan a las hormigas a residir en ellas. No se conoce bien la ventaja para la planta.

Las agallas del rosal (abajo) pueden observarse a menudo en la rosa silvestre. Se originan de yemas jóvenes en las que ha depositado sus huevos la avispa respectiva. Resguardadas en ellas y cebadas con tejidos vegetales, crecen en pequeñas cámaras las larvas de la misma.

cil de explicar: el parásito, al ser refrenado su efecto pernicioso, conserva mejor su fuente de vida —no «mata la gallina de los huevos de oro». Como esta forma de parasitismo parece muy equilibrada, los biólogos la consideran muy antigua desde el punto de vista filogenético. De no ser así, no habría perdurado.

Además de los insectos hay también bacterias que provocan formación de agallas —principalmente en la raíz y en ellas puede apreciarse bien cómo de la actitud unilateral el parasitismo puede evolucionar a una asociación ventajosa para ambas partes. El ejemplo más famoso lo constituyen las tuberosidades de la raíz de las leguminosas. El tejido de sus raíces, al ser invadido por determinadas bacterias, reacciona formando agallas. Las bacterias en cuestión tienen la propiedad de fijar el nitrógeno del aire. Obtienen la energía necesaria a este fin de sustancias que sustraen a su planta huésped. Con esta facultad escapan a la febril competición de las plantas por el nitrógeno del suelo, componente esencial de las proteínas y del ácido nucleico (sustancia básica del idiotipo). La ventaja de las leguminosas es que pueden obtener nitrógeno fijado por «sus» bacterias. Este tipo de asociación biológica entre organismos de diferentes especies y con ventajas mutuas recibe el nombre de simbiosis.

En las hojas del haya común suelen hallarse a un mismo tiempo varias formas distintas de agallas. Observaciones más precisas nos indican que cada tipo de agalla es provocado por una especie distinta de animal, p. ej., por himenópteros, pulgones e incluso ácaros y un arácnido. Un mismo tejido vegetal produce diferentes formaciones según el parásito que lo afecte. Como la planta, en ausencia de parásitos, no forma agallas, éstas deben ser provocadas por relaciones químicas entre el huésped y el parásito. O sea que las distintas agallas son el resultado de diferentes sustancias producto de otras tantas especies de parásitos. No obstante, no se ha estudiado suficientemente este objeto.

Pelos, espinas y púas protegen de los ataques de los animales entre otras ventajas

Fijas como están al suelo, las plantas no pueden sustraerse mediante la fuga a los peligros inherentes al medio. Es así como, en la larga historia de su evolución, han tenido que crear estructuras con cuya ayuda pueden salvarse de influencias adversas del entorno. Entre ellas son las más llamativas las estructuras puntiagudas de todo tipo. Como proceden de tejidos y órganos muy diferentes, los botánicos les han dado nombres distintos.

Primero están los aguijones. Se trata de estructuras afiladas y lignificadas, formadas por la epidermis y el tejido cortical subyacente. Consisten en simples «emergencias» de esos tejidos. Según esto, para el botánico están defendidas por aguijones las rosas, zarzamoras, frambuesas y las castañas. En los rosales y zarzamoras constituyen una eficaz protección contra los depredadores, pero su misión principal es otra. Estas plantas no pueden sostener por sí solas sus largas y flexibles ramas en la lucha por la luz. Para no sucumbir en ella, se apoyan en la enhiesta firmeza de las plantas vecinas. Para esto hacen falta artilugios de fijación: las espinas.

Las circunstancias son algo distintas en el caso de las espinas. A diferencia de los aguijones, se trata de hojas, tallos o incluso partes de la raíz. En las cactáceas, p. ej., el análisis anatómico comparativo nos indica que las espinas se han derivado de hojas. Lo indican así su disposición en la planta y su conexión con los tejidos conductores. A lo largo de una prolongada selección en dirección a eliminar pérdidas de agua, los cactos han reducido a espinas todas las hojas y transformado sus tallos en gruesos almacenes de líquido que permiten a sus mayores ejemplares acumular a un tiempo varios cientos de litros de agua. Una densa trama de púas reduce además la circulación del aire junto a la superficie de transpiración de la planta y mantiene a raya los animales más hambrientos y sedientos de sus jugosas entrañas. Muchas lianas tienen espinas como «accesorios» para reptar.

Otra protección efectiva contra el exceso de transpiración es un espeso pelaje. Los pelos son excrecencias filiformes de células epidérmicas aisladas: pueden incluir una o más células y ser rectos o ramificados. Algunos se han transformado en armas ofensivas, según nos demuestra el ejemplo de la ortiga. También existen pelos glandulares (véase pág. 140) que intervienen en la defensa activa mediante intensa producción de aceites amargos y corrosivos. Muchas plantas se convierten en incomestibles mediante la formación de sustancias amargas.

Desde hace poco tiempo se sabe que también bajo tierra tiene lugar una encarnizada lucha con armas químicas. Las raíces de muchas plantas segregan sustancias químicas que dificultan en su vecindad el desarrollo de determinadas especies de organismos. Puede atribuirse probablemente a esta razón el que determinadas plantas crezcan y progresen únicamente asociadas a otras especies concretas, en una comunidad mixta.

La rosa tiene aguijones para los botánicos, que denominan espinas a otras estructuras no comparables a los aguijones. Los aguijones del rosal desempeñan una función doble: dan apoyo y sujeción a las largas y flexibles ramas y las protegen contra los animales.

Los pelos urticantes de la ortiga se componen de una sola célula. Su base saculiforme está anclada en el tejido y la afilada punta tiene una cabeza muy frágil. Los pelos urticantes trabajan como jeringuillas de inyección. Contienen microscópicas cantidades de veneno.

Los frutos del castaño se hallan rodeados de una cubierta espinosa que sólo los suelta una vez que están maduros. El erizo protege efectivamente las castañas inmaduras contra la voracidad de los animales. En cambio la cubierta espinosa de la castaña de indias constituye la cáscara propiamente dicha del fruto y equivale a la cáscara marrón de la castaña comestible. (Las similitudes de este tipo reciben el nombre de analogías.)

La biznaga es un cacto erizado de armamento. Cada estrella de espinas corresponde a una rama lateral con sus hojas, transformadas en espinas en este caso para evitar la transpiración. Este cacto recibe también el elocuente nombre de «silla de suegra».

La zanahoria silvestre (izq.) es visitada por diversos insectos. La oscura «flor de zanahoria» del centro de la umbela sirve como reclamo. En días de mucho calor pueden observarse en el receptáculo de las flores individuales pequeños cristales de azúcar: es néctar cristalizado.

Sustancias segregadas por células glandulares contribuyen a regular las relaciones entre las plantas y su entorno

En las relaciones de las plantas con otros organismos tienen extraordinaria importancia las células y tejidos glandulares. Como las sustancias segregadas por ellas contribuyen frecuentemente a regular además las relaciones con el medio ambiente, se explica la gran abundancia de esas células de abultado protoplasma en la epidermis de las plantas. Tienen el núcleo grande. Como el núcleo y el protoplasma rigen y llevan a cabo las funciones químicas de la célula, la misma apariencia externa de las células glandulares revela ya su gran actividad bioquímica.
Según su tipo diferencian los biólogos las

Estas blanquísimas flores de rojo centro (izq.) se denominan flores de cera por el aspecto que presentan. Producen néctar en tales cantidades que se acumula en forma de brillantes gotas en las indentaciones de la estrella central.

Los verticilos del lirio dorado (dcha.) anuncian su fuente de néctar con colores pardorrojizos y amarillentos. Semejantes señales, junto con el aroma, emiten importantes datos: resaltan especialmente en la banda de onda corta de la luz del día, especialmente «ajustada» a los ojos de los insectos.

secreciones de las glándulas en viscosas, resinosas, salinas, oleaginosas, digestivas y nectarias. En la epidermis de hojas y peciolos hallamos muy a menudo pelos secretores cuya célula glandular semeja una cabeza al extremo de un largo cuello. Su secreción suele componerse de aceites esenciales o resinas. Muchas plantas labiadas, entre ellas el tomillo y la salvia, tienen esos pelos secretores que proporcionan a las regiones secas en los días calientes su aroma, penetrante y a menudo embriagador. También las prímulas están llenas de pelos secretores. También las glándulas digestivas de las plantas insectívoras tienen a veces forma de pelos —más a menudo de escamas o de superficies glandulares.

También y con gran frecuencia se forman esas secreciones en los espacios intercelulares de glándulas situadas en el interior de los órganos. Estos espacios intermedios suelen formar conductos comunicantes en el interior de la planta. En ese tipo de conductos se acumula la resina de las coníferas; al cortarlos fluye en abundancia al exterior. Las umbelíferas poseen túbulos llenos de aceites esenciales (comino, anís, culantro, eneldo y perejil) lo que hace de este grupo botánico todo un arsenal de condimentos y remedios. En las cicadáceas los túbulos contienen mucílago y goma. En cambio los conductos productores del árbol del caucho están constituidos por células fusionadas. En las especies cítricas y eucaliptos hallamos cavidades redondas o alargadas llenas de aceites esenciales. Los que segrega el díctamo (cítrico) al tocarlo, pueden provocar incluso eczemas alérgicos en una piel sensible. Hallamos secreciones salinas, entre otras plantas, en la Saxifraga aizoon: desprende escamillas calcáreas con pequeñas concavidades. Y algunas feofíceas presentan en los flotadores glándulas secretoras de gases.

11 Hongos y bacterias: importantes relegados del mundo vegetal

Dos grupos botánicos muy particulares y en general poco conocidos se esconden bajo el nombre de hongos. De un lado están los esquizomicetos, considerados hoy como un grupo aparte y estudiados y descritos bajo el nombre de bacterias. Conocemos unas 2.000 especies diferentes; se desconoce aún su verdadero número. De otro lado hay más de 100.000 especies de hongos propiamente dichos; los más conocidos, los basidiomicetos que crecen en los bosques y campos, no constituyen sin embargo más que una quinta parte de los mismos. Y, por último, tenemos los ficomicomicetos y los ascomicetos, con algo más de 55.000 especies. Además de las levaduras y el mildiu, son ascomicetos los mohos (foto).

Los esquizomicetos son, a diferencia de los hongos propiamente dichos, parientes cercanos de las cianofíceas. Existen en todas partes bajo el nombre de bacterias

Sólo los más potentes microscopios permiten la observación individual de las diminutas bacterias. Cuando uno de estos seres unicelulares, a base de muchas divisiones sucesivas, ha llegado a producir unos mil millones de descendientes, son fáciles de apreciar.

Las bacterias y las cianofíceas (algas azules) son las estructuras vivas más sencillas que conocemos hoy día. No fueron descubiertas hasta después de la invención del microscopio, pues suelen ser unicelulares y de un tamaño entre una y dos micras. ¿Por qué las consideran los biólogos los seres vivos más simples? Estudios muy precisos revelan que sus células tienen una estructura muy sencilla en comparación con las de los restantes organismos. Les falta un núcleo propiamente dicho, los mitocondrios y los plastidios. La sustancia idiotípica es realmente la misma que en las células verdaderas; pero se halla suelta en el protoplasma y no separada por membranas propias como ocurre en los núcleos de las células verdaderas.

Las cianofíceas y las bacterias se diferencian a su vez en que las bacterias son incoloras por lo regular, mientras que las cianofíceas poseen generalmente pigmentos que les permiten la fotosíntesis.

A pesar de su simple estructura, las bacterias tienen facultades sorprendentes. Viven casi en todas partes: en el seco suelo del desierto, en el cieno del fondo del mar, en el agua de las fuentes, en los pantanos tropicales, en las zonas de las nieves perpetuas, en las raíces de las plantas, en sus tejidos, en los manantiales termales, en las vísceras de los gusanos, insectos y mamíferos, en el petróleo igual que en la leche, incluso en los pozos profundos, en la lava recién enfriada y en el combustible de los cazas a reacción. Incluso se han aislado bacterias en sal gema de millones de años de antigüedad y se las ha cultivado en caldos de laboratorio.

¿Cómo unos organismos tan simples son capaces de tan fabuloso rendimiento? Las bacterias son seres extraordinariamente especializados. Pueden estar representados en todas partes porque hay especies de bacterias para cada situación ambiental, en la que nunca faltarán. Deben su omnipresencia a su capacidad de resistir en forma de vida latente el calor, el frío, la sequedad y la radiación.

Gracias a su pequeñez —con una anchura y un espesor de una micra y una longitud hasta de cinco micras (y hablamos de bacterias grandes) cabrían 200 000 millones en un centímetro cúbico— pueden ir a parar a todas partes del mundo arrastradas por las corrientes de aire. Comoquiera que, si disponen de alimento y la temperatura es soportable, pueden dividirse en dos células hijas cada 20 minutos, sería posible en la pura teoría que una bacteria tuviese unos 10^{24} (un uno con 24 ceros) descendientes al cabo de 24 horas. La báscula indicaría entonces 3000 kg, teniendo en cuenta que una bacteria, tomada individualmente, pesa solamente una billonésima de miligramo.

Las bacterias viven como inofensivos inquilinos en la piel o el sistema intestinal de los animales y del hombre así como en las raíces de las plantas; pero aparecen también en forma de peligrosos parásitos y agentes patológicos (entre otros de la peste, cólera, tifus, tuberculosis, pulmonía y tétano). En la mayoría de los casos no es la bacteria en sí la causante de la enfermedad sino las toxinas que ella segrega. P. ej., la bacteria que provoca el botulismo, produce el veneno más efectivo para el hombre. Se denomina Clostridium butolinum y un gramo de su veneno alcanza a intoxicar a un millón de personas. Al menos no es a prueba de calor. Un hervor lo convierte en una sustancia inofensiva. De ahí la conveniencia de hervir los alimentos en estado de conservación dudoso.

Muchas bacterias viven en simbiosis con sus organismos huéspedes con ventajas para ambas partes. Hay p. ej., unas bacterias en nuestra flora intestinal que sintetizan la pro-vitamina D. La banda ultravioleta de la radiación solar la convierte en vitamina D en nuestra piel expuesta a la luz. En muchos casos se aprovecha industrialmente la a menudo sorprendente capacidad sintetizadora de las bacterias. En la elaboración de la vitamina C intervienen bacterias en ciertas fases de la reacción. También hay entre las bacterias algunas importantes productoras de antibióticos. Tenemos pues sobrados motivos para albergar grandes esperanzas de ulteriores investigaciones de las bacterias.

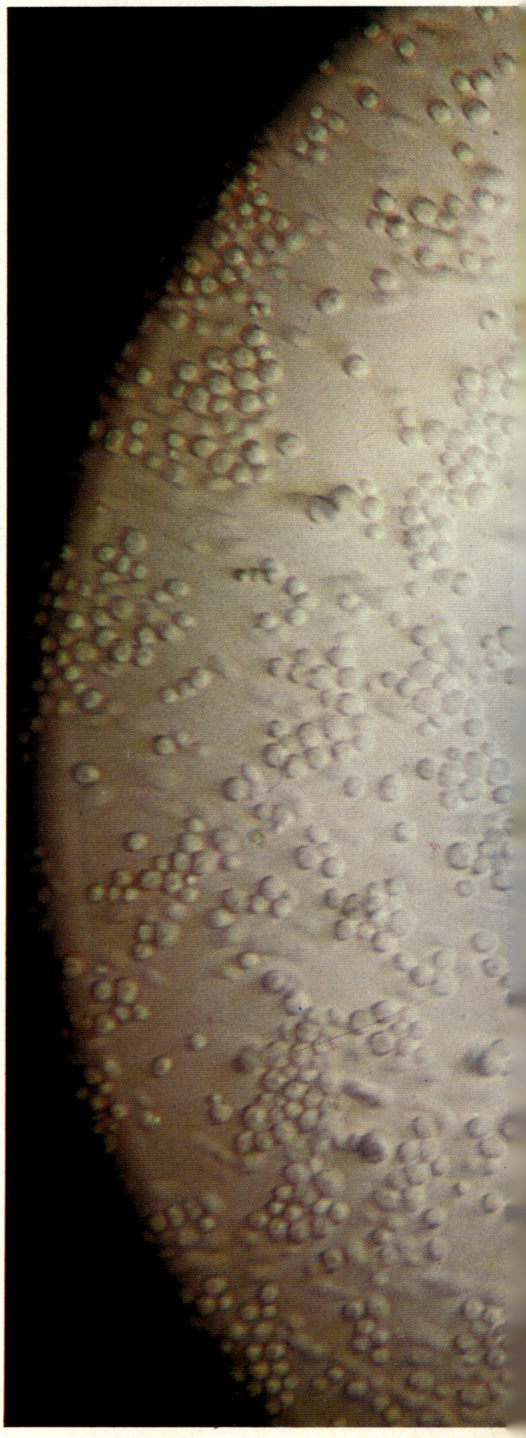

Las bacterias se cultivan con facilidad y proliferan rápidamente. Esto las ha convertido en socorrido material de investigación. Gracias a una ingeniosísima técnica experimental, la investigación biológica ha logrado acceso al nivel molecular mismo de sus procesos vitales.

Las células de levadura (abajo) son verdaderos seres unicelulares, de gran importancia en la preparación de alimentos. Han facilitado información a los investigadores acerca del modo de obtener energía los organismos partiendo del azúcar y consumiendo oxígeno. Su estudio inició la biología moderna.

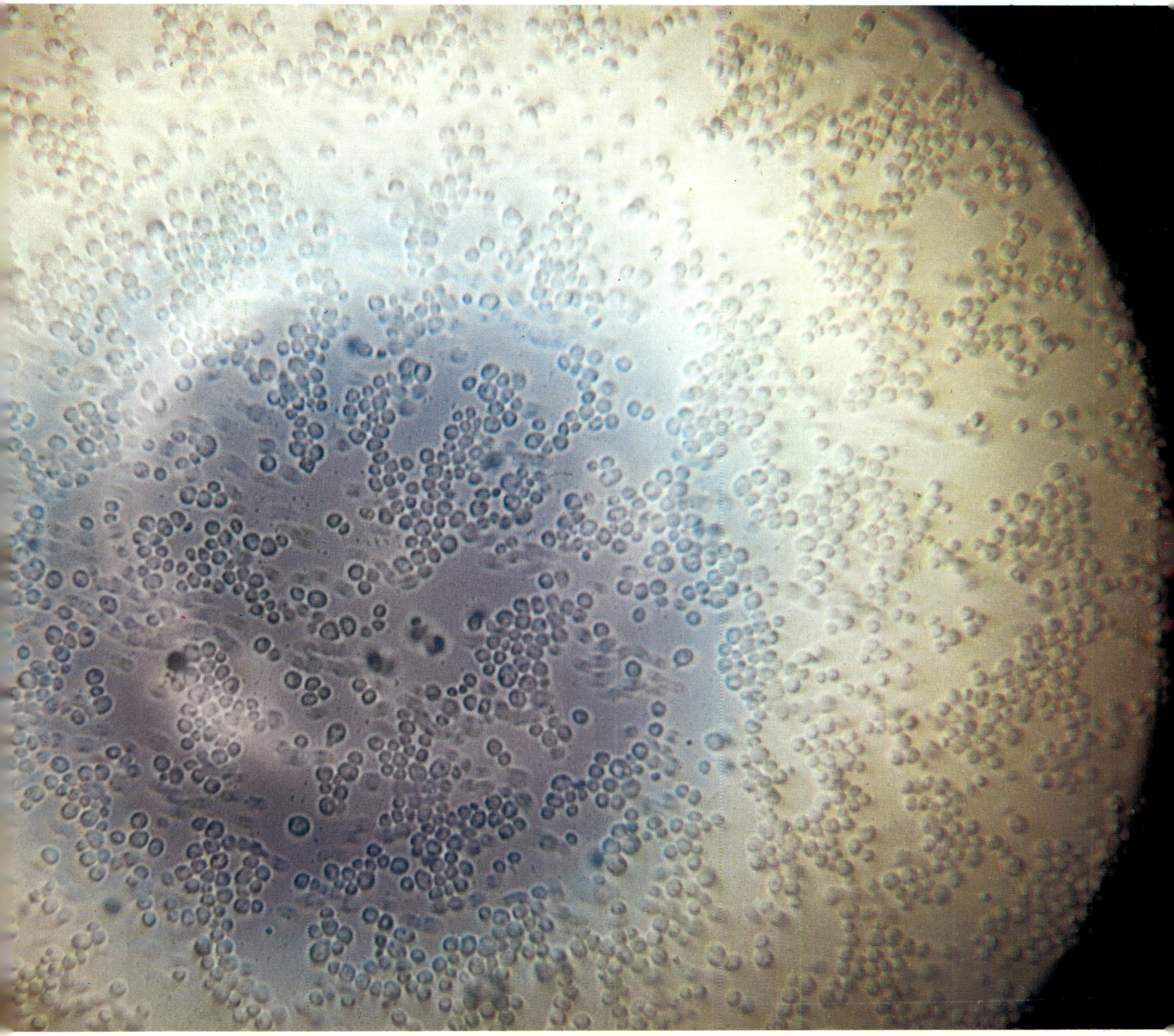

Los hongos son incapaces de existencia autónoma pues necesitan una alimentación prefabricada

Los hongos verdaderamente dichos son un grupo botánico muy curioso. Poseen un núcleo celular auténtico, pero como no forman tallo, raíz ni hojas, se los sitúa junto con las algas entre las talofitas. Aparecen en gran diversidad de formas. Abarcan éstas desde las minúsculas formas unicelulares hasta las estructuras miceladas de las setas, a veces de bastante tamaño. Los hongos existen casi en todas partes. Sólo en el agua se hallan muy poco representados. Por otra parte, las sencillas formas acuáticas pertenecen a los hongos «inferiores». Debido a su estructura y a su manera de reproducirse mediante células flageladas, se las ha reunido en la clase de los ficomicetos (hongos algas). En cambio, la mayoría de los hongos superiores son típicos habitantes de la tierra firme.

La característica más significativa de los hongos y que los diferencia de las algas, dejándolos a un lado de todos los demás vegetales, es la total ausencia de clorofila. Pero sin clorofila no puede haber fotosíntesis. También les falta a los hongos la propiedad de la alimentación autotrofa (por sí mismos). Al igual que los animales, necesitan sustancias orgánicas. Muchos hongos desintegran a este fin material muerto de origen vegetal o animal, de cuyas sustancias ricas en carbono e hidrógeno se sirven para obtener energía.

Este modo de vivir se denomina saprofitismo. El suelo de los bosques es sumamente rico en detritus orgánicos (humus); por esta razón establecen sus colonias en el suelo o en su superficie numerosos hongos cuyo micelio no puede distinguirse sin la ayuda del microscopio. Junto con las bacterias del suelo, estos saprófitos cumplen la misión de mineralizar las sustancias orgánicas, devolviendo de este modo a la circulación de las plantas el carbono y otros elementos, como son el nitrógeno, el fósforo y el azufre.

Los hongos parásitos hacen uso de la otra posibilidad de apropiarse de sustancias orgánicas para sus necesidades vitales —sustrayendo a los organismos vivos su alimentación a base de caer sobre ellos y saquearlos. Estos parásitos constituyen temibles plagas de las plantas, p. ej., los agentes del mildiu de los cereales, frutales y árboles de madera, de podredumbre de patatas y frutas, la roya y del tizón.

El cornezuelo de centeno (izq.), parásito de la flor de nuestros cereales, iba a parar antes con gran frecuencia a la harina en su forma latente, ocasionando así tremendas epidemias. Sus principios activos (ergotina) aislados por la farmacología se emplean en ginecología.

En los tremelales sólo son visibles los carpóforos (izq.). El micelio de este hongo penetra en la madera muerta en forma de delgada trama de filamentos. Los hongos que viven de material orgánico muerto se denominan saprófitos.

Cuando reina tiempo húmedo, el atento visitante de los bosques puede observar en la madera podrida o sobre el musgo conglomerados viscosos o pastosos de distintas proporciones. Se trata de mixomicetos, que llegan a constituir una gran masa de plasma desnudo (moho) mediante la fusión de millares de células desnudas. Esta masa de proteína «fluye» lentamente sobre su base de sustentación, consumiendo las materias orgánicas en descomposición que encuentra.

En el otoño pueden observarse a veces hojas de arce con manchas pardonegruzcas. Constituyen el estadio latente de un hongo que ocasiona en ese árbol escamas rugosas (abajo). El «falso mildiu» de la vid (ext. inferior) afecta tanto a la hoja como a la uva. Fue traído de América en 1878.

Muchos hongos son parásitos del interior o la superficie de otros organismos. La mayoría de las enfermedades de las plantas se deben al acceso de hongos

Al igual que el hombre y los animales, también pueden enfermar las plantas superiores. La investigación de sus enfermedades y de la etiología de las mismas es el objeto de la fitopatología. La misión de la fitoterapia consiste en prevenir los efectos de esas enfermedades. En la medicina de las plantas no se tratan en general individuos aislados sino poblaciones enteras.

Al igual que la medicina del hombre, la de las plantas distingue varios grupos de causas patológicas. Mencionaremos primero las enfermedades hereditarias, pues también las plantas pueden enfermar por culpa de su estructura idiotípica. Existen, p. ej., deficiencias clorofílicas hereditarias por cuya causa no puede llevar a cabo la planta la fotosíntesis. Se conocen también muchos trastornos metabólicos debidos a defectos genéticos. Se observan asimismo tumoraciones de origen hereditario; en este caso puede hablarse de un cáncer vegetal.

El segundo gran grupo de causas patológicas son los trastornos metabólicos de etiología ambiental. La causa de estas alteraciones perniciosas debe buscarse con frecuencia en algún fenómeno carencial, provocado fácilmente por determinadas anomalías del entorno. A menudo le faltan a la planta sales minerales muy determinadas, principalmente los denominados elementos vestigiales, entre ellos el hierro, boro, manganeso y cobre. La planta necesita únicamente cantidades insignificantes de esos elementos. Pero su carencia puede tener consecuencias fatales —basta simplemente que la haga más sensible a la afección por una plaga. Las plantas «sanas» suelen ser capaces de resistir sin mayor daño, p. ej., una invasión normal de pulgones.

Al extremo opuesto de las enfermedades carenciales están las intoxicaciones. En este caso hay un exceso de sustancias nocivas. Precisamente este fenómeno desempeña un papel neurálgico en la problemática de la protección ambiental. También están muy difundidas las enfermedades cuya etiología estriba en agentes vivos o en virus. Constituyen la mayor parte de los casos patológicos. De acuerdo con el grupo etiológico se habla de virosis (ocasionadas por virus), bacteriosis (atri-

El cáncer también puede atacar las plantas: cierto es que estos casos son más raros que en los animales y el hombre. Las causas principales son virus y bacterias. Cada vez se consolida más la hipótesis de que también en el hombre son virus los principales factores cancerígenos.

buibles a bacterias) y micosis (provocadas por hongos). Las virosis se hallan en continuo aumento. Son sobre todo muy grandes las pérdidas ocasionadas por ellas en el cultivo de frutas y tubérculos: en la patata del 25 al 50 por ciento, en la remolacha (por el virus ictérico) hasta el 50 por ciento. Se conocen también tumoraciones cancerosas. Hay virosis que dan a las hojas una coloración manchada.

En cambio las bacteriosis desempeñan en Europa Central un papel muy secundario. Sin embargo, en casos particulares, pueden ocasionar daños considerables; p. ej., la podredumbre de la patata. Al igual que los virus, las bacterias pueden ocasionar también un cáncer en las plantas. En ese caso el «cáncer» queda controlado: el agente vive en simbiosis con la planta huésped, como en las leguminosas.

Pero son los hongos los responsables de las afecciones más perniciosas de las plantas. De más de las 100 000 especies que hay de hongos, parte considerable viven como parásitos en plantas superiores o en sus despojos. 134 de las 162 enfermedades infecciosas de las plantas útiles de Europa Central (=83 por ciento) son atribuibles a hongos, el resto son causadas por bacterias y virus. En los climas húmedos sobre todo, corresponde a las pérdidas por micosis un peso mayor que, p. ej., a los estragos producidos por animales. A pesar de numerosas medidas de protección, las pérdidas de cosechas a cargo de micosis constituyen al año del 15 a 20 por ciento. Hasta los más robustos árboles pueden sucumbir a estas plagas. Las existencias de olmos de Europa se hallan amenazadas desde hace años por un hongo. Sin las oportunas medidas preventivas esos estragos aumentarían inmediatamente y en gran escala. ¿Qué se hace para poner coto a las enfermedades de las plantas? Una preparación y abonado idóneo del suelo favorecen de por sí en gran manera el estado de salud de las plantas y su capacidad de resistencia. También puede lograrse mucho mediante un cultivo adecuado. Por ejemplo, puede modificarse de tal modo la fase crítica en la afección parasitaria del desarrollo de una planta que cuando el parásito la ataca la planta ya no tiene por qué temerle. La tercera posibilidad está en el empleo de pesticidas.

Los órganos nutritivos de los hongos crecen ocultos. Rara vez se presentan a la luz

Los hongos parasitarios ocasionan generalmente en las plantas huéspedes llamativas alteraciones patológicas que ocasionan grandes daños a las partes afectadas y a menudo a la planta entera. No pocas veces causan su muerte. Pero hay también asociaciones vitalicias en provecho de ambas partes. Nos referimos a las simbiosis. Hay un tipo muy notable formado por algas y hongos. Esa combinación constituye los líquenes. Si observamos al microscopio una sección de un líquen, apreciaremos unas algas unicelulares (gonidios) en medio de la red de micelios (hifas) del hongo. Este proporciona a las algas agua y sales minerales y recibe de ellas las sustancias orgánicas producto de la fotosíntesis. El hongo protege al alga de la excesiva deshidratación, lo que permite a los líquenes subsistir en ubicaciones extremosas; p. ej., en paredes de piedra, rocas y cortezas de árboles. Hasta las cimas de las altas montañas y las regiones árticas se hallan pobladas por ellos. Serían los únicos supervivientes de una catástrofe atómica. Muchos hongos que dependen de organismos vivos para su alimentación, han desarrollado simbiosis con las plantas huéspedes en cuestión. Así viven muchas setas con sus invisibles micelios en simbiosis con raíces de árboles del bosque. Se habla en ese caso de una micorriza; parte del micelio rodea la superficie de las puntas de la raíz, penetrando parcialmente entre las células de la capa cortical externa. El hongo sustrae sustancias de la raíz, pero no depende exclusivamente de ella, alimentándose más bien de los detritus orgánicos que halla en el suelo.

El papel de los hongos en esa simbiosis con los árboles no está del todo explicado. Suponemos que proporcionan agua y sales a los árboles a través de su micelio que se halla muy ramificado por el suelo. Como éste es muy rico en humus contiene en primer lugar complejas combinaciones orgánicas nitrogenadas que no pueden aprovechar directamente las plantas superiores como fuentes de oxígeno. En cambio los hongos sí son capaces de desintegrar esas combinaciones, convirtiéndolas en sales amoníacas y nítricas, es decir, en formas nitrogenadas que pueden aprovechar muy bien las plantas superiores.

A menudo puede observarse una íntima asociación entre especies determinadas de hongo y árbol. Así se explica el que determinados hongos sólo se den en la proximidad de determinados árboles. Los micófilos saben sacar provecho de esta circunstancia. Algunas de esas setas llevan nombres alusivos como la seta de olivo y los boletos del alerce, del nogal y pinícola.

Durante mucho tiempo había sido imposible cultivar orquídeas partiendo de la semilla. La razón estriba en que las orquidáceas practican una micorriza muy estricta. Cuando al fin lograron los jardineros cultivar en la maceta el hongo correspondiente comenzaron a germinar las semillas de las orquídeas siempre y cuando dicho hongo hubiese «anidado» en las células del embrión de la planta. Como la semilla de la orquídea carece, según sabemos, de reservas nutricias, es evidente que el hongo se encarga de suministrárselas al embrión. Los intentos de proporcionar a las semillas de orquídea una solución alimenticia concentrada en vez de su asociado simbiótico, revelan que las semillas sí brotan, pero la planta nunca llega a florecer. Vemos pues que la simbiosis con ese hongo se ha convertido para la orquídea en una necesidad vital. Aún es mayor la dependencia de los arándanos con respecto de su socio simbiótico. En este caso el hongo habita en toda la planta. Hasta las semillas llevan su correspondiente dotación de micelio respectiva.

Los hongos pueden establecer simbiosis, p. ej., con las raíces de plantas superiores, pero sobre todo con algas. Los líquenes son organismos combinados de algas y hongos (izq.). El hongo proporciona al alga la humedad y ésta la fotosíntesis.

De los hongos sólo solemos ver los carpóforos; el micelio, verdadero organismo principal, fina trama de filamentos celulares, vive en el suelo. Las setas, formaciones filamentosas externas, producen millones de esporas.

Las setas enriquecen deliciosamente nuestro menú

Entre los manjares más sobrosos que puede ofrecer la naturaleza al conocedor exigente hay toda una serie de hongos comestibles. Brotan principalmente a fines del verano y en el otoño, después de alguna lluvia templada, del suelo de bosques y prados. Hasta los aficionados menos doctos saben que los hongos tienen sus lugares especiales. Y buscarán champiñones en determinados biotopos del campo y nunca en un bosque de pinos. Los hongos superiores, de carnoso carpóforo, suelen contraer íntimas simbiosos con las raíces de muy determinadas especies de árboles y herbáceas. Muchos reciben el nombre de sus asociados. Ese alto grado de dependencia es lo que más dificulta el cultivo doméstico de los hongos. Unicamente es rentable el del champiñón: con temperaturas regulares en torno a los 17°, luz poco intensa y un suelo bien abonado, prospera tanto que a los pocos meses de alcanzar la madurez los micelios se pueden cosechar con carácter permanente.

En cambio, siguen siendo un enigma para nosotros las condiciones de fructificación de la mayoría de las demás especies de hongos.

Con frecuencia las partes subterráneas de las setas, los micelios de ramificadas hifas, se extienden años enteros por la bienamada oscuridad del humus, sin hacer brotar un solo carpóforo. Se supone la siguiente causa: los basidiomicetos —pertenecen a ellos (exceptuando las trufas que son ascomicetos) los hongos comestibles importantes— inician la formación de su cuerpo fructífero después que dos micelios de diferente sexo se han conjugado fusionándose en los lugares de contacto. De esos puntos brotan hifas con juegos dobles de cromosomas. En determinadas condiciones, aún no muy investigadas, se ramifican mucho a continuación estos nuevos micelios, formando un tupido ovillo de nuevas hifas, de cuya trama brotan entonces el estipe y el sombrero del carpóforo.

El aficionado a recoger hongos tiene que conocerlos bien. No hay otro método para diferenciar los comestibles de los no comestibles y los venenosos. La selección que presentamos sólo incluye los más destacados y jamás podrá sustituir las guías ni las oficinas informadoras.

boleto rojo
Boletus rufus
comestible

capuchino
Boletus scaber
comestible

Ixocomus elegans
comestible

matacandelas
Lepiota procera
comestible

níscalo lechero
Lactarius volemus
comestible

carbonera
Russula vesca
comestible

oronja rojiza
Amanita rubescens
comestible

Xerocomus badius
comestible

agárico
Tricholoma gambosum
comestible

rebozuelo
Cantharellus cibarius
comestible

níscalo o robellón
Lactarius deliciosus
comestible

colmenilla
Morchella esculenta
comestible

champiñón
Psalliota campestris
comestible

oronja cetrina
Amanita phalloides
venenoso mortal

boleto bilioso
Boletus felleus
no comestible

Debido a su excelente sabor y gran abundancia, el hongo lapídeo (Boletus edulis) es una de las setas más comerciales. El estrato tubular debajo del sombrerillo es inicialmente blanco y después aceitunado. Su carne es blanca, sólo algo rojiza bajo la piel superior.

níscalo falso
Lactarius torminosus
venenoso

boleto de Satanás
Boletus satanas
venenoso

amanita pantera
Amanita pantherina
muy venenoso

rúsula nomitoria
Russula emetica
venenoso

falsa oronja
o matamoscas
Amanita muscaria
venenoso

boleto de pie grueso
Boletus pachypus
venenoso

Muchas setas no son comestibles— algunas contienen veneno mortal

Se sabe desde muy antiguo que la ingestión de la falsa oronja o matamoscas produce embriaguez y puede inducir a cometer violencias. Especialmente en el norte de Europa y Asia constituyó el principal medio embriagante antes del descubrimiento del alcohol.

Desde los tiempos más remotos acompañan al hombre los venenos naturales —los de origen mineral y las toxinas, procedentes de los reinos animal y vegetal. La doble acción de las toxinas vegetales sobre todo ha sabido cautivar la fantasía del pueblo y el interés de los sabios. No pocas veces una misma planta es a la vez medicina y veneno. Ya dijo Paracelso: «Sólo la dosis cuenta para que una cosa sea venenosa».

Actualmente hasta un diez por ciento de las intoxicaciones registradas en las zonas industriales corresponden a venenos vegetales y de ese diez por ciento, la gran mayoría es atribuible a intoxicación con setas —o sea a la confusión de hongos comestibles con especies parecidas, pero venenosas.

La micología no es ninguna ciencia secreta —cualquier persona puede informarse en las oficinas correspondientes, recurrir a guías o láminas para distinguir los hongos o hacer sus primeras correrías en busca de setas en compañía de algún buen conocedor. Todas las recetas «infalibles» para distinguir los hongos venenosos de los inofensivos son desde luego disparates. Ni la famosa cuchara de plata que se ennegrece junto a las setas venenosas, ni la supuesta coloración denunciadora de la cebolla tienen el menor valor práctico del que fiar.

Las setas más peligrosas son las amanitas. Un solo ejemplar de amanita faloide dentro de un guiso de setas basta para intoxicar a una familia entera. Como esta amanita (concretamente su variedad blanca) se confunde fácilmente con el champiñón silvestre —además estas dos especies de setas nacen a veces juntas— conviene fijarse en las características siguientes: las laminillas de la amanita faloide son siempre de un blanco puro (a lo más pueden teñirse de un ligero verde amarillento). Las del champiñón son blanco grisáceas al principio, pero pronto adquieren un tono rojizo y se vuelven al final de un pardo café. El estipe de la amanita brota de una volva abierta y se halla provisto de un anillo colgante.

La intoxicación con amanitas es sumamente insidiosa, su veneno actúa como una bomba de tiempo. Los primeros trastornos se inician si acaso ocho horas después de su ingestión, pero normalmente sólo de 12 a 24 horas después e incluso a veces a las 48 horas. Debido a esa fase latente el peligro es mucho mayor, pues es imposible después de tanto tiempo su eliminación por lavativa, vómito provocado o lavado gástrico. Pocos minutos después de la ingestión del hongo se acumulan ya toxinas en el hígado del paciente. Tras una primera y fugaz sensación de malestar, se produce de golpe un agudo ardor de estómago seguido de vómitos continuos, sed intensa y cianosis de las extremidades. El enfermo conserva la conciencia hasta el último minuto. La etiología consiste en un trastorno profundo del equilibrio hormonal y una acentuada aglucemia. El índice de mortalidad es de un 25 a un 80 por ciento, que en los niños alcanza casi el 100 por 100.

También es venenosa la amanita matamoscas y mucho más la amanita pantera. Las toxinas de estas dos setas son la muscarina, el muscimol y la muscazona. Ejercen un fuerte efecto sobre el sistema nervioso central —son por lo tanto alucinógenos: los síntomas de intoxicación después de

A cada paso se confunden el champiñón campestre (izq.) y la amanita virosa (abajo), debido a que se producen juntamente. Este error resulta a menudo mortal. El champiñón tiene laminillas oscuras, la amanita siempre las tiene blancas y su estipe parte de una volva membranosa.

comer amanitas matamoscas oscilan entre una excitación delirante y accesos de furia junto con trastornos digestivos, visuales y fonéticos. Los casos mortales son rarísimos. Desde la antigüedad interesó el origen y la acción de las toxinas de los hongos. Se creía que los hongos inofensivos de suyo se volvían venenosos por causa del medio. Pero aún hoy día reciben los micólogos grandes sorpresas. Por ejemplo el cortinario naranja, considerado hasta ahora como inocuo, ha revelado una toxicidad de primer orden. También su veneno es de efecto retardado: unos 14 días después de su ingestión comienza a ser activo y produce nefropatías que pueden ser mortales.

El hombre ha cultivado y seleccionado celosamente las levaduras desde tiempos remotos

Del mosto de la uva se produce el vino mediante fermentación de la glucosa que se convierte en alcohol y dióxido de carbono. Las levaduras, existentes en el hollejo, provocan esa fermentación, de la que obtienen energía vital. Parte del alcohol se combina con los ácidos de la fruta formando ésteres aromáticos que confieren al vino su bouquet.

Tienen para el hombre importancia y no pequeña unos hongos que se utilizan en la elaboración de alimentos y bebidas alcohólicas. Denominamos mohos a los micelios de crecimiento superficial. Algunos de ellos que se dan en la leche y el queso, modifican ventajosamente su sabor. Por esa razón se les cultiva y añade al queso fresco. El sabor y el aspecto de muchos tipos de queso, entre otros el camembert y el roquefort, se deben, p. ej., a hongos del género Penicillum, conocidos también como la más importante fuente de antibióticos. Sin la ayuda de los hongos no habría bebidas alcohólicas. Cierto es que la industria química actual es capaz de producir alcohol sintético, pero resulta demasiado caro. En cambio, mediante hongos, esencialmente del tipo de las levaduras, pueden convertirse el azúcar o el almidón en ausencia de aire en alcohol y anhídrido carbónico, proceso denominado fermentación. Conocemos hoy día este proceso a nivel molecular. A las levaduras les interesa obtener de la fermentación energía para sus procesos vitales.

Entre otras levaduras de fermentación alcohólica son conocidas sobre todo la de la cerveza y la del vino. Esta última no es necesaria añadirla al mosto, dado que sus esporas existen ya en la piel de la uva. Transforma la glucosa del mosto en alcohol y anhídrido carbónico. En cambio la levadura de cerveza está especializada en la maltosa que transforma en glucosa a la que hace fermentar como la levadura del vino.

También el champán es producto de una levadura. Su punto de partida son caldos. Mientras la levadura del vino no sigue fermentando a partir de un grado de alcohol, las levaduras especialmente cultivadas para el champán, a altas presiones y con grados alcohólicos altos, hacen fermentar la glucosa que aún existe en el vino. El

anhídrido carbónico así originado se disuelve en el vino espumoso.
No sólo desempeñan las levaduras un importante papel en la obtención de alcohol —efectuada por pueblos de todos los niveles culturales—, es también muy importante el que tienen en la industria de la panificación. Integrantes de la masa fermentada o añadidas artificialmente a la masa del pan, convierten por fermentación el azúcar de la harina en alcohol y anhídrido carbónico. Este último con sus burbujas hace esponjoso el pan; el alcohol se evapora durante el horneado.
Ha sido y sigue siendo un requisito esencial para ese aprovechamiento tan multifacético de las levaduras el que éstas son por decirlo así omnipresentes —en forma de esporas. Si dejamos jugos de fruta o cualquier zumo vegetal que contenga azúcar al aire libre, empiezan a fermentar enseguida. Un análisis nos indicará que, además de bacterias, siempre han ido a parar a los jugos levaduras. También sirven éstas al hombre como medicamento. Su acción terapéutica se debe a su riqueza en vitaminas, sobre todo del grupo B. Se usan también, una vez recuperadas, como alimentos para animales por su riqueza en proteínas y vitaminas hidrosolubles.

Para brasear la cerveza se empieza por provocar la germinación del grano de cebada, con lo que el almidón se convierte en azúcar bajo la influencia de fermentos. Después de añadir agua y levadura, se inicia la fermentación de la malta (arriba). Posteriormente el lúpulo da la debida sazón al alcohólico mosto.

12

El reino vegetal es una farmacia natural

Los tejidos vegetales contienen un sinfín de principios activos. Muchos de ellos ejercen los más diversos efectos también en el organismo humano: estimulan y embriagan, anestesian y hacen dormir, ayudan a olvidar, provocan sueños insospechados y hacen que el mundo parezca fácil y lleno de colorido, o también hacen sufrir un pánico de muerte. Sirven de medicina, droga o veneno. En muchos de ellos depende sólo de la dosis el que sean la bendición o la ruina de una persona. Muchas de sus sustancias se han integrado desde hace mucho en nuestras costumbres, haciéndose indispensables.
Foto: Plantación de té en Ceilán.

La virtud curativa de las plantas nos colma con sus favores. Hoy se investigan sus principios terapéuticos

Las plantas tóxicas, curativas y estupefacientes fueron conocidas del hombre mucho antes de su registro en la farmacología —la experiencia de miles de años de empleo nos las ha hecho familiares. Como no se habían analizado las causas biológicas de sus efectos, se les atribuía virtudes mágicas. Las personas que poseían conocimientos extraordinarios de los efectos cu-

El corazoncillo (izq.) es una hierba medicinal de abolengo. Su aceite cura las heridas y es antiflogístico. Se obtiene como extracto de las flores mediante aceite de oliva. Sus extractos alcohólicos sirven, en la medicina popular, para el tratamiento de trastornos depresivos.

Las raíces de la valeriana (arriba) contienen aceites esenciales que, combinados con otras sustancias, ejercen un efecto tranquilizante. Las gotas y la infusión de valeriana eran todavía acompañantes asiduos de nuestros abuelos.

La tintura de árnica (con base alcohólica), extraída de la planta de su nombre (dcha.), cura quemaduras y otras lesiones. Su uso externo favorece los nervios y el estómago. Se atribuye su modo de acción a propiedades vasodilatadoras y antiespasmódicas.

rativos y tóxicos de las plantas lograron gran preponderancia a los ojos de los demás humanos: como curanderos, druidas, shamanes o sacerdotes.
Esa mezcla de ciencia, fe y superstición subsistió largo tiempo, se transmitió de generación en generación y desempeñó también su papel en la creencia en brujerías de la edad media. Aunque Dioscurides (médico griego que vivió en el siglo I d. JC.) describió ya las propiedades de unas 600 plantas medicinales del Mediterráneo, podemos identificar en tiempos históricos durante casi un milenio epidemias ocasionadas por el consumo del cornezuelo en los cereales. No nos sorprende mucho. Incluso con todo el arsenal experimental de la ciencia, nos resulta difícil aun hoy día la exacta comprobación del efecto de algunos fármacos. ¿En qué estriba el efecto curativo de estas sustancias vegetales?
Un importante efecto es el debilitamiento de los gérmenes patológicos, que puede llegar al exterminio de éstos. En esos casos el factor normalmente decisivo es que, con la dosis empleada, resultan afectados los organismos extraños al paso que el propio organismo no sufre deterioro.
Muchos alcaloides influyen en el sistema nervioso. Unos lo hacen con efecto tranquilizante, otros lo excitan. Ambos modos de acción pueden ser saludables según el cuadro patológico. La atropina de la belladona y la digitoxina del digital, p. ej., administradas en las dosis debidas, favorecen la contracción de los ventrículos. En cambio, una sobredosis provoca un paro cardíaco. La saponina de la jabonera es un estimulante de las mucosas de las vías respiratorias. Suaviza las inflamaciones al estimular la irrigación de las mucosas, aumentando así la producción de mucus. El curare, una ponzoña vegetal que utilizan los indios en sus flechas procede de plantas emparentadas con el estricno. Interrumpe la conducción de estímulos de los nervios a los músculos y en dosis fuertes puede llegar a paralizar el centro respiratorio. Como la acción del curare se opone a la toxina del agente del tétano, empleado bajo control, resulta útil.

Las drogas y enervantes sólo pueden ser útiles al hombre mediante un empleo controlado

La belladona (dcha.) es componente de gotas para los ojos y cordiales. En dosis mayores es un veneno potente. El hashish, enervante procedente del cáñamo índico, puede servir de iniciación al uso de drogas «fuertes» como la heroína y el opio. Abajo: Cultivo de cáñamo índico.

Desde hace muchos siglos se sirve el hombre de las misteriosas virtudes ocultas de las plantas. Lo hace no solamente para aliviar dolores físicos y curar enfermedades. Las antiguas culturas de Oriente y del continente americano sobre todo, dominaron mucho el empleo de sustancias vegetales para provocar cambios en la psique —ya sea para hallar la paz y la distensión o bien para estimularse, ya sea para crear alucinaciones y nuevas vivencias o bien para olvidar cosas desagradables.

Uno de los sedantes más antiguos que se conocen es un producto del arbusto Rauwolfia serpentina, de la India. Se empleaban principalmente las hojas. Después se logró extraer su principio activo, la reserpina, purificándola en su aspecto químico y empleándola en dosis farmacológicas. Se utiliza en el tratamiento de depresiones y también para reducir la excesiva presión sanguínea.

Es también muy antiguo el empleo de la cocaína. Los aborígenes de Bolivia y Perú hacían uso de ella a base de mascar hojas de la coca (Erythroxylon coca). La cocaína es un estimulante que hace aumentar además el sentimiento de la propia conciencia y confiere una sensación de fuerza.

También los alucinógenos, cuyo empleo hace hoy día tantos estragos, son ya conocidos muy viejos. En los indios de América Central ocupaba el primer plano en el ceremonial religioso el peyote —una cactácea. Contiene la mezcalina, sustancia que provoca visiones de vivísimo colorido sin llegar a perturbar totalmente la conciencia.

En cambio, la droga mexicana llamada psilocibina, obtenida de un hongo, promete «altos vuelos». En Europa se preparaban durante la edad media filtros mágicos de efecto similar a partir de extractos del beleño, del estramonio y de la belladona. Los alcaloides de estas solanáceas provo-

caban danzas orgiásticas. También el Claviceps purpurea, hongo del cornezuelo, desempeñaba un gran papel en aquellos aquelarres. Ese hongo contiene combinaciones del ácido lisérgico. Hace algún tiempo que da que hablar la más activa de ellas: la dietilamida de ese ácido (LSD). Hace milenios que se cultiva en oriente para su empleo como droga el cáñamo indio, Cannabis indica. En Turquía se fuman sus hojas secas (hashish) en el famoso narguilé. En América se emplean sobre todo sus semillas (marijuana) para provocar estados de embriaguez. Los principios activos de esta «hierba» se emplean concentrados en forma de una sustancia resinosa difundida en muchos países bajo los nombres de kif, charas, bhang o pot. Esta droga es hoy día el psicofármaco empleado con menos control y su mayor peligro estriba en la falta de pureza de sus preparaciones. La única adicción que puede producir el cáñamo índico es de tipo moral en personas lábiles. Es la menos dañina de las drogas, pero con excesiva frecuencia se la halla mezclada, por traficantes sin escrúpulos, con opiáceas que provocan la temida adicción. Las opiáceas más perniciosas que se conocen son las procedentes de la adormidera.

Es foco de encendidos debates la costumbre de fumar tabaco por la nicotina que contiene. La nicotina pura es tan venenosa como el ácido cianhídrico. En cantidades menores produce una estimulación de la corteza cerebral que provoca una sensación de mayor capacidad de concentración y actividad. Incomparablemente más nocivas que la nicotina son las breas aspiradas y el tóxico monóxido de carbono.

Las células vegetales siguen realizando funciones perdidas hace mucho por los tejidos del hombre y de muchos animales: sintetizan vitaminas

Los cítricos contienen además de azúcar muchas vitaminas, sobre todo C. Su aromático sabor se debe al gran contenido en ácidos orgánicos. Dcha.: Cosecha del pomelo. Muchos cítricos se han popularizado a escala mundial gracias al gran perfeccionamiento del transporte de frutas.

Los frutos del espino amarillo son muy ricos en vitamina C, por lo que se emplea mucho su zumo y mermelada. Constituye el espino amarillo en Europa una reliquia del periodo glacial. Al igual que hace miles de años crece sin competidores en llanuras guijarrosas.

Los frutos del árbol del pan (abajo) suministran vitaminas muy importantes. Por ello se le cultiva en la India, Africa Oriental y Brasil. El durión, fruta muy aromática y muy buscada, incluso por los elefantes y los monos, se cultiva en la región tropical del Asia Oriental.

Las vitaminas se hallan entre los alimentos «esenciales», es decir, lo son en absoluto para la conservación de la vida y de la salud del hombre. Como quiera que nuestro organismo no puede elaborarlas por sí mismo a partir de componentes simples, nos vemos precisados a tomarlas dentro de nuestra alimentación.

Lo notable de las vitaminas es que el organismo animal y humano sólo necesitan cantidades diminutas de ellas. De esa observación se deduce que las vitaminas no pueden constituir fuentes de energía de los organismos. La importancia de las vitaminas y su existencia en las plantas se revelaron por primera vez en los positivos experimentos de curación de enfermedades carenciales como el escorbuto (falta de vitamina C), pelagra (de vitamina B) o raquitismo (de vitamina D) a base de abundante fruta y verdura.

Pero estaba reservado a la biología moderna el explicar el significado en las funciones vitales de esas sustancias orgánicas de tan diversa estructura química. Se descubrió que las vitaminas tienen gran importancia como componentes de los enzimas en los procesos metabólicos del organismo. Se comprende el papel de las vitaminas si se examina la función de los enzimas. Estos últimos son principios activos que debido a su estructura, pueden regular con precisión el metabolismo y sin los que serían imposibles las distintas reacciones biológicas. No se «gastan» en el proceso de esas reacciones.

Si faltan componentes de los enzimas, no pueden tener curso importantes procesos metabólicos. El último resultado es la enfermedad de partes del cuerpo e incluso del cuerpo entero. De la función de las vitaminas se explican las pequeñas cantidades requeridas, puesto que los enzimas permanecen invariables durante el desempeño de su misión. El que nuestro organismo necesite sin embargo el suministro continuo de pequeñas cantidades de vitaminas estriba en el envejecimiento de los enzimas y su consiguiente eliminación.

Como algunas vitaminas no provienen de los alimentos sino que las forman las bacterias de nuestra flora intestinal, de donde las recibimos nosotros, una destrucción de esa flora debida, p. ej., a antibióticos, puede traducirse en una avitaminosis.

Armas vegetales contra las bacterias: los antibióticos erradican enfermedades

El descubrimiento de los antibióticos por Alexander Fleming en 1929 constituyó un momento solemne para la medicina y la investigación. Cuando se logró por vez primera con la ayuda de la penicilina, sustancia segregada en especial por un ascomiceto (Penicillium notatum), poner bajo control importantes enfermedades infecciosas, se inició una búsqueda sistemática de otros antibióticos con diferentes espectros de acción. Porque se había observado que la penicilina inhibía únicamente la proliferación de determinadas especies de gérmenes patógenos (bacterias). Si se deseaba curar las demás enfermedades, habría que buscar los antibióticos correspondientes. Es una tarea realmente difícil. Pasan a veces muchos años hasta que se puede emplear en la medicina un antibiótico de nuevo cuño. Hay que experimentar y resolver muchos problemas referentes al cultivo en gran escala del organismo productor de ese antibiótico.

Investigando el modo de acción concreto de los antibióticos en las bacterias y en células de organismos superiores se reveló que los diferentes antibióticos bloquean o desvían diferentes —pero siempre importantes— procesos metabólicos. Queda bloqueada, p. ej., la respiración celular y con

La penicilina destinada a inyecciones se somete a envasado estéril; no mata automáticamente todos los gérmenes patológicos que entran en contacto con ella (arriba dcha.). La penicilina cristalizada (dcha.) ofrece a la luz polarizada un fantástico juego de colores.

ella la obtención de energía o se destruye la interpretación de la información genética o bien (este es el caso de la penicilina) no puede construirse la insustituible pared celular. La única razón del empleo de los antibióticos en la medicina es que la desviación mencionada tiene a menudo un carácter muy específico. Esta especificidad bloquea exclusivamente el metabolismo del agente patológico, sin afectar al de las células del paciente. No ocurre así con todos los antibióticos, lo que excluye el empleo terapéutico de los mismos; pero esos «bloqueadores» específicos son de todos modos interesantísimos: nos permiten

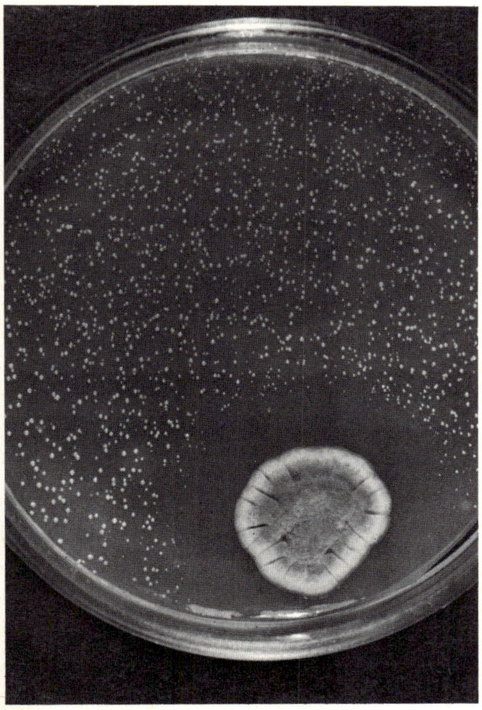

Muchos bacteriólogos se habían limitado a tirar sus cultivos de bacterias contaminados con hongos. Pero Alexander Fleming quedó asombrado al ver que las bacterias cercanas al hongo Penicillium no habían proliferado (izq.): así fue el nacimiento de los antibióticos.

un mayor conocimiento de los procesos internos de la célula.

¿Qué servicios rinden a sus «fabricantes» esos antibióticos, producidos generalmente por hongos y bacterias? En otras palabras: ¿Qué ventaja selectiva los ha hecho nacer en el curso de la evolución? Los antibióticos inhiben el desarrollo de otros microorganismos, mientras que son ampliamente inocuos para los organismos que los producen.

Se les puede considerar por lo tanto como armas que le permiten al organismo en cuestión afirmarse eficazmente contra sus competidores en el medio natural.

Los antibióticos desempeñan un importante papel en el engorde de animales. Se añaden a los piensos pequeñas dosis de antibióticos debido a que aumentan la producción de carne. Cierto es que el empleo indiscriminado de los antibióticos esconde un gran peligro: en 1959 aislaron por primera vez unos investigadores japoneses cepas de bacterias resistentes a los antibióticos. Bajo la presión seleccionadora del empleo permanente e intenso de estos últimos, se han originado cepas de bacterias resistentes hasta a siete de ellos. No se pueden combatir ya estas bacterias con los antibióticos de uso corriente.

13 Todavía no se ha podido prescindir de las materias primas de origen vegetal

Entre los requisitos ineludibles de nuestra existencia se hallan numerosos productos minerales, vegetales y animales. Incluso nuestra vida moderna con su técnica tan sofisticada es inconcebible sin las materias primas vegetales. Y la madera sigue siendo uno de los materiales más importantes del mundo. (Foto: Almadías de madera para la industria papelera.) Pese a la moderna industria de las fibras artificiales no han perdido importancia las fibras naturales. Si tenemos en cuenta la contaminación ambiental no hay que olvidar la fácil desintegración de las sustancias animales y vegetales; porque en el curso de la evolución siempre se "inventaron", con las nuevas sustancias, sus destructores. Con éstos se mantuvo la circulación de materias básicas.

La celulosa, sustancia vegetal que se ha convertido en vehículo de nuestra cultura

Ya en el III milenio a. JC. la tablilla de arcilla, soporte de la escritura, cedió su lugar al papiro, un material más ligero compuesto de fibras vegetales. Su material de partida era la médula descortezada de los tallos de papiro. Se la cortaba en tiras delgadísimas, prensándola después en dos capas cruzadas con las fibras de ambas capas perpendiculares entre sí. El jugo celular feculento pegaba fuertemente el conjunto trenzado, cuya superficie se pulía después. Se podían preparar trozos de papiro del tamaño deseado.

A partir del siglo II d. JC. el pergamino fue sustituyendo lentamente al papiro. Se obtenía de pieles peladas y sin curtir, simplemente estiradas en seco. Por último, a finales del siglo XIII volvió a imponerse en Europa un material de escritura vegetal: el papel. Lo habían inventado ya los chinos en el siglo I d. JC. a base de una papilla de fibras de corteza, cáñamo y harapos despedazados y cocidos que se tendía sobre una criba tejida. Desde el Extremo Oriente, el arte de la fabricación del papel llegó primero al Mesoriente (750 d. JC.), y de allí a la dormida Europa.

Tras el invento de la imprenta en 1450 por Johannes Gutenberg, aumentó tan aprisa la demanda de papel que unos cerebros ingeniosos mecanizaron muy pronto su fabricación. En un principio siguieron usando los materiales corrientes. Pero ya no se los machacaba, sino que se los sometió a una trituración concienzuda. Cedazos mecanizados permitieron pronto la elaboración de grandes cantidades de papel. A mediados del siglo XIX comenzaron a escasear los materiales de partida y hubo que buscar nuevas materias primas. Si se utilizaban cortezas y cáñamo ¿por qué no emplear la madera?

En 1844, F. G. Keller inventó en Hainichen, Sajonia, la pasta de madera. Fue necesario separar mediante un proceso químico en la madera triturada las fibras de celulosa de la lignina. La celulosa dio y da un excelente material para hacer papel. Aparte de una pequeña cantidad de trapo, el papel se compone hasta ahora en una proporción abrumadora de fibras de celulosa obtenida directamente de vegetales. Como fuentes se emplean madera, corteza, paja y algodón de fibra corta, en Asia Oriental también paja de arroz y bambú. Sustancias adicionales mejoran su resistencia, color y calidades utilitarias.

La pasta de papel pasa en una fábrica de hoy día sobre una criba sin fin de metal o plástico en la que pierde gran parte del agua. Las fibras se apelmazan y pasan por una serie de pares de rodillos que exprimen el agua restante y aplanan la superficie. Con una velocidad como de un kilómetro por minuto sale de la máquina formando una lámina hasta de diez metros de ancho y se la corta en pliegos o se la enrolla en grande rollos.

El papel no sólo sirve para el almacenamiento y transmisión de información en forma de libros, periódicos o cartas. Se presta también para otros muchos fines: en la fotografía es el vehículo de la información gráfica, en la electrotécnica sirve de aislante, en el comercio de material de empaque, en la economía es el material de

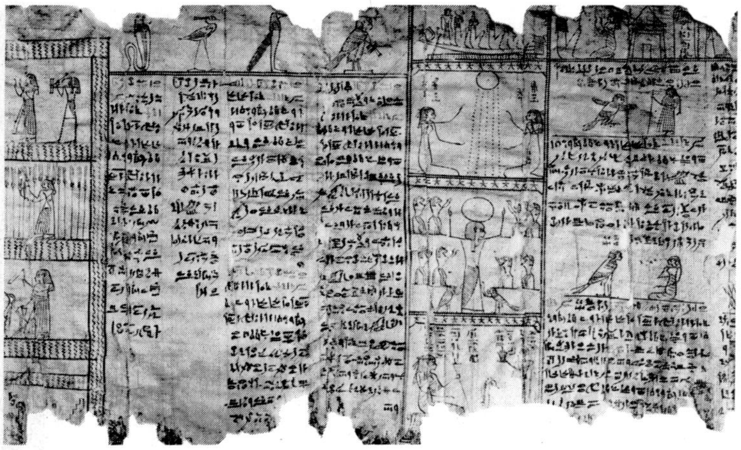

Fragmento del «Libro de los muertos» de los Babasaes. Con unos tres metros de longitud, su edad es de unos 2300 años. El papiro se hace de la medula de la planta de este nombre. Sustituyó las tablillas de barro y lo sustituyó el pergamino.

los billetes de banco y sellos de correo, la ciencia emplea papel indicador y cromatográfico. Hay papel a prueba de agua, transparente, secante y mil clases más. Por esa razón, el consumo mundial es enorme. Anda en los 120 millones de toneladas anuales, que corresponde a un consumo de unos 35 kg por cabeza de la población mundial. Claro que este promedio no nos indica la distribución real. Cada norteamericano consume al año, en el año 1972, unos 279 kg, cada suizo 144, cada alemán federal unos 118 y cada español 48 kg. Se ha dicho en cierta ocasión que el consumo de papel es un índice del grado de progreso de la civilización.

La mayor parte de la demanda mundial de papel (120 mill. de toneladas) se cubre a partir de la madera (izq.) Foto inferior: El papel sale a una velocidad hasta de 1000 metros por minuto de máquinas como ésta, cuya sección de criba mide hasta 50 metros de longitud.

Las fibras vegetales conservan su importancia tecnológica y económica

La condición previa del empleo de cosechadoras automáticas del algodón (abajo) fue un «acondicionamiento» de la planta productora. Mediante aplicación de hormonas y métodos especiales de cultivo, se lograron una altura de crecimiento y una maduración homogéneas.

Las fibras vegetales en sentido amplio son células alargadas, generalmente muertas, que existen, aisladas o en grupos, en muchas partes de las plantas. Se componen principalmente de celulosa, pero contienen asimismo distintas intrusiones, p. ej., de lignina, que dificultan mucho su empleo. Por esta razón se cultivan para fines textiles solamente aquellas plantas cuyas fibras en su mayoría están poco o nada lignificadas. Aunque el consumo de las fibras sintéticas aumenta sin cesar, las fibras vegetales siguen conservando sin disminución apreciable el primer puesto en el mercado.

Las fibras vegetales más importantes son hoy, en orden escalonado, el algodón, el yute, el ramio, el lino, el cáñamo y el henequén. El algodón se compone de la pelusa voladora de hasta 65 mm de longitud, adherida a la semilla de esa planta. Su cultivo se inició hace milenios. Según descubrimientos arqueológicos se tejían en la India ya de 3500 a 2500 años a. JC. finas telas de algodón que se vendían hasta en Babilonia, Persia y Egipto. Al parecer fue la India el primer país que ejerció un estricto monopolio del algodón.

Debe el algodón su extraordinaria importancia comercial a sus costos de elaboración relativamente bajos, a sus múltiples posibilidades de aplicación y a su propiedad de poder ser trabajado sin tropiezos junto con otras fibras vegetales, o animales o sintéticas. Ocupa todavía en nuestros días casi el 60 por ciento del consumo mundial de fibras textiles. Se produce además un excelente aceite de su semilla y de los restos de la molturación de ésta resulta un pienso concentrado de mucha aplicación. El lino es tal vez la más antigua de las fibras utilizadas por el hombre. Desempeñó ya un papel como planta cultivada entre los sumerios unos 3500 años a. J.C., época en que, de planta silvestre, pasó a planta de cultivo. Perdió su papel central como fibra vegetal a fines del siglo XIX con la invención de las máquinas textiles y la consiguiente invasión del algodón: los costos de preparación del lino resultaban muy altos en comparación con el algodón. Otras variedades se cultivan por su aceite. El cáñamo, el yute y el henequén suministran fibras de muy distinta calidad: ásperas y duras, no suponen competencia para el algodón.

Más de 100 especies de pitas propias de regiones tropicales y subtropicales producen hojas con fibra aprovechable. Izq.: Plantío de henequén; sus hojas carnosas producen el famoso sisal, cuyas fibras, hasta de 1,7 metros de longitud, se componen de células alargadas y de gruesas paredes, ricas en celulosa y muy lignificadas. Esas células esclerenquimáticas forman un tejido estratificado que rodea los haces liberianos distribuidos en hoja de las pitas.

Inmediatamente después de cortarlas se procede a desfibrar las hojas. Este trabajo se efectúa con máquinas que separan los haces de fibra a base de prensado, raspado y golpeado. A continuación se las lava y seca al sol (izq.). El sisal es una fibra áspera y durísima. Se la utiliza sobre todo en forma de cordelería y embalaje. Ha perdido su anterior primacía como material de acojinamiento y base de alfombrado.

La madera, materia prima de instrumentos y edificios, sirve hoy día para el ornato de nuestro mundo

Ya en la edad de piedra empleaba el hombre la madera, junto con el cuerno, hueso y la piedra, como material para hacer armas e instrumentos del tipo más diverso. Gracias a sus ventajas —dureza y liviano peso, facilidad de trabajo, belleza— cuenta aún hoy día entre las más importantes materias primas del mundo. La producción anual de madera es de unos 2000 millones de m^3. Casi la mitad sirve como combustible, aunque se impone cada vez más la idea de que es un material demasiado precioso para gastarlo de un modo tan poco útil y quemarlo.

Tampoco resuelve mucho el que el crecimiento anual de los bosques del planeta alcance unos 7000 millones de m^3, pues la mayor parte del mismo tiene lugar en los trópicos. Si allí se talase intensivamente la madera sin reponer las pérdidas consiguientes de minerales en aquel equilibrado biotopo, la selva virgen estaría sentenciada a muerte. Además, la gran diversidad de especies de madera útil dentro del conjunto de árboles, dificulta una tala rentable de las maderas tropicales.

Todavía se utiliza mucho la madera en forma de tabla en la construcción de muebles y edificios. Este método es poco racional: se desperdicia un 50 % de la misma. Tienen más futuro los métodos que permiten aprovechar al 100 % esta materia prima. Se fabrican hoy ya planchas de viruta de madera de todos los tipos y tamaños, con muchas propiedades, p. ej., a prueba de agua y de fuego.

La madera sirve en la planta para la conducción de agua y el sostén del organismo vegetal. Cumple ambas misiones una construcción uniforme: miles de túbulos, las tráqueas y traqueidas, conducen el agua. Sus paredes tienen una construcción similar al cemento armado: en la masa de lignina a prueba de presión quedan aprisionadas las fibras de celulosa a prueba de tracción. Añádase su disposición en forma de cilindro hueco, como la que emplea asimismo la técnica moderna. Esta construcción tubular se realiza en muchos niveles: en el celular igual que en el de los tejidos. Las células formadas en verano tienen paredes más gruesas y espacios interiores menores que las formadas en primavera anillos anuales), lo que permite leer la edad del árbol.

Muchas maderas «exóticas» (palisandro, etc.) son muy apreciadas por su dureza, color y veta como maderas preciosas en la ebanistería y la industria. Como los árboles de origen suelen hallarse dispersos, su tala (dcha.) y transporte son muy trabajosos y elevan mucho los costos.

Gracias a su sofisticadísima estructura, la madera es insustituible. Los anillos anuales que presenta la madera en sección transversal (arriba), son la causa del veteado. Los originan los ritmos de actividad del cambium que forma en la primavera elementos conductores de gran diámetro, que se hace menor en el verano. En el otoño e invierno descansa el cambium. La unión de muchísimos tubos de diámetro microscópico da ligereza y a la par solidez. La microfoto inferior revela la finísima estructura.

El metabolismo vegetal de otros tiempos produjo sustancias que hoy usamos como combustible

No sólo en las industrias farmacéutica y alimentaria, sino también en la técnica desempeñan un gran papel sustancias de origen vegetal. Citemos en primer lugar el caucho. Procede del látex de numerosas especies vegetales, incluso de nuestras latitudes, y se le obtiene por sangría del tronco de esos árboles. El árbol cauchutero más importante es el originario de Pará (Hevea brasiliensis). Existía en un principio sólo en los bosques pluviales del Amazonas —actualmente se le cultiva en plantíos en las zonas tropicales de Africa y del Este de Asia.

La goma se fabrica vulcanizando el caucho crudo —se calienta hasta 100 ó 180° mientras se le añade azufre muy pulverizado. La principal aplicación de la goma está en la industria (neumáticos, bandas de transporte y en cuña, cierres herméticos) y también en el ramo doméstico (zapatos, juguetes). El caucho sintético se ha convertido en un serio competidor del natural, al que ha arrebatado ya un tercio de la demanda total.

La invención de las anilinas ha convertido casi en un recuerdo histórico la participación de las plantas en la industria de los colorantes. Casi lo mismo ha ocurrido en lo que atañe al curtido del cuero. También las resinas obtenidas principalmente de coníferas utilizadas como fuente de las trementinas y la colofonia, tan importantes en la industria de los encáusticos, se ven reemplazadas por esencias de fácil obtención a partir del petróleo.

Tienen en cambio una importancia enorme las plantas fósiles como fuente de energía y materias primas —en forma de hulla, lignito y turba. ¿Cómo se originaron estos yacimientos de material vegetal primitivo? Porque lo normal es que las plantas y partes de plantas que caen al suelo se descompongan, convirtiéndose en sales minerales, anhídrido carbónico y agua. Pero los microorganismos del suelo no pueden llevar a cabo esa mineralización de las sustancias orgánicas sin el oxígeno —bien nos lo indican las turberas pantanosas. En ellas los esfagnos cubren los despojos vegetales que van hundiéndose bajo el nivel del agua. El poco oxígeno que queda en las capas superiores de ésta provoca descomposición de las plantas muertas. Pero en las capas inferiores escasea tanto el oxígeno que apenas se da una putrefacción incipiente, ahogada enseguida por los ácidos del humus. Y esos restos vegetales se turbifican y comienzan su carbonización.

Tenemos una idea bastante exacta del proceso de la carbonificación a partir del material vegetal. Comoquiera que en la secuencia de las sedimentaciones es la turba la que queda más arriba y la siguen hacia abajo, con formas intermedias, el lignito, la hulla y la antracita, el carbón piedra tuvo que originarse de la turba, a base de aumentos de la presión y temperatura y en ausencia de aire. Esta secuencia se ha confirmado con experimentos: se puede producir hulla a base de turba —e incluso de madera mediante alta presión y a una temperatura de 300°, evitando el acceso de aire.

En el proceso de carbonificación se cierra herméticamente el material de origen: la leña seca se compone de sólo un 50 % de carbono; en cambio la hulla tiene un 82 %. A diferencia del diamante o el grafito, la hulla es una mezcla compleja de combinaciones muy ricas en carbono. Esto le confiere precisamente su importancia como fuente de materias primas para la química. Desempeña además un papel muy importante en la obtención de metales, sobre todo del acero. La hulla y el lignito son por otra parte las principales fuentes de carbón para la obtención de la energía eléctrica.

Si se calienta hulla, lignito o madera en un ambiente enrarecido, nos queda una masa dura y porosa —se han evaporado los componentes líquidos y gaseosos. De la madera nos queda el carbón de leña (preparado antaño en los hornos de carbonear) y de la hulla el duro coque. Los gases y líquidos obtenidos (p. ej., benzol, aceites, alquitrán) son materias primas importantísimas para la química, que en la carbonería antigua se perdían.

La hulla y el lignito eran hace mucho tiempo bosques pantanosos. Hoy día, unos 30 millones de años después, utilizamos esos bosques en forma de lignito y al cabo de unos 250 millones de años lo hacemos en forma de carbón piedra. En cuanto al hombre, entró en el escenario de la evolución de los organismos terrestres hace unos pocos millones de años.

Cuando el espesor de la veta lo permite, se extrae la hulla con las máquinas más modernas. Sólo así puede competir como materia prima con el petróleo, de tan fácil extracción. Cada clase de carbón es una complicada mezcla de numerosas combinaciones de carbono.

El carboneo sólo se practica en regiones atrasadas. Izq.: Erección y funcionamiento de un horno de carbonear. Para evitar la pérdida de sus valiosísimos componentes volátiles se carboniza hoy día la madera en retortas especiales de hierro para su uso en metalurgia.

14

La principal fuente de alimentos de la humanidad

El contacto más antiguo e importante del hombre con el mundo vegetal es la utilización de éste como fuente de alimentos. Los seres humanos, como los animales, necesitamos obtener la energía precisa para nuestros procesos vitales de las sustancias elaboradas por la planta mediante la luz solar a base de componentes inertes: anhídrido carbónico y agua. Nuestro organismo necesita además algunas sustancias que no puede sintetizar por sí mismo, como las vitaminas. Las verduras y frutas, cultivadas y consumidas en gran variedad (foto: un mercado en Londres), cubren nuestra demanda de vitaminas y le proporcionan al cuerpo humano sales minerales.

El azúcar vegetal y las féculas son los alimentos básicos más importantes de la humanidad

El plátano cultivado es una fruta sin semilla que se desarrolla sin polinización previa. Sólo de este modo es comestible esa fruta tan rica en calorías. Contiene un 70 % de agua y abundantes carbohidratos (féculas y azúcar), siendo escaso en proteínas y grasas.

Numerosas plantas acumulan en determinados órganos grandes reservas de fécula y azúcar. Estas reservas, destinadas al próximo brote tras un período de clima adverso o como fuente de arranque para los embriones acabados de germinar, fueron descubiertas por los animales y no digamos por el hombre como un providencial depósito de alimento. Desde remotos tiempos empezó el hombre a perfeccionar esa formación de reservas a base de selección y cultivo.
Hemos de nombrar en primer lugar —ateniéndonos a extensiones cultivadas y volumen de cosechas— a los cereales. Son nuestras plantas de cultivo más importantes, y sus semillas feculantes —denominadas usualmente grano— constituyen la base alimentaria de la mayor parte de la población mundial. Entendemos por cereales gramíneas de siembra anual y cuyas semillas, relativamente grandes, se separan mediante trillado.
Ese primer puesto de los cereales se debe a dos propiedades. En primer lugar el hombre ha logrado cultivar especies idóneas para cada zona climática y en segundo lugar, la siembra y la cosecha son relativamente fáciles. En las regiones calientes se cultivan principalmente el arroz, maíz y mijo y en las regiones templadas y frías el trigo, el centeno, la cebada y la avena.
Aparte de los cereales, tienen gran importancia en la alimentación mundial otras plantas cultivables acumuladoras de féculas, sobre todo la patata y las leguminosas —guisante, alubia, lenteja y soja— así como los plátanos, la mandioca y la batata (boniato). El azúcar se obtiene principalmente de la remolacha azucarera (países templados y fríos) y la caña (zona tropical y subtropical).
Si bien los carbohidratos constituyen la alimentación básica del mundo entero, en los países en que la población vive casi

El arroz es después del trigo la especie cereal más importante. Planta propia de la zona tropical y subtropical, constituye el alimento básico de la mitad de la humanidad. Como no es panificable, se le consume por lo general cocido y en distintas formas de papilla.

El mijo abarca una serie de especies cereales de grano menudo que se cosechan en países cálidos y consumen generalmente en forma de papilla y torta. En Africa su cultivo está muy difundido (arriba). En las zonas templadas perdió su importancia al aparecer la patata.

exclusivamente de vegetales se registran índices espantosos de malnutrición y numerosas enfermedades carenciales de vitaminas. La razón de estos transtornos se nos patentiza en un análisis de la composición dietaria. Los cereales se componen de un 60 a un 75 % de carbohidratos, de un 7,5 a un 13 % de proteínas y de un 0,5 a un 7 % de grasas. Las leguminosas se componen de un 50 a un 57 % de carbohidratos, de un 23 a un 26 % de proteínas y un 4 % (en la soja hasta el 18 %) de grasas. (El porcentaje restante, en las leguminosas como un 5 %, corresponde al contenido de agua en las semillas).

Estas cifras revelan que la malnutrición de gran parte de la población mundial se debe a escasez de proteínas. Las avitaminosis se producen cuando, p. ej., la base de la alimentación es arroz descascarillado —en esa cascarilla se perdieron las proteínas y vitaminas principales de la semilla. Los seres humanos no sintetizamos en nuestro organismo determinados elementos de las proteínas por lo que hemos de tomarlos en la alimentación. Si ellos nos faltan, estaremos malnutridos a pesar de una dieta suficiente de carbohidratos. De ahí el afán por hallar nuevos cereales y leguminosas híbridos ricos en proteínas.

Los aceites y grasas vegetales son ricos en vitaminas y de fácil digestión

Las grasas y aceites pertenecen a las sustancias energéticas naturales. No es de sorprender que muchas plantas de las zonas templada y tropical almacenen en el protoplasma gotitas de grasa y aceite como sustancia de reserva, sobre todo en las semillas y también en la pulpa de la fruta. La evolución de las plantas salvajes acumuladoras de grasa, a través de un aprovechamiento regular, hasta convertirse en plantas oleaginosas cultivadas, tuvo lugar en muchos lugares y en numerosas especies diferentes. Conocemos unas 1400 plantas utilizadas en la obtención de grasas. Pero sólo algunas de ellas tienen im-

El girasol, traído a Europa desde Sudamérica en 1570 como planta ornamental, fue cultivado en plan utilitario por primera vez en Rusia en el siglo XVIII. El palmito (dcha.) y el cocotero son plantas oleaginosas de importancia mundial. El coco, fuente a la vez de grasa (copra) y fibra (alfombras de coco), es una de las plantas de cultivo más polifacéticas.

La colza (arriba) es la planta oleaginosa de la zona templada. Pero más de la mitad de la cosecha mundial proviene de la India y China. Su explotación en cultivo no se inició hasta el siglo XVIII. Al igual que en algunas especies de cereales, hay también una forma de invierno y otra de verano. Se utilizan las semillas. Tras exprimir aceite, dan una pasta muy alimenticia.

portancia en la economía mundial y ello depende de toda una serie de factores: índice de contenido graso, facilidad de cultivo, rendimiento de la cosecha, fácil obtención y buena calidad de la grasa resultante.

Entre las oleaginosas principales están la soja, cacahuete, girasol, olivo, colza, coco, sésamo, palma y algodón. El orden de esta lista corresponde a su importancia en la producción mundial. A la cabeza está la soja, que hemos mencionado ya como fuente de carbohidratos y hallado también en la lista de las fuentes de proteína. Es una planta de cultivo muy valiosa: une en alto grado distintas propiedades.

En la mayoría de las plantas oleaginosas se obtiene el aceite o grasa de la misma manera. Tras triturar o descascarar frutos y semillas, se los exprime en prensadoras hidráulicas sin fin. Este proceso va reforzado a menudo por un calentamiento de la pasta a 100°-130° C. En una segunda fase, se extrae la grasa residual con la ayuda de tetracloruro de carbono o una bencina especial. Suele quedar siempre cierto porcentaje de grasa residual. Para convertir el aceite crudo en aceite refinado hay que purificarlo, decolorarlo, quitarle ácidos y eliminar de él mediante vapor de agua a gran temperatura las esencias aromáticas y sápidas inconvenientes. Los residuos del prensado se utilizan como pienso. El resultado son algunos de los piensos más valiosos para la ganadería mundial. Hay que citar de nuevo en este apartado la soja, producto básico en la crianza, sobre todo, del cerdo.

Las grasas y aceites vegetales constituyen ya hoy día más de la mitad del consumo de grasas de la humanidad. La producción anual de grasas animales no pasó en el último decenio de los 11 millones de toneladas. En cambio las cifras referentes a las grasas vegetales superaron los 15 millones.

Como las proteínas animales no pueden cubrir nuestras necesidades alimentarias, adquieren cada día mayor importancia las proteínas de origen vegetal

«En el laberinto inmenso y casi ecuménico de urbes superpobladas en donde no han quedado realmente muchos oasis, viven unos 450 millones de personas bien alimentadas y que viven con relativo lujo —del otro lado están 2400 millones de personas con una alimentación escasa, unilateral o deficitaria en algún sentido y que vive en su mayoría en la pobreza».

Esta descripción de la situación mundial hace 5 años está tomada del libro «Too many» (Demasiados), de Borgstrom, aparecido en 1969.

Se ha comprobado que dos tercios de la gente que pasa hambre están malnutridos; padecen sobre todo una peligrosa falta de proteínas. Pero la tarea de subsanar ese déficit proteínico tropieza con grandes dificultades. Por un lado se trata de descubrir nuevas fuentes de proteína y por otra de que desechemos nuestras costumbres alimentarias. Los pueblos del mundo presentan grandes diferencias en lo tocante a tradiciones en esta materia. Todos son sumamente conservadores en este campo. Incluso la mayoría de los europeos, con todo y estar habituados a un menú muy variado, preferirían pasar hambre antes de comer unos exquisitos gusanos fritos.

¿Cómo puede entonces eliminarse el déficit proteínico? Se nos ofrecen métodos para resolver este problema. Y hay que poner ambos en práctica. Habrá que aumentar por un lado la proporción de proteína de los cereales, seleccionando nuevas variedades, pero se requerirá siempre un suplemento. El hombre tiene que tomar en su alimentación siete de los veinte aminoácidos (sillares proteínicos) que son del todo insustituibles para su vida y salud. Precisamente estos aminoácidos sólo pueden estar en cantidades pequeñísimas en los cereales. Han dado buen resultado experimentos para hacer aumentar la proporción de los aminoácidos esenciales en el maíz.

La soja, leguminosa asiática que no había sido conocida en Europa hasta hace muy poco tiempo, es la única planta cultivada que reúne en sus semillas todos los elementos básicos de la alimentación. Se ha elaborado a partir de ella carne artificial.

En Japón se emplean las algas como alimento adicional rico en proteína (arriba). También en Europa se hacen experimentos de cultivo racional de las algas verdes, seleccionando las variedades más convenientes y rentables (dcha.): nuevas fuentes de proteínas.

El segundo método estriba en la obtención de nuevas fuentes de proteínas. A este fin cabe excluir el mar de antemano, pues no se puede aumentar en mucho la captura de pesca actual. Especialistas competentes consideran posible a lo más una duplicación de la misma. Tampoco sería una solución el fomento indefinido de la ganadería: se pierde un 90 % de energía al transformar proteína vegetal en proteína animal.

Como vemos, sólo nos quedan las plantas como fuente de proteína para la mayoría de la humanidad. La semilla de soja contiene, después de extraerle el aceite, un 30 % de proteína; pero su harina es poco suculenta. Hay que contar con resistencia de parte del «público» cuando haya que recurrir al «pan de algas» y a proteínas procedentes de cultivos de bacterias en petróleo. Y sin embargo estas últimas producen excelente proteína para combatir la escasez mundial de este alimento.

Las especias pueden obrar maravillas. Su empleo adecuado no es una ciencia oculta

Como hemos dicho en la pág. 70, hay muchas plantas pródigas en sustancias especiales. Las sustancias aromáticas o de sabor penetrante de ese tipo nos permiten emplear partes de plantas como condimento. Con su ayuda dotamos nuestro menú de matices intensos en cuanto a sabores y olores, haciéndolo así más variado. Muchas de esas especias estimulan la mucosa gástrica e intestinal haciéndola segregar mayor cantidad de jugos digestivos y facilitando de este modo la digestión de manjares «pesados». La diversidad de aromas, por otra parte, acrecienta notablemente el apetito en un mundo que sufre hambre.

Empleamos como condimento hojas, raíces, cortezas, semillas o frutos, flores o verticilos, generalmente secos o en polvo. La canela, p. ej., es la corteza interior seca de un arbusto de la familia del laurel. Se la menciona ya (en rama) en un tratado chino de herborística unos 2800 años a. JC. —es una de las especias más antiguas. El botón sin abrir del clavo, pariente del clavel, nos da la especia de su nombre. El azafrán se compone de los estigmas secos de una flor iridácea. La planta del jengibre, pariente del plátano, posee rizomas de codiciado valor gastronómico, sobre todo en Oriente.

Gozan de especial difusión las bayas de una trepadora de la India: la pimienta, lanzada al mercado en forma negra y blanca, según el grado de maduración de la cosecha y el tratamiento ulterior. Le confiere su picor ardiente un alcaloide, la piperina; su aroma proviene de distintos aceites esenciales. Por su consecución se pagaron, en la edad media, sumas fabulosas. Así se convirtió en el motor principal de la navegación de Indias.

Muchas especias provienen de la gran familia de las umbelíferas, cuyo aroma perfuma de un modo tan penetrante el aire de los campos en los días calientes. Entre ellas se emplean como condimento los aquenios del anís, eneldo, hinojo, comino, culantro y perifollo y las hojas, en cambio, del perejil, apio, pimpinela y levística. Otra familia rica en plantas especiosas es la de las labiadas, a la que pertenecen entre otras la albahaca, tomillo, romero y salvia. Podría continuar la lista —hay más de 100 especies de especias.

Guindillas (izq.), una especie de pimientos. Los pimientos maduros son la gloria de platos y ensaladas; moliéndolos en verde, dan un conocido condimento. Abajo: Cabezas de ajo. Los pequeños dientes que las forman se hallan envueltos en una delgada piel.

El lúpulo se cultiva en gran escala (arriba) desde que en la edad media creció tanto el consumo de cerveza. Interesan únicamente los corimbos de las plantas femeninas. Contienen sustancias amargas que confieren al mosto de la malta el sabor peculiar de la cerveza.

15

Posibilidades infinitas de cultivo y selección de las plantas

Hace unos 20 a 30 millones de años se separaron entre sí las líneas genealógicas del hombre y de los grandes simios. El utensilio más antiguo que conocemos data de más de dos millones de años. Pero no hace más de 10.000 que el hombre se hizo sedentario para calmar el hambre mediante la agricultura. El primer paso hacia ésta consistió en el cultivo de plantas silvestres. Aumentó en gran medida la capacidad de población de la Tierra. Hoy viven en ella unos 3.500 millones de hombres. Se nos plantea el problema de adaptar el aprovechamiento del suelo al explosivo crecimiento de la población, pero tenemos que procurar devolver el equilibrio a la naturaleza.

El menosprecio del equilibrio destruye los biotopos naturales

El revestimiento vegetal de un terreno está equilibrado con los factores climáticos y las propiedades del suelo. Ese equilibrio ha ido ajustándose a lo largo de millones de años. Un ejemplo de ello es el equilibrio de los minerales que existen entre el suelo y una vegetación intacta: las raíces arrebatan al suelo junto con el agua preciosos minerales como potasio, fosfato y nitratos. Normalmente los recupera en un ciclo que pasa por la descomposición de las plantas muertas, de manera que quedan a disposición de nuevas plantas.

Otro ejemplo: del mismo modo que el clima y el suelo influyen intensamente en la composición de especies y procesos biológicos de la vegetación, la cubierta vegetal influye recíprocamente en el clima y propiedades del suelo. Las raíces, p. ej., retienen el suelo y, junto con el follaje, lo defienden de las fuerzas erosionadoras del viento y del agua. La capa de hoja caída y en descomposición aumenta básicamente la capacidad de almacenamiento de agua e impide, ayudada por la sombra de las hojas, la rápida deshidratación del suelo. El revestimiento vegetal reduce la fuerza del viento y del agua que cae e influye mediante su transpiración en la humedad atmosférica.

Con la invasión de los cultivos obra del hombre, se alteran bruscamente casi todos esos ciclos equilibradores. El ciclo mineral se rompe y transforma en una cadena. Esto provoca, según el tipo de suelo y el clima, un empobrecimiento más o menos rápido del suelo. No hace más de 120 años que se abonan suficientemente las tierras y eso sólo en los países más civilizados. Este saqueo, atenuado solamente por el abono natural y los cultivos alternantes, junto con el aumento de la población, obliga a recurrir a cultivar cada vez más terrenos nuevos. A menudo olvida el hombre el repoblamiento forestal de las superficies de cultivo desechadas que quedan en tal caso abandonadas a la erosión.

Del total de superficie mundial de cultivo, más del 80 % se dedica a plantas anuales que, a fin de racionalizar su laboreo, se siembran en forma de gigantescos monocultivos. Esto tiene como consecuencia que esos suelos quedan gran parte del año desprotegidos, abandonados y a la intemperie. Las tormentas de arena y las inundaciones, sobre todo en los Estados Unidos, contribuyen así a esquilmar territorios enormes. Por otro lado, en las regiones de lluvias torrenciales el suelo pierde enseguida las preciosas sales minerales. Así se

Sólo a base de penosísimo trabajo pueden dedicarse todavía al cultivo agrícola terrenos tan erosionados como éste (izq. superior). En cambio, hay que abandonar las tierras altas, cubiertas antes de bosque (izq.), al monte bajo que, aunque improductivo, evita la ulterior erosión de las mismas.

Los suelos despojados de su revestimiento vegetal protector se convierten en presa inerme de las fuerzas erosionadoras del agua y viento. Inundaciones y tolvaneras (arriba) reducen las superficies de cultivo que tanto se necesitan: otro resultado negativo de la intervención del hombre.

forman en el trópico sabanas de gramíneas a menudo inaprovechables por el hombre. En Indonesia, p. ej., ocupan esas estepas 15 millones de hectáreas: más del total de superficie destinada a pastos, agricultura y arbolado. En todo el mundo, la proporción de tierras baldías ha aumentado del 9,4 % de la superficie de tierra firme en 1880 al 29,3 % en 1952. Hay razones para conjeturar que se deteriora el clima de las regiones esquilmadas. Un claro ejemplo está en el Mediterráneo: la tala total de su arbolado ha empobrecido el suelo y deteriorado radicalmente el clima de esa extensa cuenca, en la que hoy se hacen denodados esfuerzos por regenerar el suelo. Tenemos que intentar ahora convertir de nuevo las tierras baldías en terrenos de cultivo —las reservas que nos quedan no tienen precio. En lo sucesivo, cualquier intervención tecnológica o cultural que perturbe o modifique el equilibrio biológico existente deberá ser contrarrestada por una intervención compensadora capaz de devolver a su estado original el alterado balance del medio ambiente, o bien de procurar una sustitución ecológica aceptable.

Los monocultivos agrícolas y forestales traen a la larga más problemas que ventajas

Toda especie animal y vegetal aprovecha de un modo especial las condiciones existentes en un biotopo dado. Lo explicaremos con un ejemplo: en la flor en corimbo de una zanahoria silvestre pueden observarse varias especies zoológicas. Hay así una serie de moscas que aprovechan la flor como fuente de alimento; les interesa el néctar y el polen. O una araña que se oculta en el corimbo y utiliza la flor como coto de caza propio. Vemos también un escarabajo que se recupera en el corimbo después de un largo vuelo. Y por último, en la capa de mantillo al pie de la planta hay un miriápodo —a éste no le interesa la flor en absoluto. Se denomina «nicho ecológico» de una especie al conjunto de relaciones entre las circunstancias ambientales y la forma de aprovecharlas esa especie. Cuantos más nichos ecológicos distintos pueden formarse en un biotopo dado, más especies diferentes podrán poblar ese espacio vital. Esto tiene lógicamente como consecuencia que al distribuir un biotopo entre numerosos nichos ecológicos, cada uno de ellos ofrecerá posibilidades de vivir a un número relativamente pequeño de individuos. Este estado de cosas se ha expresado en el siguiente principio fundamental: condiciones de vida polifacéticas en un mismo biotopo permiten la existencia de un gran número de especies, de las que se compone la correspondiente biocenosis. El número de individuos de las especies respectivas es relativamente reducido. En cambio, las condiciones muy especiales, sobre todo las que incluyen un desarrollo excesivo o muy reducido de los factores ambientales básicos, producen biocenosis muy escasas en especies; en cambio el número de individuos de esas pocas especies es muy numeroso. Un ejemplo:

Un descuidado pasto de montaña alberga multitud de especies de plantas cuyos escasos representantes individuales están desperdigados en él. En un prado abonado y cuidadosamente segado ha desaparecido la variedad de especies, pero las pocas que quedan llenan con sus individuos todo el campo disponible.

Este hecho tan patente en la naturaleza tiene para el hombre gran importancia práctica. Presionados por la fitotecnia, tendemos a convertir cada vez más en monocultivos todas nuestras superficies cultivadas. Son ejemplo de ello los campos de trigo, algodón y patata, así como los bosques de pinos. Creamos de este modo biotopos artificiales con factores ambientales muy especializados y condiciones de vida restringidísimas. No es la única consecuencia que los hombres vivamos muy bien debido al enorme rendimiento de las cosechas. También determinados grupos zoológicos que se alimentan en especial de estas plantas pueden proliferar en masa, faltando además con frecuencia en esos biotopos tan exclusivos los enemigos naturales que hubieran podido regular el número de los parásitos en cuestión, que se convierten en plaga.

Para que la proliferación masiva de esas plagas no acabe totalmente con la cosecha, ha tenido que intervenir el hombre. Primero recurrió al empleo de pesticidas químicos en gran escala, que no sólo intoxicaron los insectos dañinos sino también otras especies zoológicas inofensivas y a veces incluso benéficas. Además, esos venenos han llegado hasta los alimentos del hombre a través de insospechados derroteros.

Se buscaron entonces tóxicos específicos y con menores efectos secundarios. Pero a la larga sólo podrá ayudarnos en la lucha antiparasitaria el empleo de métodos biológicos basados en el respeto del equilibrio ecológico natural.

Los monocultivos (dcha.) brindan condiciones biológicas ideales a determinados animales que se multiplican en masa (p. ej., el escarabajo de la patata, arriba). Cuando estos parásitos han sido traídos por una planta de cultivo, el hombre se ve forzado a utilizar los dañinos pesticidas químicos (izq.).

Una de las tareas esenciales de la ciencia reside en la investigación selectiva y acelerada de las condiciones biológicas de los organismos vegetales

Uno de los más importantes descubrimientos de la investigación botánica ha sido la comprobación de que el cultivo intensivo del suelo roba a éste sus recursos minerales y termina por esquilmarlo si no se le reponen esas sales. La primera aplicación de este principio, que hoy nos parece «de cajón», constituyó hace algo más de 100 años un hito en la historia de la agricultura. El químico alemán Justus von Liebig formuló en 1840 su famosa «ley del mínimo». Reza ésta que, de todos los minerales esenciales del suelo, determina la cosecha únicamente el más escaso en relación a las necesidades de la planta. La moderna química del abonado se basa en este principio.

Aunque la agricultura se había basado por milenios en conocimientos logrados a base de rectificar errores y transmitidos por la tradición —pese a todas sus fallas, arrojaron resultados sorprendentes—, posibilitaron sin embargo el descubrimiento de las leyes de la herencia, permitiendo la genética basada en estas últimas la modificación selectiva de las plantas de cultivo. Mediante la radiactividad y determinadas sustancias químicas puede aumentarse hoy día el índice natural de aparición brusca de mutaciones. Los cruces de especies íntimamente emparentadas permiten lograr a todas luces cosechas mayores, resistencia contra las enfermedades e insensibilidad a las temperaturas. En el maíz p. ej., se ha logrado mediante determinadas formas cruzadas —el denominado maíz híbrido—, aumentar las cosechas en más del 25 por ciento.

Hace muy poco tiempo se ha conseguido fusionar entre sí células de diferentes especies vegetales criadas por separado, creando así combinaciones de propiedades nuevas. Como desde hace algún tiempo es ya posible producir plantas normales de células aisladas, se abren insospe-

El rendimiento de una planta sólo puede mejorar cuando, a base de experimentos sistemáticos, se logra conocer bien la influencia de los factores ambientales en la producción. Arriba: Medición de la función clorofílica (consumo de CO_2 por fotosíntesis) de una planta.

Sólo en espacios controlables, p. ej., en los invernaderos (dcha.), puede aumentarse radicalmente la cosecha, gracias al cambio preciso de los factores climáticos. También se facilita mucho de este modo la prevención de enfermedades y de plantas rivales.

Plantas de petunia de una misma edad y origen fueron sometidas a diferentes condiciones de luz (arriba). De ese modo pudo averiguarse que el crecimiento de la planta se halla muy influido por el efecto de la luz, independientemente de la fotosíntesis.

chadas posibilidades de «construir», en el más auténtico sentido de la palabra, plantas de cultivo con características desconocidas hasta ahora. Esto no había podido discutirse siquiera hasta aquí, porque sólo podían cruzarse especies muy emparentadas. La mayor parte de la humanidad está desnutrida o indebidamente alimentada. Todavía no podemos prever un coto al aumento de la población mundial. Si ha de evitarse una regulación forzada de esa población a base de hambres catastróficas —cosa que probablemente traería consigo el derrumbe de la cultura humana—, habrá que procurar mayores cosechas. El aumento de la superficie de cultivo sólo es posible dentro de ciertos límites. Se buscan en cambio métodos a base de aumentar la producción de alimento dentro de la misma planta: se trata de lograr que convierta en alimento un porcentaje todavía mayor de la energía solar que recibe.

En las condiciones naturales transforma la planta únicamente del uno al dos por ciento de la energía solar en la energía química contenida en los alimentos que, a su vez, sólo puede ser aprovechada en un 50 % por parte del organismo humano. Podría pensarse en teoría en el aprovechamiento de un 10 % de la energía solar. (No podemos pensar en porcentajes mayores, pues la planta sólo utiliza la banda roja y azul del espectro solar y pierde además por reflexión parte de esa misma luz). Por ahora es muy discutible el que pueda alcanzarse ese diez por ciento, pero una proporción mucho menor permitiría ya duplicar o triplicar las cosechas. Promete nuevas oportunidades el intento de provocar un desarrollo más rápido de las plantas que permitiría en vez de una, lograr dos o tres cosechas en la misma superficie de cultivo. No nos faltan posibilidades —necesitamos sólo saber emplearlas.

El dar forma armoniosa a parques y jardines es un arte que se relaciona indisolublemente con la alegría de vivir del hombre

El hombre primitivo que vivía en íntimo contacto con la naturaleza, no conocía el término «jardín»; en su idioma no había base para el mismo. Los jardines fueron creados por los pueblos de grandes culturas, habitantes de ciudades. En el antiguo Egipto, p. ej., las casas de los ricos y notables estaban rodeadas de jardines; en realidad de verdaderos parques con emparrados y pabellones, paseos con arboleda y cuidadísimos macizos de flores y, naturalmente, un estanque de lotos en donde nadaban aves acuáticas.

Los pueblos de Mesopotamia, los asirios y babilonios, crearon jardines paradisíacos en sus parques en terrazas, como aquellos legendarios jardines colgantes de Babilonia que los antiguos contaron entre las siete maravillas del mundo. También los persas figuraron entre los grandes pueblos jardineros. Su palabra «pairidaezam» (equivalente a jardín), proporcionó la base filológica de paraíso —no olvidemos que el hombre fue expulsado del «jardín» del Edén.

Desde los persas y a través de griegos y romanos, pasó a los árabes la ciencia de los jardines. Fueron ellos los creadores de la Alhambra; en los cuentos y leyendas de sus «Mil y una noches» levantaron un monumento imperecedero a su floricultura. Bizancio pasó los refinamientos del jardín al renacimiento italiano. Partiendo de éste

La frescura del mármol, la filigrana de los arabescos, la fiesta del colorido y el embriagador aroma de las flores junto con el murmullo de las fuentes y la variedad de pájaros enjaulados, hacen de una visita a la Alhambra (de Granada) un imborrable recuerdo.

La arquitectura de las mansiones reales se enseñorea también del paisaje; no se le deja ya crecer «a sus anchas», sino que ha de someterse también a las mismas reglas estrictas que dominaron la piedra de los palacios. Abajo: Jardines del castillo de Schwetzingen (Mannheim).

Los parques y jardines botánicos son oasis de esparcimiento para el hombre moderno. Aúnan el ambiente urbano y el mundo de las plantas, dando una impresión de «madurez» espontánea.

logró una nueva floración en el alto barroco. En esa época se descubrió el vínculo, insospechado hasta entonces, entre el jardín y la arquitectura: se trataba de fusionar el espacio edificado con el aire libre; los macizos, setos y árboles tenían que ajustarse a leyes geométricas. Se produjo un gran cambio cuando en el siglo XIX la investigación de las floras extranjeras proyectó lo exótico a un primer plano.

Todavía puede apreciarse en nuestros grandes jardines botánicos la influencia del inspirado arte de los parques orientales —el conocedor se deleita en sus mil refinamientos. En cambio la faz de las ciudades modernas lleva el sello del jardín «social». Paseos, cinturones verdes y paisajes elevados a la categoría de parques naturales se han convertido en oasis imprescindibles en la vida del hombre moderno —son un pedazo de naturaleza que quiere salvar el hombre dentro de su cárcel cultural.

La meta del seleccionador botánico es lograr plantas más hermosas, sanas, sabrosas y productivas

Viven hoy día en la Tierra unos 3500 millones de habitantes. Si se trata de alimentar a los 6000 millones que se prevé van a habitar el planeta para el año 2000, los que viven hoy deberán procurar alimentos para esos 2500 millones restantes. Hay que resolver esta tarea en el plazo de una generación —es responsabilidad nuestra. Esto quiere decir que habrá que duplicar prácticamente para nuestros nietos las fuentes de alimentación creadas por la humanidad mediante el cultivo de plantas en estos últimos 10 000 años. ¿Podemos acaso siquiera contar con esa posibilidad?

Si comparamos las formas silvestres originales con nuestras actuales plantas de cultivo, notaremos en todos los casos un enorme grado de aumento en la producción: las partes que utilizamos en las formas cultivadas son significativamente mayores que las de las formas de origen. Un ejemplo de «última hora» es el arándano doméstico (foto pág. dcha.), cuyas copiosas y grandes bayas contrastan en extremo con la minúscula cosecha de las modestas plantas del bosque.

¿Cómo se procede para lograr tales transformaciones? Hasta hace poco, los seleccionadores de plantas se basaban en su paciencia e intuición para con las plantas. Dependían de la propia experiencia y de un buen ojo para observar esas pequeñas diferencias que se producen al acaso entre miles de plantas a causa de variaciones idiotípicas. Necesitaban también buena mano para escoger cuidadosa y tenazmente las variedades logradas, para continuar en ellas una selección implacable. Este método ha visto nacer a lo largo de los siglos nuestras más importantes plantas alimenticias.

La aplicación de los conocimientos basados en las leyes de la herencia junto con el método de la sistemática (estudio de parentescos), no ha aportado prácticamente en estos últimos 60 años ninguna planta nueva de cultivo, pero tuvo sin embargo éxitos muy positivos. Plantas cultivadas amenazadas por enfermedades y parásitos pudieron dotarse mediante cruce con sus «parientes salvajes» de la resistencia típica de estos últimos.

Una gramínea existente en Israel demostró, p. ej., una enorme resistencia contra

Hace unos 10 000 años comenzaron los hombres del Mesoriente a cultivar por cuenta propia dos especies de gramíneas que recogían desde mucho antes. Se trataba de las formas precursoras del trigo y la cebada. Estas dos gramíneas, sobre todo el trigo (izq.), se hallan inextricablemente vinculadas con el comienzo de la cultura y civilización humana.

Aparte de la selección de nuevas variedades, desempeñan un papel primordial los nuevos métodos de cultivo si se trata de aumentar el rendimiento. Abajo izq.: Un hidrocultivo de tomates. Sus raíces se mantienen en una solución salina fácil de controlar.

Mediante una selección rigurosa de plantas individuales con determinadas mutaciones idiotípicas y el cultivo especializado de las mismas, pueden lograrse modificaciones ventajosas de los organismos vegetales (abajo).

una temible micosis que afecta a nuestras especies de cereales. Como esa gramínea está emparentada con el trigo, se ha logrado incorporar esta importantísima propiedad a nuestra preciosa y simbólica planta alimenticia.

Se han logrado éxitos similares en los sectores del aumento de producción y de una mayor resistencia contra los factores climáticos. Así se logró una variedad de centeno que madura de una a dos semanas antes que el centeno «normal», lo que ha permitido extender algunos grados hacia el norte el área de cultivo de este importante cereal.

También hay que agradecer a la selección de acuerdo con la genética una variedad de maíz más rica en proteínas. Como hemos dicho (pág. 180), los cereales son en general pobres en proteínas. Los pueblos que se alimentan principalmente de arroz (Extremo Oriente), sufren por esa razón hipoalbuminosis. La nueva variedad de maíz es un primer paso, al menos para contrarrestar esa deficiencia en cierto grado: aporta asimismo a la alimentación aminoácidos que no se contienen en otras especies de cereales.

El trigo es una planta de la zona templada. No prospera en los trópicos y subtrópicos porque no se aviene a la uniformidad de la duración del día. Necesita allí días más cortos. Se ha descubierto hace poco una variedad de trigo insensible a la duración del día debido a una modificación genética. Se produce muy bien en muchos países entre los grados 30 de latitud norte y sur, o sea a todo lo ancho de la zona tropical.

Pese a los indiscutibles éxitos de los métodos de selección empleados hasta ahora y mejorados sin cesar a la sombra del progreso de la genética, son limitadas las posibilidades de procurar a su través rápidamente suficiente alimento para la creciente población mundial —por un lado, a causa de que los caracteres idiotípicos son muy constantes y por el otro, porque normalmente sólo pueden cruzarse especies muy afines.

La protección del paisaje se ha identificado desde hace tiempo con la protección del hombre mismo

Muchos yacimientos de lignito y otros minerales sólo pueden explotarse a cielo abierto —la formación rocosa o la sedimentación no permiten otro modo de hacerlo. Estas explotaciones al raso, hasta de 280 metros de profundidad, constituyen alteraciones del paisaje.

El hombre actual tiende a aplicar también a las cosas vivas una mentalidad y un método de trabajo tecnicoanalíticos. Ha perdido de vista el adecuado modo de tratar los sistemas vivos y con ello no sólo ha dañado a la naturaleza sino también a su propio ser. Muchos ejemplos hay de la irresponsabilidad del hombre en su trato del sistema ecológico del «vehículo espacial» que es la Tierra.

El Brasil, p. ej., ha comenzado a destruir la selva virgen tropical, el ecosistema más variado y exuberante que existe. Si no se le pone coto a esa destrucción insensata, resultará afectado con gran seguridad el ecosistema entero de la Tierra.

La adopción de medidas en favor de la conservación de la naturaleza primitiva se dificulta especialmente en los países que carecen de una industria bien desarrollada. El rapidísimo aumento de la población los hace recurrir a las fuentes naturales de ayuda de sus bosques y campos. Esos países debieran aprender con el triste ejemplo del área mediterránea, donde se destruyó en la antigüedad y la edad media el copioso arbolado natural. Han quedado por doquiera pedregales y desiertos. Los grandes planes puestos en marcha en algunos países mediterráneos, sobre todo en España, para sanear el paisaje mediante reforestación, tardarán aún decenios en dar el resultado debido.

¿Por qué hemos de cuidar celosamente de

la conservación del estado original de grandes superficies de terreno? ¿No estaría más indicado aprovechar las mismas para el cultivo de plantas útiles? La ciencia actual da una decidida respuesta negativa a esta última pregunta. Del sinnúmero de especies botánicas sólo se utilizan hoy día algunos miles. Las demás podrían ser algún día no demasiado lejano de vital importancia.

En la selección de nuevas plantas de cultivo se procede del modo siguiente: en cuanto se comprueba que una especie tiene valor económico, comienzan los botánicos a investigar, seleccionar y perfeccionar. Se recogen y cruzan entre sí las especies silvestres afines a ella a fin de dotarla de todas las buenas propiedades posibles.

De aquí se sigue la gran importancia de las plantas silvestres. Constituyen un almacén insustituible de propiedades favorables. Si se destruye gran parte de la vegetación natural para crear espacio para las necesidades del hombre, se perderán muchas especies botánicas.

Si la conservación de nuestra civilización exije ya intervenciones drásticas en el paisaje, debe procurarse al menos el evitar o subsanar los deterioros de tipo ecológico. La explotación del lignito a cielo abierto requiere, p. ej., el movimiento de verdaderas montañas de material. Una excavadora gigante mueve al día unos 100 000 m³ de lignito o escombros, correspondientes al cargamento de 20 000 camiones. Los cráteres resultantes, del tamaño de ciudades enteras, se llenan a menudo de agua. El ejemplo de la cuenca lignitera de Colonia-Aquisgrán nos demuestra que es perfectamente posible el recultivo de un paisaje destrozado.

La restauración y reforestación de antiguos yacimientos abiertos ofrece a los habitantes de ciudades cercanas el solaz del bosque, el lago y el reencuentro con la fauna propia del terreno. Este panorama de la región de Colonia-Aquisgrán es un ejemplo aplicable a otras muchas situaciones.

Nuestra actitud para con las plantas no está dictada únicamente por miras utilitarias sino también por una profunda admiración

Nuestra actitud para con las plantas no está dictada únicamente por miras utilitarias sino también por una profunda admiración.

Ningún ser humano está exento de relaciones sentimentales con el reino vegetal. Esas relaciones se exteriorizan en una sincera admiración ante la belleza de las criaturas vegetales, siempre que el hombre no haya perdido la facultad de apreciar las curiosidades de su entorno y siempre que sea capaz de ver y contemplar.

La belleza de las plantas puede ser enigmática y puede esfumarse rápidamente cuando se la quiere captar con dimensiones intelectuales. A menudo se basa en propiedades arquitectónicas como son la regularidad y simetría, la claridad y sencillez. Pero también puede deberse a su irregularidad estructural, complicación y grandes variaciones. De un modo u otro la belleza de la planta exige una condición: esa planta tiene que ser «auténtica» o al menos concebida como tal. Es decir, que esa planta de «hermosas» características tiene que ser aceptada junto con su individualidad.

En todas partes del mundo se hace uso de la belleza de las plantas, sea en ceremonias religiosas, fiestas mundanas y familiares y ocasiones privadas. Incluso se han originado cultos especiales que giran en torno a las plantas. Se refiere todo ello a un objeto tan frágil como las flores y las hojas o bien tiene por meta la estable figura de los árboles. Las plantas o sus partes escogidas se convierten entonces en símbolos con distinta significación. Quien regala flores, suele atender a esa significación y «deja que hablen ellas». También a los árboles se les atribuye un carácter expresivo: el abedul es alegre y el ciprés sombrío, la araucaria rígida y el haya estimulante, el roble majestuoso y el sauce llorón. Los psicólogos aprovechan en sus tests el profundo arraigo que tiene en la mente el carácter simbólico de los árboles.

Para el hombre civilizado y dado el empobrecimiento de lo natural en su ambiente, adquieren las plantas un nuevo e importantísimo significado: enriquecen ese ambiente con un hálito de vida. La cultura japonesa nos revela las posibilidades que en ese sentido se nos ofrecen. El ikebana o arte de los adornos florales, mediante sus reglas de composición, hace de la belleza natural de la unidad vegetal, una vivencia plasmadora. El bonsai, o arte del cultivo selectivo de árboles enanos, permite conferir una vida única a las casas y habitaciones. Todas estas artes consumadas o simples aficiones cordiales sirven a una sola cosa: a la alegría del ser humano.

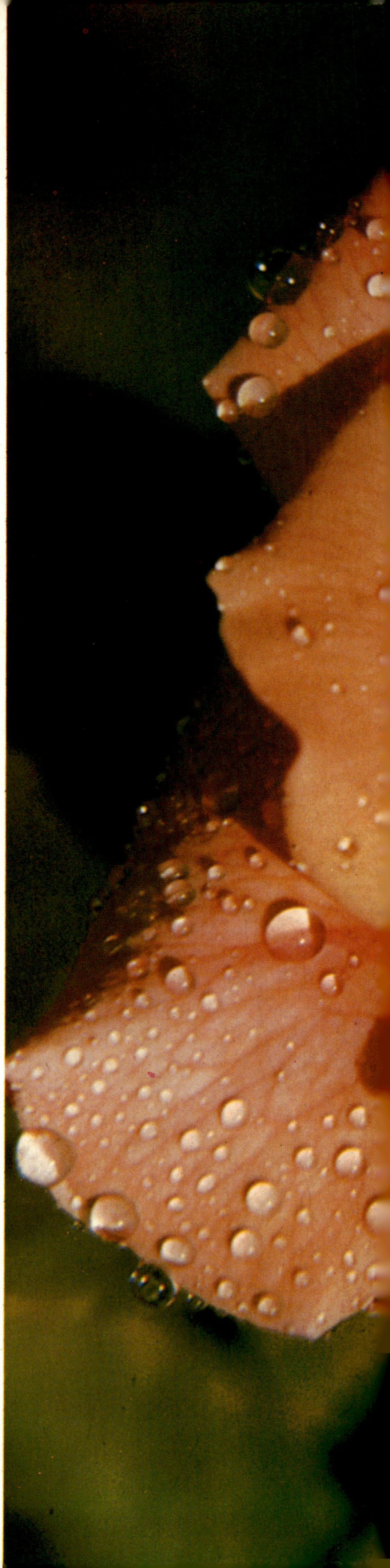

Se diría que en el cultivo de la rosa ha logrado el jardinero reunir en una flor todo el encanto, delicadeza y hermosura de la flora entera. La rosa es una planta cultivada tan antigua como el vino y el pan, pese a que no le ofrece al hombre ningún fruto material. Es atributo de los dioses y los amantes y también un objeto de la galantería.

Estructura del reino vegetal

cifras = especies conocidas actualmente (números redondos)

plantas sin verdadero núcleo

bacterias 2000
(esquizofitas)

cianofíceas 2500
(algas azules)

plantas con verdadero núcleo

talofitas

I. algas 20 000
monadofitas (flageladas)
bacilariofitas (diatomeas, etc.)
clorofitas - feofíceas - rodofitas

al reino animal

II. mixomicetos 500

III. hongos 100 000
ficomicetos - ascomicetos - basidiomicetos - uredales y ustilagales

IV. líquenes 16 000

V. muscíneas 25 000
musgos
hepáticas

cormofitas

VI. pteridofitas 10 000
filicíneas
helechos
equisetíneas
licopodíneas

espermatofitas

VII. criptógamas
cicadáceas
taxáceas
coníferas

VIII. fanerógamas

A. dicotiledóneas 170 000

magnoliáceas (magnolias, miristica, laurel, canela, alcanfor)
ranáceas (ranunculáceas, anémonas, peonía, espuela de caballero, aguileña, hierba de pordiosero)
ninfeáceas (nenúfares)
aristoloquiáceas (aristoloquia, ásaro)
rosáceas (plantas carnosas, telefio, saxifragáceas, hortensia, uva de San Pedro, rosáceas, rosa, frambuesa, zarzamora, fresa, drupas, frutas en pomo)
hamamelidáceas (hamamelis, plátano)
leguminosas (mimosas, acacias, guisantes, alubias, alfalfa, retamas, altramuces)
mirtáceas (salicaria, granado, manglo, mirtáceas, eucaliptos, mirto, torvisco)
roedáceas (papaveráceas, crucíferas, coles, mostaza, berro, mastuerzo, alcaparra)
gutiferáceas (té, corazoncillo)
ericáceas (brezo, arándanos, rododendros)
parietales (viola, violeta, tamariscos, droseras, dioneas, begonias, pasionarias)
cucurbitáceas (calabaza, pepino, melón)
malváceas (malvas, tilos, algodón, cacao, baobab)
euforbiáceas (euforbia, ricino, caucho, mandioca)
geraniáceas (lino, coca, acederilla, geranio)
rutáceas (cítricos, polígala, incienso)
ramnáceas (tamujo, vid)
umbelifloras (cornus, hiedra, umbelíferas: comino, eneldo, anís, hinojo, zanahoria, cicuta)
ligustráceas (aligustre, genciana, siempreverde)
solanáceas (belladona, patata, tomate, tabaco, estramonio; escrofulariáceas: boca de dragón, gordolobo, digital; labiadas: salvia, tomillo)
rubiáceas (saúco, valeriana, madreselva, cuajaleche, aspérula, cafeto, quina)
campanuláceas/sinandras (compuestas: girasol, diente de león, árnica, margarita, dalia, cardo, achicoria, lechuga)
fagáceas (haya, roble, abedul, aliso, avellano)
salicáceas (álamo, sauce)
urticáceas (olmo, morera, higuera, ficus, cáñamo, lúpulo, ortigas)
piperáceas (pimienta)
poligonáceas (espérgula, acedera, ruibardo)
cariofiláceas (clavel, quenopodio, armuelle, espinaca, cactáceas)
primuláceas (primavera, soldanela, numularia)

B. monocotiledóneas 50 000

helobias (elodia, hidrocara, potamogetáceas)
liliáceas (lirio, tulipán, jacinto, campanilla de mayo, áloe, ágaces, amarilidáceas, narcisos, galantas, iridáceas)
bromeliáceas (piña)
gramináceas (gramíneas, cereales, arroz, mijo, maíz, caña de azúcar, bambúes)
ciperáceas (carrizos, fleos, erióforo, papiro)
cingiberáceas (satirión, cipropedios y otras orquídeas)
príncipes (palmáceas: cocotero, datilero, palmito)
espatifloras (aráceas, anthurium, cala, filodendro, lentejas de agua)
pandanáceas (pándanos, esparganios)

Indice de materias
Indice
Documentación fotográfica

Indice

(Las cifras en *cursiva* remiten a una ilustración)

Documentación fotográfica

Fotos en color

Ahrens+Sieberz KG, Siegburg: 99
Aldus Books, Londres: 178/179
Anthony-Verlag, Starnberg: 182/183, 192 i
Asociación de la minería del carbón alemana, Essen: 53 d, 176/177
Peter W. Bading, Anchorage: 32 i
Ute Balzer, Fraiburg: 140 c
Wilfried Bauer, Hamburgo: 80/81
Bavaria-Verlag, Gauting: 32/33 b, 139 r, 191 r
Bayerwerk, Leverkusen: 166 b
Bergfeldt, Freiburg: 64 rc, bc, b
Biobild, Freiburg: 26 ci, 36 b, 56/57, 77 b, 120 i, 135 b, 150, 164 b
Central Color, Garmisch-Partenkirchen: 196 r
Ilse Collignon, Munich: 162 c, 194/195, 195 c 198 b
dpa, Frankfurt: 202/203
Dr. Peter Emschermann, Freiburg: 42 r
Dr. Georg Gerster, Zumikon-Zurich: 132/133, 165, 168/169, 200
Dr. K. E. Graebner, Altenerding: 10/11, 70/71, 95, 122/123, 202
Grant Heilman, Lititz, Pensilvania: 79 b, 127, 172, 188/189, 192 d
Dr. Otto von Helversen, Freiburg: 111 b
Thomas Höpker, Munich: 12 c
Herbert K. Huhnholz, Lagerlechfeld: 20/21
Jacana, París: 46 c, 46/47 r, 138 i, 158/159
Manfred Kage, Weissenstein: 12 b, 43, 58 bd, 88 ci, 174 b
W. Kemnade, Bremen-Osterholz: 15 b, 76/77, 87, 132 i, 134, 160/161
Paolo Koch, Zoelikon 186/187 r
laenderpress, Düsseldorf: 6/7, 112, 155 b
Dr. Herbert Lange, Freiburg: 26 cd, 30 b, 40 bi, 44, 45, 56, 59, 62/63, 66/67, 73 i y d, 78 d, 92 b, 92/93, 101, 110 r, 111 r, 113 i y d, 115, 124 b, 148 bi, 162 r
Franz Lazi, Stuttgart: 56 bd, 61, 85, 118/119, 128 bi, 156/157
Till Reinhard Lohmeyer, Munich: 147 r y b, 155 r
A. Marten, Freiburg: 19 rd,
Mauritius-Verlag, Mittenwald: 41 r, 106/107, 120 d, 125, 130/131, 140/141, 160 c, 191 b, 196 b
Dr. L. Palnic, Venecia: 60 r, 135 r
Klaus Paysan, Stuttgart: 52 i, 60 b, 109, 135 r
Herbert Peterhofen, Moers: 48/49
Hans Pfletschinger. Ebersbach: 136
Photo Research, Alejandría: 8/9, 38/39, 163
Eckart Pott, Freiburg: 184/185 b
Georg Quedens, Norddorf: 25
roebild, Frankfurt: 58 b, 90/91, 197
Salmer, Barcelona: 181
Siegfried Sammer, Berlín: 105 b, 184/185 r
Günter Spitzing, Hamburgo: 30 c
Toni Schneiders, Lindau: 18/19, *22/23*, 30/31, 86/87, 190/191
Christa Schulz, Bonn: 34
Time Inc, Nueva York: 11 c, 175
Dr. Dietmar Todt, Freiburg: 8 r, 14, 24/25, 28 c, 29, 35 d, 37, 40 c, 55 b, 69 r, 74/75, 94 b, 98 i, 102, 102/103, 103 cd, 118 bd, 128/129, 137, 140 ri, 148 ri, 198 r
K. H. Ulrich, Freiburg: 144 r, 144/145, 160 r
Hans Rudolf Uthoff, Hamburgo: 16/17, 19 bd, 71, 98/99, 116/117, 180/181, 182, 186/187 b
V-Dia, Heidelberg: 110 bd, 164 r
Dr. Vogellehner, Freiburg: 55 r
B. Wolf, Freiburg: 35 bi
Gunther Wolf, Bielefeld-Milse: 96/97, 104 i, c, 104/105, 105 d, 142/143
Dr. Wolff & Tritschler, Offenburg: 170/171 r
Zefa, Düsseldorf: 11 r, 13, 15 r, 16 bd, 32/33 r, 35 ri, 84/85, 88/89, 108 i, 151, 154, 173 b

Fotos en blanco y negro

Bavaria-Verlag, Gauting: 79 r
Bayerwerk, Leverkusen: 166/167, 167 b
Bergfeldt, Freiburg: 64 r, 65
Biobild, Freiburg: 136/137, 173 r
Dr. Martin Deckart, Bad Tölz: 104 bd, 122 ir, c, b, 138 d
Edi-Studio, Barcelona: 146
Dr. H. Falk, Freiburg: 73
Feldmühle, Düsseldorf: 170/171 b
Dr. Georg Gerster, Zumikon-Zurich: 193
Dr. K. E. Graebner, Altenerding: 70 i, 80
Grant Heilman, Lititz, Pensilvania: 42 b, 78 i, 126 i, c, d, 128 rd, 195 r
Jacana, París: 50 i
Manfred Kage, Weissenstein: 174 r
W. Kennade, Bremen-Osterholz: 16, 94 r, 103 r
Karlheinz Klubescheidt, Rheda: 181 b
laenderpress, Düsseldorf: 184
Dr. Hebert Lange, Freiburg: 46/47 b, 69 b, 77 r, 84 i, 86 bi, 88 r, 98 bi, 100
Foto Löppert, Munich: 36 rd, 149
H. Munzig, Mindelheim: 156
Museo de la Naturaleza Senckenberg, Frankfurt: 52/53
Dr. L. Palnic, Venecia: 86 ci, 118 i
Photo Research, Alejandría: 27, 182/183
Jörg Pötke, Taufkirchen: 139 b
Rheinische Kohlenwerke AG, 200/201
Siegfried Sammer, Berlín: 24
Dr. Dietmar Todt, Freiburg: 108 d, 124 c
K. H. Ulrich, Freiburg: 145 r
Hans Rudolf Uthoff, Hamburgo: 187
Dr. C. Vogellehner, Freiburg: 50 cd
Gunther Wolf, Bielefeld-Milse: 121, 176 b
Zefa, Düsseldorf: 28 b, 177 b
D. Zissler, Freiburg: 92 ci

Abreviaturas: r: arriba, b: abajo, i: izquierda, d: derecha, c: centro